陕西省公共服务信息指南系列

走向古都西安

周芳德 编著

陕西省公共服务信息指南系列

走向古都西安

周芳德 编著

西安交通大学出版社
XI'AN JIAOTONG UNIVERSITY PRESS

内容提要

西安是中华文明的重要起源和发祥地之一，曾以其辉煌灿烂的周秦雄风和汉唐气韵，在世界文明史和中华历史长河中写下了气势恢宏、雄奇壮阔的瑰丽篇章。

据考古发现和科学分析，中华文明开启了人类文明发展中的铁器时代。在4000年前开启的高温炉窑燃烧技术之下发明的各种钢铁冶炼技术、瓷器烧制技术，使得我们民族的生产力和经济发展在2000多年里一直走在世界的最前面。西安正是这一切的见证者。

今天，作为丝绸之路的东方起点，西安依然向世人昭示着中华民族的伟大与辉煌，并以新的姿态投身于"同心共筑中国梦"的伟大历史使命。

本书按时间顺序讲述了西安及其周边地区从蓝田猿人到汉唐王朝的文明历程，并指出中华文明是从这里开始的，西安是东方古文明发展的中心。

西安实在是一座伟大的城市，一座伟大的古都。

图书在版编目(CIP)数据

走向古都西安/周芳德编著. —西安:西安交通大学出版社,2016.3
(2016.11重印)
ISBN 978-7-5605-8366-2

Ⅰ.①走… Ⅱ.①周… Ⅲ.①地方文化—文化史—西安市—古代
Ⅳ.①K294.11

中国版本图书馆CIP数据核字(2016)第052976号

书　　名　走向古都西安
编　　著　周芳德
责任编辑　王晓芬

出版发行　西安交通大学出版社
　　　　　(西安市兴庆南路10号　邮政编码710049)
网　　址　http://www.xjtupress.com
电　　话　(029)82668357　82667874(发行中心)
　　　　　(029)82668315(总编办)
传　　真　(029)82668280
印　　刷　西安华新彩印有限责任公司

开　　本　787mm×1092mm　1/16　**印张** 18.25　**字数** 231千字
版次印次　2016年5月第1版　2016年11月第2次印刷
书　　号　ISBN 978-7-5605-8366-2/K·144
定　　价　49.80元

读者购书，如发现印装质量问题，请与本社发行中心联系、调换。
订购热线：(029)82665248　(029)82665249
投稿热线：(029)82668519
读者信箱：475478288@qq.com

前言
PREFACE

我们从不一样的角度去观察、去认识、去正视那些遥远的历史。以同一个尺度去看待我们的文明和世界文明，把中华文明和世界文明联系在一起，依据考古和实物，科学、系统地分析和综合文明发展成就，中华文明发展史中还有不少东西需要我们去重新认识。

法国思想家伏尔泰说："我想知道人类从野蛮进化到文明的每一阶段的历程。"

我们更想知道中华文明发展的历程，在世界文明发展史上，中华文明走过的究竟是怎样的路？中华文明究竟创造出过怎样的成就？

在对世界各个古文明发展的比较中，我们可以看到不同文明有着不同的历程和特点，可以看到中华文明发出过最耀眼的光芒。今天，除了中华文明，所有的古老文明都早已消亡。中华文明不是最早的文明，可是，是没有间断、连续发展着的文明。正如一位哲人所说："你想看到自己的渺小，无需仰望繁星闪烁的苍穹，只要看一看在我们之前就存在过、繁荣过，并且已经灭亡了的古文明就足够了"。

4000 多年前，在龙山文化时代，我们烧制出的黑陶器被历史学家公认为 4000 年前地球文明最精致之制作，也表明在这个烧制过程中，我们祖先首先发明了高温炉窑燃烧技术。

2500 多年前，即公元前 6 世纪，在春秋时代，我们制造出世界第一块生铁，开启了人类文明发展史中真正的铁器时代。连同后来发明的各种钢铁冶炼技术、瓷器烧制技术，使得这种领先地位延续到十八世纪。钢铁冶炼技术使得我们民族的经济和文明发展在2000多年里一直走在世界的最前面，并由此促进了公元1765年开始的欧洲工业革命的发展。为什么只有中国才能烧制出无比精美的瓷器？为什么只有中国的瓷器销往全世界，受到世界各国的热爱？一个最主要、最关键的因素，就是我们掌握了温度达到1400℃以上的高温炉窑燃烧技术。瓷器使得西方将瓷器（china）的英文称作中国。

不止一位西方历史学家坦陈：正是中国钢刀的优越，才使得亚洲的游牧部落能侵入罗马帝国和中世纪的欧洲。公元350年，被汉王朝驱赶到西方的匈奴拿着中国的钢刀，横扫欧洲，并建立起庞大的匈奴帝国。西方历史书称匈奴为“上帝之鞭”。匈奴的入侵直接导致了时间长达两三百年的欧洲民族大迁移，他们把丛林里的日耳曼人推上了历史舞台，并与后者一起摧毁了罗马帝国，多元化的封建国家政治由此开始，一个几乎延续至今的欧洲国家的主要划分格局形成了。

在唐代，曲辕犁的出现表明那个时代最先进的铁制农具开始普遍被使用，使得粮食产量大幅度提高。唐王朝以胖为美的时代和艺术特征正是建立在粮食极其丰裕的基础上的。

3000年前，周文王写出的《易经》开启了中国思想史的发展进程，开启了中国的第一个盛世。再过了466年，老子的《道德经》出世，成为中国乃至世界最伟大的哲学思想著作。

汉王朝和唐王朝都在不到100年的时间里成为当时世界上最强盛的朝代，老子“无为而治”的哲学思想是他们治理国家的基础。

2500年前，即公元前6世纪，是人类历史上最奇特的世纪。此时，东西方不约而同地孕育出一些最伟大的思想家、哲学家。这些思想家影响了几千年来人们的思想、精神、文化乃至生产、生活。直到今天，我们的基本思想还受着他们的影响。在东方，连同老子和孔子在内的思想家和哲学家提出了许多思想用以解决人生与命运、与自然的问题，这些思想和文化的出现也是中国对世界文明贡献最大的部分。

公元前139年，张骞率领一百多人踏上了西行之路，东西方的贸易和交流由此开启。1877年，德国地理学家李希霍芬将张骞开辟的这条东西大道誉为“丝绸之路”后，即被广泛接受。在丝绸之路上，中国一直是各种先进技术和设备的输出国。早期主要输出丝绸，中期主要的贸易是丝绸和瓷器，而后期，最重要的输出是瓷器、钢铁冶炼技术、钢铁机械产品和其它各种技术。无可否认，真正促进西方文明发展的恰恰是钢铁冶炼技术。而这种由中国传入的炼制生铁和由生铁炼钢的技术和高温燃烧技术，是促进欧洲钢铁工业发展的关键，是开启欧洲工业革命的技术基础。在这个期间，造纸技术、印刷技术、炸药、指南针等对西方文明的发展都具有巨大的推动作用。

今天，我们使用着的是3500多年前的语言，是书写出诗经、唐诗等最美诗句的语言。几千年来，中国经历了好几次民族分裂、异族入侵、融合、统一，中华民族始终能够团聚在一起，语言，这方块字作为粘合剂、团结剂，起了最关键的作用。汉字特有的结构，使别的任何文字无法入侵。历史已经多次证明了，如果文化上不能征服，别的就更不要谈了。几千年的繁衍，汉字、汉语包含的思想、文化知识，已经浩瀚无边，已经成为最强大的语言，全世界没有一种语言可以和它相提并论。欧洲的文字是按字母拼写的，其少许的变化就可以产生出一种语言。在拉丁语系基础上，在欧洲变出了几十种文字及语言，英文，法文，德文，在词、音、义上相通的很多。语言的不同，就产生出民族的差异，就会有不同的国家。可是，你能改变汉语吗？想都不要想！

英国哲学家培根说：历史犹如沉船的木板，总是流失的多，拾起来的少。文明发展史也是这样，世界上各个古文明都留下了很多难解之谜，中华文明同样如此：汉字的形成之谜、青铜器发展之谜、兵马俑之谜等，一本3000年来无法读懂的书、一本争论了2000多年没有结果的书……谁能去破解呢？

依据考古，中华文明是由西安地区、关中地区、陕甘渭河流域的大地湾文化开启的。古代中国的三个盛世都发生在西安，中华文明差不多每一千年就在世界文明史上闪耀出最灿烂的光芒。西安实在是一座伟大的城市，一座伟大的古都，这里有着太多的历史故事。

这一个千年，公元907年，唐王朝灭亡，自此中华民族沉寂了一千多年。现在，该是建立起当代世界最强盛国家的时候了。历史昭示我们：中华民族能够在不到100年的时间里再次建成世界上最强盛的国家。东方的文明会又一次闪耀在世界面前。现在，没有什么能够阻挡我们民族文明的加速发展。

青山遮不住，毕竟东流去。

在历史旅行中，我们会了解西安和陕西，会了解中华文明的荣耀和沧桑，会了解中华民族最灿烂、最辉煌的文明。同时，我们期望读者在走向古都西安、在对古都西安文明历程的回望中能有更多的思索，对中国未来有更美好的期待。

限于作者水平，不足和错误之处难免，欢迎读者批评和讨论。

作者

2016年5月于古都西安

目录
CONTENTS

从不一样的角度去观察、去认识、去正视那些遥远的历史，中华文明历史中还有不少东西需要我们去重新认识……，怎样去看待遥远的过去？我们有必要把旅游和几千年的历史进程结合在一起，把考古和传说结合在一起，把中华文明和世界文明联系在一起，以同一个尺度去看待我们的文明和世界文明。

一、伟大的古都西安

> 这一社会，当希腊尚为野蛮的民族居住之时，已经开化了，她目睹巴比伦和亚述、波斯和犹太、雅典和罗马、威尼斯和西班牙的兴衰，甚至当那巴尔干人称欧罗巴回复到黑暗和野蛮的时代，中国依然存在着。
>
> ——威尔·杜兰（美国最著名的通俗哲学史家、历史学家）

西安是中国的一座古老而年青的城市，中华文明是从这里开始的。西安是对中华民族历史产生最深远影响的城市，是一座伟大的城市。在这里，让我们重走中华文明之路，一起倾听遥远的历史回声，一起吟咏3000年前的诗经《秦风》，一起细听骑在青牛上的老子讲述《道德经》，一起倾听身旁的秦国百万雄兵的战鼓马蹄声、遙想当年灭六国统一中华的浩天气势，一起感触年轻的伟大将军霍去病横扫匈奴的战旗猎猎，一起走走丝绸之路，一起倾听汉唐盛世的荣耀之说。当年的文官武将与你擦肩而过，文人骚客接踵而来，汉歌唐乐恍如在耳边飘过，浪漫极致的唐诗仿佛在风中回荡，那遥远的过去仿佛近在眼前。

西安这个地方，连同其所在的三秦大地，面积约3.5万平方公里的广袤的关中大平原，号称八百里秦川。从东边的潼关到西边的宝鸡，东西约长300多公里，南北约宽100多公里，关中大平原处在渭河流域的中下游，这个平原的南面高横着连绵400多公里（横跨陕西东西境内）的秦岭，北面是渭北高原、黄土高原，山沟峰峦叠嶂，沟壑叠起；东面，黄河从北向南流过，在潼关那里转了一个直角，向东流去；东面一个函谷关，东南一个武关，西面一个大散关，北面一个萧关，使得四周形成了一个天然的屏障。渭河从西向东流过关中平原，在潼关汇入黄河，整个关中平原又是属于黄河流域中游。秦岭和渭北高原从南、北两面调节着这个大平原的气候，自然条件极好。几乎从来没有发生过毁灭性的灾难。良好的气候条件保证了农业生产，保证了文明的发展，在汉代，关中的经济就占了全国经济的三分之二。繁荣的经济和优越的地理位置是在这里建都，成为全国经济、政治和文化中心的最主要的原因。

十三朝古都

西安古称长安，历代在这里建都的有：西周、秦、西汉、新、东汉（献帝初）、西晋（愍帝）、前赵、前秦、后秦、西魏、北周、隋、唐等13个王朝，历时长达1115年，前后的时间跨度有2000年。自公元前1046年至公元904年，在长达一千多年里，西安是中国的政治、经济与文化中心。

1. 西周

周文王建都于丰镐，即今天的西安，这是西安最早成为京都。“武王伐纣”以后，回到镐京，正式建立了周王朝，这一年是公元前1046年。西周的最后一位国君是周幽王。公元前771年（周幽王十一年），西北少数民族犬戎（也就是匈奴）攻破镐京，西周灭亡，历时275年。

2. 秦国

战国时代，秦国在西安建立都城，秦孝公十二年（公元前350年）建都于咸阳，秦王嬴政统一六国后，秦始皇仍以咸阳为都，当时就对西安地区设内史管辖。秦朝亡于子婴元年（公元前207年），在此建都历时144年。

3. 西汉

公元前206年，刘邦建立汉朝，国都初在临潼，后来迁到西安西北角（汉城），开始了西汉王朝的统治，西汉王朝由于王莽篡权而灭亡（公元8年），历时214年。

4. 唐

公元618年隋炀帝被杀后，李渊废隋皇帝恭帝杨侑，在长安（今西安）称帝，建立唐朝。唐朝止于昭宗天佑元年（公元904年），历时289年。

最强盛的周、秦、汉、唐四个朝代的建都时间总共有922年。其余九个朝代总共为193年。从公元前11世纪到公元10世纪初，在时间跨度长达2100年里，周武王、秦始皇、汉高祖、汉武帝、隋炀帝、唐太宗、武则天、唐玄宗等近百个帝王在这里统治着中国。作为古都，历时1115年，西安是名副其实的千年帝都。

一个城市的历史就是一个民族的历史。西安，在漫漫的历史进程中，一次次的发出耀眼的文明光芒，它记录了中国灿烂的历史走过的路程和民族的历程……

二、公王岭遗址
110 万年前蓝田猿人的生活地

我想知道人类从野蛮进化到文明的每一阶段的历程。

——伏尔泰（法国思想家、文学家、哲学家）

图 1 蓝田猿人

蓝田东南面的公王岭遗址，处于秦岭和灞河之间，这是中国早期猿人化石及旧石器时代早期文化遗物出土地点，也称“蓝田中国猿人”。

公王岭位于灞河左岸最高一级阶地，岭不高，和灞河的相对高度不到 200 米，其下部为堆积很厚的古老砾石层，上面堆积着厚约 30 米的红色砂质粘土，人类头骨化石就埋藏在红色土层的下部，地质时代属中更新世早期。对含化石层进行古地磁年代测定大约距今 110-115 万年，是迄今为止中国长江以北发现最早的人类化石之一。

1963 年夏天，中国科学院古脊椎动物和古人类研究所的 6 名科学工作者赴陕西蓝田科考。蓝田的地层从一百多万年以前到现在，一层叠一层，能找到许多古动物化石，是一部完整的自然史。7 月 4 日，他们从蓝田县城赶往厚镇去考察，途遇暴雨，被阻挡在公王岭下的前程村。计划被迫改变，于是他们就近去公王岭科考，在那里发现了大量已灭绝的动物化石。无意间，

图2 公王岭遗址

专家们从公王岭的堆积物中发现了蓝田猿人头盖骨化石。

这个头骨化石是一个不完整的中年女性头骨。头骨化石包括完整的额骨、大部分顶骨、右侧颞骨和上颌骨（附有第二、三臼齿），左上颌骨的体部和额突部、大部分左鼻骨和右鼻骨的鼻根部，还有一颗左上第二臼齿，经鉴定属同一个30多岁的女性个体。公王岭蓝田猿人头骨壁极厚，眉脊粗壮，几乎形成一条直的横脊，并明显向外侧延伸，额骨非常低平，头骨壁极厚，脑量小，脑量估计为780毫升（是现代人的一半），表明蓝田猿人比北京猿人和爪哇猿人更早，更原始。

1963年9月，在蓝田县城西北15公里的陈家窝村厚达30米的红色土层底部，发现了一个老年女性的颌骨。老年女性下颌骨特点与北京猿人相似，但比北京猿人较为原始，距今大约60万年，两地相约30公里，同在灞河边。两地的化石统一命名为蓝田中国猿人或简称为蓝田人。只是二个猿人化石的时间跨度有50万年。

1. 蓝田猿人

猿人头盖骨是研究人类起源极其珍贵罕见的实物。目前，世界上发现猿人头盖骨的仅有中国、印度尼西亚、阿尔及利亚和坦桑尼亚等少数几个国家，也就是只有在非洲和亚洲被发现，而中国就有蓝田人和北京人两处。北京猿人的头盖骨在第二次世界大战期间失踪，因此，蓝田猿人头盖骨显得更加珍贵。蓝田猿人比北京人更为原始，据现有的发现，他们是亚洲北部最早的直立人。

公王岭出土的石器共 13 件，主要是打制的粗石器。若加上周围地区中更新世地层中出土和采集的共 200 余件，其种类有刮消器、砍砸器、尖状器和有使用痕迹的石片、石球等，是蓝田猿人使用的石器工具。在公王岭化石层里还发现了几处灰烬和炭屑，说明蓝田猿人已经开始用火了。

公王岭出土的动物化石有 42 种，其中多数属华北地区中更新世动物群中常见种，如：中华缟鬣狗、李氏野猪、三门马和葛氏斑鹿等；还存在少量的第三纪残存种和第四纪早期典型种，如：蓝田剑齿虎、中国奈王爪兽、更新猎豹和短角丽牛等；还有少数华南中更新世动物群中常见种，如大熊猫、东方剑齿象、巨貘等。这说明公王岭附近当时的气候比较温暖湿润。陈家窝村出土的动物化石有 14 种，为华北地区中更新世常见的动物群。

2. 蓝田猿人的一天

110 万年前的蓝田人极少，估计只有几人、几十人。那时人类从树上下来生活也只有 150 万年。刚刚学会直立行走的蓝田猿人在这片土地上追逐着野兽，搜集着食物，繁衍着后代。那时的自然条件极其恶劣，食物和安全都没有保障，气候要比现在寒冷得多。蓝田猿人处在极为艰难的生存状态下。可是，从几处灰烬和炭屑的发现来看，他们开始用火了，可能有时有火，有时没有火，还不知道如何保存火种。火给他们带来了光明、带来了温暖、带来了熟食、带来了安全，也加快了其大脑的进化。进化的历程是以万年为计的。60 万年前生活在陈家窝的蓝田猿人比公王岭的猿人要进化了一些。由于出土的器具不多，还难以判断那几十万年里有了多大的进化。从两个地方发现的猿人化石来看，蓝田猿人在这里至少生活了 50 万年，也许他们的后代也一直在这里生活着。

蓝田猿人并不孤独，在 100 万年前猿人已经在中国广大的区域内活动。如河北泥河湾人、重庆巫山人距今约 200 万年，云南元谋人距今约 170 万年，湖北郧县人（距蓝田不到 200 公里）也早于 100 万年。近几年发现的一些遗址，有的也可能接近 200 万年。

蓝田人的一天通常是这么度过的……

早晨，森林中的剑齿虎、剑齿象、大角鹿、古野牛以及更新猎豹等野兽的嚎叫声将他们从睡梦中唤醒，他们从公王岭上的山洞里或地穴里走出来。男人们手持木棍、石器出去打猎、捕鱼。他们三五结伴，或者单独行动，躲避着猛兽随时可能的袭击。女人们去附近丛林中采摘植物的果实和捕捉昆虫。公王岭周围全被森林覆盖着。他们主要靠摘食野果为生，要饮水就要走下山，去几百米开外的灞河。他们的活动区域在宽阔的灞河河谷，秦岭北麓边上。蓝田猿人没有多余的食物，他们必须为每一顿饭奔忙，时而肚饱，时而饥饿。他们偶尔可以捕获如剑齿虎那样的大型动物，平时只能猎杀一些小动物，食草动物。灞河里的鱼是比较多的，也容易抓到，鱼是蓝田猿人肉类的主要来源，蓝田猿人还不会种粮食。

他们的平均寿命不到 30 岁，疾病、气候、食物和恶劣的生活条件使他们迅速衰老。如果打不到动物，这时他们就靠女人们从附近森林里、河边采集来的果子填饱肚子。他们的活动范围不会超过现在的蓝田县的范围。他们无法保证每天能吃上一顿饭，有了食物就大吃大嚼，没有食物就挨饿。晚上大家围聚在篝火旁，要么就早早入睡。漫漫长夜，在恐惧和担心中度过。他们要经历无数的痛苦，没有一个人可以平稳地度过一生。可是，对他们

来说，生活也得一天天过下去。

就历史长河而言，110 万年也不过是历史的一个瞬间。灞河边这片土地见证着人类的进化成长，历数着我们的祖先走过洪荒的脚步。不管蓝田猿人的生活年代离今天有多么遥远，不管他们的行为举止有多么笨拙，他们在灞河边的生活就是在创造着人类的文明。

在面积不大的公王岭上，集中发现了 1200 多件 42 种类的古动物化石，是什么原因让它们一同聚集在这里？是生前，还是死后？是气候缘由，还是食物缘由？除了猿人，没有别的自然力量可以使那些古动物化石集中在一起，尽管 110 万年前，蓝田猿人的智力还不够高，但为了生存，他们就必须猎杀动物。他们具有了捕猎本领，学会了捕猎各种动物。哪怕是一年猎杀一头动物，经千万年的堆积，这个数量就非常之大；猿人在公王岭住上一千年，就会满地是动物的骸骨。而更详细的生活活动，和猿人的生命一样，已经被大地深深地掩埋了，至少到现在，我们还无法了解更多。

三、大荔人遗址
20 万年前早期智人的生活地

1. 早期智人——大荔人

在距大荔县城西北 23 公里处是大荔人遗址。1978 年 3 月 21 日，陕西省水利局刘顺堂在段家乡解放村（原名王家村）甜水沟东崖洛河三级阶地的砾石层（第三层）中，发现了一个较完整的古人头骨化石。经国家古人类学者多方考证，确定其为早期智人中的较早类型，时代为中更新世末期，具体时间约在 20 万年左右。其是我国旧石器时代从猿人到古人过渡的一个代表，因发现在大荔县，故命名其化石人为“大荔人”。

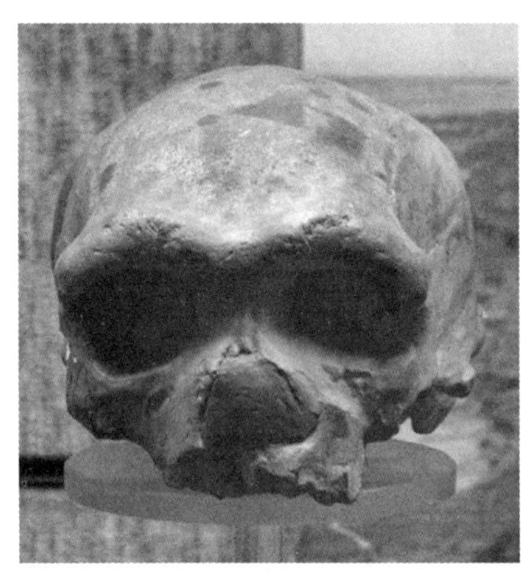
图 3 早期智人——大荔人

大荔人是中国华北地区旧石器时代的早期智人。大荔人化石为一不足 30 岁的男性头骨。头顶低矮，前额扁平，眉脊粗壮。吻部不甚突出，颧弓细弱，颅骨最宽处不接近颅底而在颞骨鳞部后上部。颞骨鳞部不呈三角形而呈圆鳞状，面部扁平。脑容量估计为 1120 毫升，体质特征介于直立人和早期智人之间。大荔人头骨面部的一些特点与现代黄种人比较接近，与欧洲、西亚的早期智人相差较大，所以大荔人代表了早期智人的一个新的亚种。

与大荔人化石同时出土的有石制品和哺乳动物化石。国内同时代的早期智人还有金牛人、马坝人。大荔人的发现让我们了解了许多我国过去在古人类学上难以得到的形态细节，从它的完整性来说，不但在我国极其难得，也是世界上少有的。

与大荔人同时出土的石制品约500多件，大多数是石片与石核，石器约占30%。在大荔人头骨化石出土地点发现了大量的动物化石，包括古菱齿象、犀、马、肿骨鹿、斑鹿、野猪、野牛、河狸、普氏羚羊、鼢鼠等哺乳动物化石，还发现了鸵鸟化石、鲤、鲶等鱼类化石及蚌、螺等软体动物化石。其中最有意义的是肿骨鹿，它是北京猿人洞中的具有代表性的动物之一。它表明大荔人的时代与北京猿人接近。古菱齿象和马牙齿的形态表明其时代在更新世中期和晚期之间。在大荔人头骨化石出土地点发现的植物孢粉不多，有蒿、菊、藜等草本植物，还有松、柏、云杉等针叶树种，而没有发现阔叶树种。综合动植物化石判断，当时，这里的气候是温和的，可能有些干燥，不像北京人时期那样温暖而又湿润。

大荔人用的工具主要是石片石器，用石块、小砾石和石核做的也占一定的比例。石器以刮削器为主，尤以凹刃刮削器数量为多。其次是尖状器，还有少量的雕刻器和石锥。大荔人的石器在类型和修理方法上与北京猿人有许多相似之处，这表明二者具有相关性。

从地理上来看，蓝田和大荔这两个地方靠得很近，直线距离不到100公里，中间没有高山或大河隔阻，居住地可以很容易迁移，也可以把这两个地方看做是同一个生活活动区域。至于大荔人是不是蓝田人的后代，还没有考古证据支持这样的说法，而从生活环境以及历史环境来考虑，应该具有延续性，即往后延续到大地湾新石器人。

2. 旧石器时代

公元前250万年—公元前1万年，这一时期是历史书上说的旧石器时代。那么这个250万年的时间段在历史长河里又算什么呢？我们是谁？我们是从哪里来的？几乎每个人都会问起这些问题。这是一个哲学问题，更是一个科学发展史的问题。作为回答问题的第一步，我们应先了解一下我们这个世界是怎样演变而来的。

150亿年前　宇宙发生了大爆炸，宇宙诞生；

66亿年前　银河系发生大爆炸；

46亿年前　太阳系、地球诞生；

38亿年前　地球上形成了稳定的陆块和海洋；

35亿年前　出现了微生物；

28亿年前　第一次冰河期；

21亿年前　造山纪；

6.3亿年前　新元古代，埃迪卡拉纪，多细胞生物出现；

5.4亿年前　显生宙，古生代，寒武纪，生命大爆发；

5亿年前　古生代，奥陶纪，原始的脊椎动物出现；

4.4亿年前　志留纪，陆生植物和有颌脊椎动物出现；

3亿年前　地球上95%生物灭绝，盘古大陆形成；

2.5亿年前　恐龙出现；

1亿年前　地球上45%生物灭绝，有胎盘的哺乳动物出现；

6500万年前　恐龙突然消失，迎来了延续至今的新生代；

1400万年前　人猿出现；

300万年前　猿人出现；

250万年前　旧石器时代出现；

1万年前　新石器时代出现。

从这个地球演变时间表里，我们可以知道地球的大致演变时间，知道生物和人类的进化时间，这是以亿万年、千万年和百万年为单位的演变时间。我们人，可能，也只有可能是从宇宙里的尘埃中演变而来的，是几十亿年

来极其缓慢地进化而来的。

如果你在 35 亿年前来到这个地球，你看不到植物、动物，看不到任何生物。你能够看到的只有几种物质：岩石、空气和水。

如果你存在于 6.3 亿年时，你只能是海洋中的微生物。

如果你存在于 5.4 亿年时，你有各种种类的生命可以选择，但大多数是海洋中的生命。

如果你存在于 1 亿年时，你可能会是有胎盘的哺乳动物。

如果你存在于 1400 万年时，你才有可能是只人猿。

如果你存在于 300 万年时，你才有可能是猿人。

据现在的考古发现，最早的人类化石——也就是 300 万年前的那个猿人——是在非洲发现的。因此，人们按时间推断，人类最早出现在非洲，之后向世界各地迁移。

谁也不知道，蓝田猿人是不是从非洲来的，或是非洲的猿人是从蓝田走过去的，现在的蓝田人是不是蓝田猿人的后代?

如果蓝田猿人真的是从非洲走过来，那么是从哪条路走来的？是过了几万年还是几十万年才走到这里的呢？这些问题在可以看得见的未来是不会有结果的，因为这实在是个太遥远的年代，历史给我们留下的遗迹太少，要么就是还没有被发现。随着考古的不断发现，结果迟早是会有的。

在距今约 250 万年前到约 1 万年前，原始人类主要是制造简单的工具，使用石器和木棍来猎取野兽为食，并懂得采集野生植物的根、茎、叶、果来充饥，或捕捉动物为食，以血缘家族或氏族为单位生活和劳动，过着非定居的游荡生活。考古发现，在远古人居住地，在其洞穴中发现木炭、灰烬、烧骨等痕迹，显示当时的人们已掌握了使用火的技术，并会砍取树木作燃料。在旧石器时代早期，人类已经学会了用火，中期出现了骨器，晚期已经能制造简单的组合工具，而且开始形成了母系氏族。蓝田猿人、北京人、大荔人等基本上都处于这一时期。在这个旧石器时期里，全世界的原始人

类都过着差不多同样的生活。

3. 新石器时代

在公元前一万年至公元前 8000 年左右，是地球上最后一次冰期。第四纪冰期刚刚结束，地球进入了间冰期时期，天气开始变暖，出现类似今日的气候条件，动物群和植被也发生相应变化。为适应这一转变，人类的生产工具相应地有了改进，发明了弓箭和细石器。人类走出了洞穴，在河边的平地等地方建屋定居，进入到新石器时代。新石器时代文化的主要特征是，在农业和畜牧业的生产中人们开始使用磨光加工的石器，并发明了陶器。所以，也可以这样说，我们这个地球上各个不同的古老文明地区发展的起步时间是差不多的，大都在大约一万年前开始迈入新石器时代。

农业的产生是新石器时代的最主要特征。世界各地这一时代的发展道路很不相同。有的地方在农业产生后的很长一段时期里没有陶器，因而被称为无陶新石器时代；有的地方在一万多年以前就已出现陶器，却迟迟没有农业的痕迹，甚至磨制石器也很不发达。世界各地新石器时代的情况很不一致，文明的发展也各有不同。

中国也是大约在一万年前开始进入新石器时代。中国由于地域辽阔，各地自然地理环境很不相同，新石器文化的面貌也有很大区别，大致分为三大经济文化区：旱地农业经济文化区，为黄河中下游；水田农业经济文化区，为长江中下游；游牧经济文化区，为长城以北的东北大部、内蒙古及新疆和青藏高原等地。

中国新石器文化，特别是以中原为核心的一脉相承的新石器文化，与后来青铜时代的商周文化紧密相连，并同周围地区有着密切的辐射和交互影响。黄河流域发现最早期新石器文化（在仰韶文化之前）是在西安东面 80 公里的老官台文化，后来也叫大地湾文化，其比仰韶文化早期的半坡类型早一千多年，距离今天有八千年。

四、老官台遗址　大地湾文化

> 历史有如沉船的木板，总是流失的多，拾起来的少。
>
> ——弗朗西斯·培根（英国文艺复兴时期散文家、哲学家）

1. 老官台文化——大地湾文化

1958 年，在西安东面 80 公里的华县，发现了老官台遗址，这是在黄河中下游所发现的年代最早的早期新石器文化——老官台文化，其年代距今已有八千至七千年。老官台遗址里挖掘出的文物比较少，后来挖掘了规模较大、同类遗存内涵丰富的甘肃天水秦安大地湾遗址（在渭河的上游），那里出土的文物特别多，特别有代表性。后来就改称老官台文化为大地湾文化。同类的遗址主要分布在陕西、甘肃省境内的渭河流域。自 1979 年以后，在关中渭河流域陆续发现了一批大地湾文化遗存，主要有：渭河北刘、

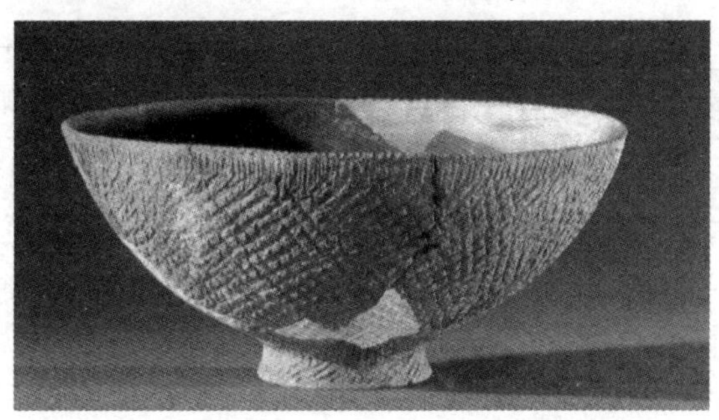

图 4　中国最早的陶器　老官台文化陶碗

白庙、临潼白家村、宝鸡北首岭、关桃园等遗址，其中以2002年发掘的关桃园收获最为丰富，发掘面积2500多平方米，发现房址4座、墓葬6座、灰坑120余个，出土陶、石、骨器300多件。这些遗址的分布特点与老官台和甘肃类似，一般位于渭河或其支流的河边台地。台地临近水源，地势平坦，生活方便。

这些遗址的发现表明，八千年前，我们的祖先是在渭河流域，也就是从甘肃天水到陕西关中这一带生活。这些遗址的范围都不太大，人们居住房屋的形式和建筑方法都比较简单，基本上都是一种圆形半地穴式的窝棚，室内面积很小，一般只有5–7平方米，仅能容纳二三人，最大的也只有11平方米，房内都发现有成套的日用陶器及生产工具。居住在这种房子里的人们无疑是一个相对独立的生活单位。在各个遗址中，有专门用于储存粮食的窖穴、粮食的遗骸、稷和十字花科的油菜籽。饲养的猪已成为人们的主要肉食。墓葬中发现的用猪骨随葬，表明是一种财富的象征。

遗址里的各类遗物，反映出当时人们除种植作物外，还能饲养、渔猎、制陶、纺织、编织等。生产工具仍以石器为主，在石器制作上虽然已出现了磨制石器，但从数量上看，打制石器仍占相当的数量。打制石器是旧石器时代的主要标志，而磨制石器则标志着新石器时代的到来。石器中用于农业生产的占多数，其主要类型是铲、刀、镰。骨质工具主要用于狩猎、捕捞、纺织、缝纫等，主要器类有镞、锥、针、鱼镖、梭、匕、凿等。

在各个遗址中，普遍发现了大量陶器。陶器的发明，表示开始了人类吃熟食的时代，这大大地加快了人类体质和脑力的发展，由此人类开始过着稳定的定居生活，也加快了文明的发展。人类最初制作的这些陶器，烧结温度很低，一般在500–600摄氏度。这种陶器质地松软，强度低。但是大地湾文化的陶器，彩陶已经足以让我们感到自傲。在大地湾遗址的一些钵器内壁，还发现了一些可能具有记事意义的彩绘符号，如图5。

彩绘符号大约有十余种，有的似连续的水波或折线，有的只是单个的

图5 大地湾刻划符号

符号。它们比半坡文化遗址中发现的刻划符号要早一千多年，有一些符号与半坡符号基本一样。或许这些符号就是中国文字的起源，是最早的文字原形。从遗址里的农业和家畜饲养业的发展程度看，老官台文化离开旧石器时代已有一段历程。这一时期陶器的形制比较规整，已脱离了陶器产生的最初形态。

传说伏羲是三皇之首、中华民族的最古老始祖。各种史典关于伏羲对中华民族乃至对人类的伟大贡献论述都很详细。伏羲的时代要早于黄帝、炎帝，那么其早期文化遗存也应早于半坡文化类型。因此，至少从现在的考古来说，伏羲时代与大地湾文化遗址及关中的渭河北刘、白庙、临潼白家村、宝鸡北首岭、关桃园等新石器时代遗址的考古成果就可能存在对应关系。对大地湾文化的深入研究可能是我们打开伏羲历史的关键。

2. 大地湾人生活的一天

从旧石器时代走过来，在新石器时代经历了 2000—3000 年的大地湾人，他们有了农业，发明了陶器。他们站在土木房子前，手里拿着磨制石器，迎来了中华文明的第一束曙光：

早晨，宁静的渭河被薄雾笼罩，住在半地穴式圆形和长方形土木房子里的人三三两两开始了活动。大地湾人已经开始了吃熟食，妇女们用陶器煮饭、煮菜，饭是粟米，吃的肉食主要是鱼和猪肉，渭河和一些小河里鱼是很多的，猪是圈养的。随着季节和天气的变化，他们时而食物丰盛，时而挨饿。冬天是最难熬的季节，要忍受寒冷和饥饿，还有疾病的侵袭，面对天灾，他们无能为力。

白天，妇女从事制陶、纺纱织布、耕地、饲养家畜。男人们带着石制、骨质工具去渔猎。晚上，家族人围坐在火堆旁，度过长长的黑夜。

大地湾人开始具有语言，文字也正在产生。仿佛像婴儿那样，刚开始学语。那十几个刻画符号好像表达了中华民族的第一声，中华民族最早期的历史故事在他们的口头中开始了代代相传。

伏羲时代就是这样地生活！最早的中华文明就从这里开始！

五、半坡遗址
六千八百年前的西安人

这里是我们古老的祖先在6800年前至4300年前的居住地，是炎帝时代的生活地，也是早期的西安人。

半坡遗址位于西安东郊浐河下游东岸右侧覆盖有黄土的二级阶地上，背依白鹿塬，与浐河相距只有800米，是黄河流域一处典型的原始社会母系氏族公社村落遗址，属于新石器时代的仰韶文化，年代为公元前4800—公元前4300年，距今已有6800年。在这个遗址上，先人生活了大约2500年，经历了四个文化类型，包含有老官台文化（也即是大地湾文化）、仰韶文化半坡类型、庙底沟类型、西王村类型等，以半坡类型文化遗存最丰富、最典型，是遗址的主要堆积。

遗址占地面积约5万平方米，在目前所发掘的大约1万平方米范围内，发现和出土了丰富的遗迹和大量的遗物。已发掘出45座房屋、200多个窖穴、6座陶窑遗址、250座墓葬。出土斧、锄、铲、刀、磨盘、磨棒等石制农具及镞、矛、网坠、鱼钩等渔猎工具。还发现粟的遗存和蔬菜籽粒以及家畜和野生动物骨骸。

常见陶器有粗砂罐、小口尖底瓶和钵。彩陶十分出色，红地黑彩，花纹简练朴素，绘人面、鱼、鹿、植物枝叶及几何形纹样。最能代表这个时代的陶器是具有自动汲水能力的尖底瓶。当它被放到水里后，由于水的浮力和瓶子的重心作用，瓶子口会自动向水面倾倒，水注满后，瓶身又自动

图 6 半坡遗址陈列室

竖起。这是半坡人最常用的一种盛水的容器。在有的陶片上，发现了等边形的图案，出现了折线、长方形、三角形等图案，表明半坡人能准确运用一些几何图形。许多陶器边沿上均匀分布的纹饰，正好将圆等分。

出土的乐器陶埙（两只），保存完整（见图 10)，是用细泥捏制而成，表面光滑但不平整，灰黑色。除了贾湖遗址里发现的八千年前的骨笛，这是我国发现的最早乐器。

图 7 小口尖底瓶

图 8 半坡人面网纹盆

装饰品发现很多，有发饰、耳饰、颈饰、首饰和腰饰；制作材料有陶、石、骨牙、蚌、玉、阶壳等。6800前的女人已经知道了怎样去打扮自己，美化自己。

值得注意的是，有的陶器口部或陶片上有刻画符号，一共有22种，100余个。郭沫若先生认为这是中国文字的雏形。我们可以把它们看做是夏商时代甲骨文诞生的萌芽。

图9 半坡遗址里的刻划符号

图10 陶埙 最古老的乐器

1. 半坡文化　炎帝时代的文化

半坡遗址向我们生动地展现了6800多年前处于炎帝、黄帝部落社会的先民生产与生活情况。这是一个女人掌管生活的时代，是人类最原始的社会——母系氏族社会。

半坡村庄是集聚了两个氏族的部落居住地。半坡居民的经济生活为农业和渔猎并重。村庄被一条大围沟分成三部分，大围沟起着防卫作用，这样的围沟是野兽和外人进不来的。大围沟让半坡人有了远离外部危险世界的安全感。粗略计算，挖掘这样的沟仅土方量就达到一万方，也算得上是一项浩大的工程。大围沟围住的是居住区。村庄中心是一座面积约160平方米的大房子，前面有片很大的中心场地。这里应该是大家举行集会、商

讨事务的地方，也是举行宗教祭祀和宗教礼仪的场所。大房子四周遍布着一些中小型房子——所有房间的门都朝着大房子而开，房屋的构造，完全是为了方便生活；能抵御冬季寒冷的北风，接受温暖的阳光，又能防止盛夏午后最强烈的阳光直射屋内。

在长达2500多年的居住时间里，半坡人的住房构造发生着演变，从半穴居到地面建筑，从圆柱状式样到有“柱础”的人字坡顶房屋。我国传统的“墙倒屋不塌”式古典木构框架体系的建筑，显然在半坡时期就已趋形成。这样的人字两面坡屋顶，在现在的陕西农村随处可见。半坡人用树皮、麻浸泡出纤维来编织，质地已经非常结实、柔软，已经不单单只用野兽皮做衣服。

据科学的推测，半坡大约有人口400—600人。半坡遗骨多属于青壮年，其死亡的平均年龄在30—40岁之间，寿命如此短暂表明了他们的生活非常艰难。

半坡人一天的生活

早晨，浐河边升起一缕缕淡淡的炊烟，住在半地穴式圆形、方形和长方形土木房子里的妇女们开始用陶器煮饭，煮菜，半坡姑娘带着尖底瓶去浐河边打水，饭是粟米，吃的肉食是鱼，猪，牛、羊、斑鹿、麝、狗、狐、獾貉和狸；竹鼠、田鼠；兔、鸟和鱼吃得比较多。

白天，妇女从事制陶、纺纱织布、耕地、饲养家畜。男人们带着弓箭去渔猎，用网捉鱼。半坡村里的女人已经开始刻意的装扮，用石头，骨器，陶器，鲜花等装饰品来装饰头发、耳、颈、手和腰。穿的衣服除了兽皮，还有麻布。晚上，家族人围坐在用茅草，皮毛铺就的地上，中央是火堆，晚饭是丰盛的。谈笑，唱歌，有人吹起了陶埙，模拟着鸟鸣兽叫，低沉的乐声向远方传去。或许他们吹出了秦腔的第一声。家里日用的陶器已经非常之多，表明他们的食物多了，有了剩余。

野兽、疾病、自然灾害、外部落的入侵以及大大小小难以预料的灾祸，时刻威胁着半坡人的生活，乃至生命。他们和大地湾人一样在大自然面前无能为力，寿命依然很短，只是生活的境况要好得多。他们的心里充满了希望，在努力往前走，一点点的在改变着自己。人们过着平和、缓慢变动着的原始生活，天天如此，天天有变化，天天在进步。

1984年在美国洛杉矶的奥运会上，一名中国男子用古陶埙演奏的古曲《楚歌》令全世界的人认识了中国七千年前半坡人创造的古老乐器。从陶埙身上，我们可以感觉到祖先的生活，陶埙吹出了秦腔的第一声，如今陶埙和汲水的半坡姑娘一起成为半坡遗址的标志。

埙的历史虽然久远，但它的发展演变却非常缓慢。从一孔到六孔经历了约三千年的时间，直到殷商，它的造型才稳定下来，发音孔增多到五个，表现力极为丰富，已能演奏八度内的各个半音。后来，埙作为乐器进入宫廷乐队，根据古代音乐的雅乐、颂乐之分，被划分为雅埙、颂埙。汉代时，陶埙的形状再度发生变化，逐渐定型为下平上尖的卵形，并且出现了表现力更加丰富的七孔埙。古人在长期的艺术感受与比较中，赋予了埙的演奏一种神圣、典雅、高贵的精神气质。几千年来，埙一直都为九五至尊的皇族所独享，被封建帝王们封为“雅乐”盛行于宫廷。《诗经·小雅·何人斯》里有“伯氏吹埙，仲氏吹篪……天之诱民，如埙如篪”的诗句。讲的是埙与篪的合奏，和谐自然，如兄弟之睦，描写了埙在古代宫廷盛典中的演奏情景。如今，陶埙已在中国民族乐队中得到普遍使用，更有不少著名的音乐家专门为埙谱写了乐谱。让这古老的埙奏出新时代音色。

我们同样不知道的是半坡人是不是蓝田猿人或是大荔人的后代。在半坡人、大荔人和蓝田猿人之间有着怎样的联系呢？不过，我们可以肯定的是，他们是周秦汉唐那些时代的人的先人。

半坡人非常聪明，他们选择在浐河下游覆盖有黄土的二级阶地上，背依白鹿塬，与浐河相距只有800米。也可以说是依山靠水的地方，在森林的边上，也是在大平原的边上，在河的边上，靠水近，阳光充足，可以避开洪水、暴雨的袭击。

22 种、100 多个刻画符号不是随意刻划出来的了，连同大地湾遗址、双墩遗址和贾湖遗址里所发现的刻划符号，可以表明这是在甲骨文出现之前的文字雏形，是处在变化过程中的文字符号。不要忘记，就在半坡文化晚期，黄帝的史官仓颉出现了，他在从刻划符号演变成甲骨文的过程中起了关键的集成作用。反过来值得我们思考，如果没有这些刻划符号，仓颉能凭空创造出让每个人都能接受的文字吗?

对照古代的历史文献、一代代相传的传说和现实的考古，我们可以初步地确认，这里是炎帝时代的生活地。很多记载中都说炎帝的兴盛时代早于黄帝，那么其早期文化遗存也应早于庙底沟类型（黄帝时代的文化遗存）。有专家考证炎帝部落的中心地域在渭河上游宝鸡一带，这里恰好也是仰韶文化一期的半坡类型的发源地。因此，炎帝与半坡类型文化就可能存在对应关系。考古发现半坡类型在约公元前 4300 年突然衰落，而被东庄类型（庙底沟前身）色彩浓厚的“史家类型”所取代，这可能是黄帝文化对炎帝文化的影响。从总体上来看，半坡类型可能属于炎帝部族所创造的文化。对半坡文化的深入研究是我们了解、打开炎帝时代的关键。

在考古学研究中，文化如仰韶文化、龙山文化，是指大体同时、集中在一定地域并有相同特征的遗迹、遗物的共同体。这种共同体是由许多部落组成的社会集团，它们有着不同于其他文化特征的传统。考古学文化通常以首次发现的地名来命名。在人类历史中，文化存在于人类生存的始终，人类在文明社会之前便已产生原始文化，而通常把国家作为人类进入文明的最重要的标志。国家开始形成了，文明就开始了。

2. 仰韶文化　三皇五帝的文化

仰韶文化是距今约 5000 ~ 7000 年中国新石器时代的一种文化。1921 年由瑞典人安特生教授首次在河南省三门峡市渑池县仰韶村发现，所以被称为仰韶文化。其主要分布于河南，陕西、山西、河北南部和甘肃东部黄河中下游一带，以河南西部、陕西渭河流域和山西西南的狭长地带为中心，东至河北中部，南达汉水中上游，西及甘肃洮河流域，北抵内蒙古河套地区，地域辽阔。考古已发掘出几千处文化遗址，出土文物均反映出较同一的文化特征，其中以河南省和陕西省为最多，是仰韶文化的中心。生产工具以磨制石器为主，有较发达的农业、作物为粟和黍。饲养家畜主要是猪和狗。仰韶人也从事狩猎、捕鱼和采集。各种水器、甑、灶、鼎、碗、杯、盆、罐、瓮等日用陶器以细泥红陶和夹砂红褐陶为主，主要呈红色。红陶器上常有彩绘的几何形图案或动物形花纹，是仰韶文化的最明显特征，故也称彩陶文化。

图 11　鸟鱼纹彩陶瓢箪瓶　仰韶文化临潼姜寨类型

仰韶文化有多种类型，现在一般认为陕西地区的仰韶文化按时间先后可以分为半坡类型（仰韶文化早期）、庙底类型（仰韶文化中期）和半坡晚期类型（仰韶文化晚期）三个不同的发展阶段。

仰韶文化之后是龙山文化。仰韶文化从 7000 年前产生，一直持续了 2000—3000 年，然后与新石器时代晚期的龙山文化等相融合，形成了后来的夏商文化。仰韶文化包含了黄帝炎帝时代文化。长江流域的古文化起源比黄河流域的还要早，但后来都中断消失了。而传承有序的黄河流域文化从未中断过，我们可以知道大致的历史进程：大地湾文化——仰韶文化（半坡类型早期，庙底类型，半坡类型晚期）——龙山文化——夏商文明——现代，这个过程经历了大约 8000 年。

有人说过，历史有如沉船的木板，总是流失的多，拾起来的少。大部分木片你是永远也无法打捞起来的。遗址的发现也是一样，我们只能够发

现部分的遗址，大部分的遗址已经了无踪影。至今，在整个黄河流域已经挖掘出近千处仰韶文化遗存。仰韶文化所遍及的范围十分广大，东西约为1500公里，南北约1000公里之大，其面积大致为150万平方公里，还不包括长江流域和北方草原地带。可以说，这是地球上最大的一个文明发展地区。按照挖掘出遗址估算，总人口大约是50万—80万，或许会更多。

为了搞清楚半坡文化的延续性，我们也需要了解半坡文化之后的庙底沟文化和龙山文化，尽管龙山文化中心不在陕西，我们还是有必要加以了解。正是龙山文化，中华文明在4000年前闪耀出第一束最耀眼的光芒。这样，我们对中华文明史的早期历史就能有比较完整、清楚的认识。

3. 庙底沟文化——黄帝时代的文化

庙底沟文化遗址位于河南陕州古城南，距离西安250公里，是一处原始氏族公社的村落遗址，总面积约24万平方米。1956年—1957年为配合三门峡大坝的建设，考古人员在此进行了大规模的发掘，共发现房屋3座、灰坑194个、窑址11座、墓葬156座，出土文物极其丰富，主要是陶器，比较典型的陶器有卷缘曲腹盆、曲腹钵、敛口瓮、夹砂罐、小口尖底瓶和陶灶等。

从发掘出的文物来判断，庙底沟属于新石器时代的仰韶文化和龙山文化遗址。“碳”测定为约公元前3910年（距今是5900年前），所出土器物特征与黄帝时代所发明使用的器物是相一致的，可以说庙底沟文化类型（按考古说法）和黄帝时代（按传说说法）是相同的时代，其分布中心在河南、陕西、山西三省。

4. 杨官寨遗址　庙底沟文化遗址

位于西安东北30公里处的杨官寨遗址是一处保存较好的六千年（公元

前4000年到前3500年）前的大型环壕部落遗址，这是目前所知庙底沟文化发现的唯一保存完整的环壕部落。它被一道周长1945米的壕沟围绕着，环壕平面大体呈梯形，壕宽9到13米，深2到4米左右，部落面积达24.5万平方米，大约相当于40个标准足球场。在环壕西部发现门址一处，在其两侧的壕沟内，出土了大量陶、骨、石质文物，陶器大多成层分布，保存十分完整。其中镂空人面深腹盆、动物纹彩陶盆、涂朱砂的人面残陶器等为同时期遗址中十分罕见的器物。

图12 镂空人面深腹盆

这个就目前所知同时代面积最大的杨官寨遗址也许是中国最早、也是规模最大的城市，这个遗址表明其具有了城市的特征，社会已经有了简单的分工，生活在城中的古人有的以制陶为生，有的人耕地，有的人狩猎……。这个遗址应该是黄帝和炎帝的主要活动场所，其对揭开中华文明早期发展和形成极其关键。

六、龙山文化
中华文明历程中第一束最耀眼的光芒

黑陶器是四千年前地球文明最精致之制作。

历史学家的公认（作者注）

龙山文化的黑陶器

仰韶文化的晚期出现了龙山文化，其分布于黄河中下游的山东、河南、山西、陕西等省，是青铜器和石器、铜石并用时代文化，因首先发现于山东章丘龙山镇而得名，距今约4350—3950年。龙山文化的特征是黑陶器，磨光黑陶器数量很多，质地精美，烧出了薄如蛋壳、表面光亮如漆的器物。在山东城子崖就出土了这类黑陶器。

图13 蛋壳黑陶高柄杯

在中国历史博物馆展出的一件该遗址出土的黑陶高柄杯（见图13），高20厘米，重39克，口盘部分仅厚0.3毫米，薄如蛋壳，光亮如镜，是黑陶中的极品，在台湾台北故宫里也有这样的一件黑陶制品，堪称绝世佳作。即使今天研究人员想要烧制出这样的陶器也极其困难。黑陶是中国制陶史上的一个

巅峰。黑陶艺术被世界各国考古界誉为“四千年前地球文明最精致之制作”。

这里需要注意的是大地湾炉窑的温度只有500–600度，所以那个时代的陶器质地松软，易碎。到了仰韶文化，彩陶炉窑温度达到700度左右，陶器强度大为提高。而黑陶炉窑温度达到了1000多度，能够烧结出强度更高的陶器。这个已经达到铜的熔点（1070度）的温度，为进入青铜器时代创造了必要的条件。

黑陶在焙烧时，前期采用富氧燃烧，即鼓风燃烧。烧窑快结束时，在1000℃左右炉温下，用缺氧燃烧，即少量鼓风，这时大量的燃料中的碳分子向陶器壁面渗透，使得陶器壁面呈现黑色。这个过程被称为高温渗碳过程。

一个炉窑要想得到高温度必须具有三个必要条件：高燃烧值燃料、富含氧气的空气、具有强化辐射传热和延长燃烧时间的炉膛结构。这三个条件缺一不可。1000多度的炉窑温度表明那时人们已经学会用木炭代替木材作燃料（木炭的燃烧值高于木材燃烧值），并发明出了原始的鼓风技术，创造出了强化辐射传热、延长燃料燃烧时间、且保温的炉窑结构。黑陶器是人类文明的一个伟大成就，表明我们的祖先最早掌握了高温燃烧技术，並由此保持了长达近4000年的高温炉窑燃烧技术世界领先地位（从龙山文化起始的公元前2350年到公元1722年西方开始冶炼钢铁为止），黑陶器出现没有多久，瓷器就发明出来了，这时的炉窑温度提高到1200度，到唐代，达到1400度。在这4000年里，这个技术一直领先整个世界。随后出现的世界最精致青铜器、世界最早冶炼出的钢铁、美轮美奂的瓷器都归功于这一高温燃烧技术。毫无疑问，这是中华文明历程中闪出的第一束最耀眼的光芒。

从仰韶晚期到龙山初期这段时间，到处都是像半坡这样的居住地。遍地开花的居住地、发达的生产手段，加快了文化发展的历程。晚期的龙山文化遗址还出现了青铜器，它表明龙山文化开始向青铜文化（夏商文化）过渡。

七、黄帝陵

1. 黄帝

中华民族始祖轩辕黄帝陵墓坐落在黄陵县的桥山，这里，四周古柏成林。陵前数十米处有一高台，相传汉武帝远征北方的匈奴归来，在这里祭黄帝，筑台祈山，故称“汉武仙台”。桥山脚下，是轩辕庙。院内有古柏 14 棵，有一株古柏相传为轩辕氏所手植，也是目前全国最大的一株，距今有 5000 多年。

图 14 黄帝轩辕庙

黄帝相传姓公孙，出生于轩辕之丘，故号轩辕氏。每年有无数的人来此拜谒黄帝陵。虽然黄帝是传说中的人物，但从古至今所有华夏子孙都把他当做华夏文明的始祖。

关于桥山真实的所在地历来有所争议，现今学术界较认可的说法是河北省张家口市涿鹿县温泉屯乡里虎沟村西南之桥山，那里自古代一直至后唐都有黄帝庙并享有祭祀，直至辽统治中国北方后，从此断祀。而陕西黄帝陵则为一衣冠冢，黄帝陵前碑也表明了此事情。因为长期处于中原汉族统治区域，因此，自秦统一中国后，历朝历代每岁祭奠黄帝陵延续不断，被称为“天下第一陵”。

历史上对黄帝最早的记载是战国时（公元前 672 年）齐威王所铸青铜器上的铭文，称黄帝为先祖。根据《山海经》，以炎帝为首的姜姓部落在阪泉之战败给以黄帝为首的姬姓部落，而后蚩尤纠集炎帝的部属再于涿鹿之战败给黄帝。后来，黄帝又征服了周边各个部落，华夏族由此产生。

说到黄帝，也要说说三皇五帝。

2. 三皇五帝

三皇五帝属中国史前文化，时间遥远，至今还没有发现当时的文字实物资料，这一历史时期现存的资料大多和神话传说纠缠在一起，因此，这段历史有着很多含糊不清之处。传说中免不了有神话的色彩。神话反映了一个民族的特质，从中可以窥见国家成立的过程。中国神话的特征是有着高度的片段性，而没有系统性。例如，有个叫共工的神，按理说他已在尧的时代被杀于幽州，然而在舜的时代他又被流放到幽州。所有的国家（以族群为表现形式）都会用神话来描述本国的诞生过程。中国的正统王朝经常易位更迭。夏王朝可能是由几个世袭家族构成，如果发生易代，新王朝不会沿用前朝的神话，而会创造自己的神话。当这个新王朝又被取代的时候，下一个王朝的神话就又出来了，这样就很快进入了历史时代。中国的正统王朝屡屡改朝换代，导致神话就像散落一地的碎片。但是，不管怎样，神话中还是反映出了真实历史里的一些基本点。

由诸子百家留下来的关于黄帝的记述，很多都是荒唐无稽的。司马迁说自己收录了其中比较能说得过去的史料。黄帝传说所反映出的历史的真实程度还无法证实。100 多年来的断续的艰苦的考古发掘和对甲骨文的解读，在我们面前展示了比较清楚的商之前的历史。综合史料，我们大致可以认为：

三皇时代处于约八千年前至四千年前，是中华文明的萌芽发展期。从考古上来看，是大地湾文化至仰韶文化早期；而五帝时代则距夏朝不远，约在四千多年前，处在庙底沟文化（公元前 3900 年—公元前 2780 年）和龙山文化时期（公元前 2350 —公元前 1950 年）。究竟谁是三皇五帝，史书对此说法不一，最常见的说法是三皇：女娲、神农、伏羲。三皇时代也常称为伏羲的时代。五帝：黄帝、颛顼、帝喾、尧、舜。五帝时代是三皇时代的延续。传说炎帝（指末代炎帝）、黄帝皆神农后裔，黄帝和伏羲（有人认为盘古即为伏羲）部落有密切的传承关系，后来黄帝取代炎帝成为天子，为五帝之首，五帝以后即为夏、商、周时代。

3. 关于黄帝的传说和考古

黄帝到现在只有文献资料和传说，关于黄帝的传说怎么用考古去证实呢？根据对甲骨文历史推断和现有的考古，黄帝时代还处在甲骨文早期，可能只有刻划符号，真正的甲骨文还没有出现。人们对于黄帝、炎帝的了解和认知，通常都是来源于距他们几千年后的周、秦文献。所以，那个时代被称为“史前文化”、“传说时代”。通过对近几十年来的新考古成果和传说的研究，加上丰富的科学推测，有了二者愈加接近真实的观点。有人说过，如果没有史前考古，文献、传说的真实性就得不到确认；如果没有文献、传说，史前考古只能是挖出一个陌生世界。如三星堆遗址，相对而言，还是一个陌生的世界。传说需要考古验证，考古需要传说引导。通过考古发现理清上古时代的文化传承，就可以找出考古遗存与传说所留存的历史的对应关系。近几十年的考古发现，后世的文献记载和传说，多半不是后人为了某种目的而杜撰的，而是整个民族的记忆，是对遥远历史的共同记录。在世界范围内，埃及和两河流域文明都已基本完成传说与考古的互证过程；而在中国，这项工作尽管已经取得了很大的成果，可是，还远没有完成，我们的地下还有很多很多需要去挖掘考古，历史的考证还在进行，我们黄河流域文明地域大约有150万平方公里，如果加上长江流域、游牧地区部分，那又大了几倍；而埃及文明发生的地域只有4万平方公里，两河文明的地域也只是40—50万平方公里；印度哈拉巴文明大约50万平方公里。相对而言，我们的考古的范围就大得多，其考古挖掘的难度也是别的文明国家和地区所无法比拟的。

要探讨黄帝时代的文化，需要以夏文化的认定作为基础，而夏文化又是以对商周文化的确定为前提的。夏朝是公元前2033年至公元前1562年，以此往前做科学的论证发现，把二里头文化看作夏文化没有疑问，二里头遗址位于河南偃师二里头村，于1959年被发现，遗址距今大约3800年—3500年，相当于中国历史上的夏、商时期。再向前追溯，会发现晋南豫西文化的更早源头是仰韶文化二期的庙底沟类型，距今大约5000年—5500年，而这正与黄帝以晋西南为中心活动的情况吻合。需要注意的是，在与晋西南隔河相望的河南灵宝“铸鼎塬”一带，近期在河南灵宝市西坡村（距离西安200公里）发现了一个属于仰韶文化的遗址，在该遗址中发现了一座宫殿，据推测，它很有可能就是黄帝的宫殿。考古人员还在其周围发现了一座可以居住20多万人口、有100多万平方米的都城，它应该是当时部落联盟的聚居地，属于仰韶文化中、晚期的庙底沟文化和龙山文化。这个居住地远远大于当时的黄河、长江流域一般聚落为几万平方米的居住地。这为黄帝以晋西南（及其附近）为中心的说法增添了考古证据。考古发现：

公元前四千年左右，庙底沟类型对仰韶文化其他区域的影响愈来愈大，具有相同类型和特点的陶器遍见于目前考古发现的同时期的红山文化、大汶口文化、崧泽文化、大溪文化之中，说明其影响范围西至青海东部，北逾燕山，东达海岱，东南至江淮，南达江湘。庙底沟类型文化成了黄河中下游的中心文化。这个范围和战国时《庄子》一书所说的黄帝活动范围是相同的，当时的文献里的黄帝活动范围，大致是以河南为中心，向北到山西，经陕北，抵达内蒙古河套北的阴山；向南到湖北和湖南交界处，在南北约1000公里，东西约1500公里的区域内。比庄子晚大约250年的历史学家司马迁记述的黄帝活动范围，则是东至于海，西至崆峒，南至长江，北至釜山，而邑于涿鹿之河，约相当于现今的山东、甘肃、两湖及河北等省，两者的记述是相同的。也就是说，考古和《庄子》、《史记》文献取得了一致。

把考古与文献传说结合起来重新审视中华文明的起源和发展：如果黄帝是真实存在的，那么地下一定有历史遗存与此对应；分析考古挖掘出来的每一件物品，都可以从它的材质、形状、种类、数量、和色彩等的演变来证实那个时代的真实状态，可以了解一个文化的发展过程，以及被另一个文化的入侵和融合过程。

仰韶文化的半坡和庙底沟类型属炎黄华夏部落文化，分布在河北一带的仰韶文化后岗类型属蚩尤黎苗部落文化，海岱地区的大汶口文化属少昊东夷部落文化。这是公元前5000年—公元前4000年在中国的最主要的三大部落文化，考古出土的文物也显示出这种真实状态。公元前4800年左右仰韶文化形成后，半坡类型开始逐渐扩展到陕西大部乃至于鄂尔多斯地区西南部，并进而朝人烟稀少的东北方向继续拓展，后岗类型同时也向西发展。两者在内蒙古中南部、晋中乃至于冀西北一带碰撞并融合，形成仰韶文化鲁家坡类型。公元前4200年左右，庙底沟类型的前身——东庄类型在晋西南的形成和崛起，并显示出旺盛的创新和开拓精神。首先向文化相对薄弱、空白地带多的晋中、内蒙古中南部挺进，形成与东庄类型相似的白泥窑子类型，大大扩充了东庄类型的实力。然后再向周围强烈辐射。向西，使原半坡类型进入其晚期阶段（史家类型）。向东南，使豫中、豫西南地区遗存也带上了浓厚的东庄类型色彩；向东北，使原属后岗类型的冀西北和晋北区文化演变为地方特征浓厚的马家小村类型，表明黄帝族部落的触角虽已伸至涿鹿一带。但向东影响最小，显然与后岗类型所代表的蚩尤势力的顽强抵制有关。这时太行山两侧表面上的和平共处，或许正是黄帝和蚩尤双方经多次较量后而暂时势均力敌的表现。公元前 4000 年左右庙底沟类型正式形成之后，其与后岗类型的对峙局面终于宣告结束。这时的冀西北大部文化已与庙底沟类型很相似，而太行山以东地区文化则呈现出一派萧条景象，这表明不但涿鹿一带已归属黄帝，而且其势力已扩展到太行山东麓，这应当正是涿鹿之战后的具体表现。后岗类型所代表的黎苗部落被迫大部南迁江汉，成为后来三苗之屈家岭——石家河文化的源头。总之，涿鹿之战确立了庙底沟时期仰韶文化所代表的华夏部落的主导地位，使黄帝及其中原地区成为古代中国文明发展的核心，对中国古代文明的起源、形成和发展都有深远的影响。

从考古可以了解到，涿鹿之战是很多小规模战争和部落之间的冲突的汇聚结果，时间过程很长，是把几十年、几百年来各种纷争叠加起来记忆的结果。但是，就是这样的战争推进了文明的发展。

综合起来看，三大部落在中国文明形成中都扮演了极重要的角色，只不过是在不同阶段所处的地位和所起的作用有所不同而已。他们共同缔造了中国早期文明，在文明起源过程中，中原地区和周围地区相互交流，融合，扩张，吸收。并最终形成夏商周阶段以中原为核心的国家政权，中华文明在发展中融为一体。出土文物的考证也非常明显地表明了这点。

黄帝之后，史书记载的第一个王朝是夏，接下来是商。

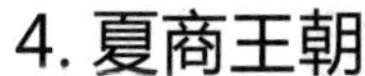

4. 夏商王朝

> 帝王的体制持续了四千年，而在法律、习惯、语言，甚至服装式样等方面……一切都无任何显著的变化；在世界上确实难以见到这种最佳的制度。
>
> ——伏尔泰（法国思想家、文学家、哲学家）

夏朝，公元前2070年—公元前1600年，经历了470年，中国史书记载的第一个世袭王朝。一般认为夏朝是一个部落联盟形式的国家。帝王与诸侯分而治之，相当于夏朝时期的出土文物中有比较多的青铜和玉制的礼器，所以其文化及文明程度高于新石器晚期文化。但是由于迄今为止在考古学上还没有找到公认的夏朝存在的文字依据，中国最早的文字记载出于商朝，因此，其真实存在性没有得到正式确认。但许多历史学家认为，河南偃师二里头遗址便是夏朝遗存。根据史书记载，夏朝是禹的儿子启建立的国家。夏禹传子代替了以前的禅让制度，由禅让制度变成王位的世袭制度。夏朝共传了13代、16个王，约471年，后为商朝所灭。

商朝取代夏朝的时间为公元前1600年，至公元前1046年1月20日被周武王所灭，共554年。因最后首都在殷，又称殷商。相对于夏朝，商代有更丰富的考古发现。夏朝的一个诸侯国商部落首领商汤率诸侯国于鸣条之战灭夏后建立商朝。末代君王商纣王于牧野之战被周武王击败而亡。

对商朝的了解多来自于商朝金文和甲骨文的记载和司马迁的《史记》。殷墟遗址是在20世纪上半叶被发现的，也就是说殷墟里的甲骨文只是在一百年前才刚被人知道。时隔2000多年后，这些甲骨文几乎完全印证了司马迁《史记》中所记载的商王世系表。文献和考古得到了相互印证。最让人震惊的是，甲骨文证实了司马迁的《史记·殷本纪》的记述几乎完全正确。从汤到帝辛（纣）共三十代王，《史记·殷本纪》中列出了他们的名字。在发明并普及印刷的宋朝之前，《史记》自然是手抄流传的。长此以往就难免会有笔误。可是，在《史记·殷本纪》中所记 30 个殷王名中，根据卜辞需要加以订正的只有三个字。司马迁写《史记》的时候，距离商朝灭亡已有 900 年以上的时间了。《竹书纪年》中记载，商王朝一共是 496 年，所以从殷王朝建立开始算起到司马迁写《史记》就有 1400 年以上了。尽管时间已过去这么久，却还能保证记载的准确性，不由得让人敬叹。

说起文字，我们应该去白水县的仓颉庙看看。

5. 仓颉庙　中国文字的创造者

仓颉庙坐落在渭南市北面白水县东北的名叫“史官村”的地方，有山围绕四周。仓颉是白水县阳武村人，传说他为轩辕黄帝左史官。他仰观天象，俯察万物，首创了“鸟迹书”，被人们尊为“文字始祖”，是中国文字的创造者。仓颉去世后，当地百姓在其墓葬处修有庙宇，并将这里的村庄取名为“史官村”，有文字可考的庙史已有 1800 余年。

图 15 仓颉庙

仓颉　中国文字的创造者

有学者曾把相当于黄帝时代前后出土的各种陶文或符号进行了分类整理，列成简表，约有 60 多种，经过认真研究，他们认为“既然在仰韶时期就已有了文字，那么到黄帝时代经仓颉的整理、总结、提炼，从音、义、形等方面加以发展，特别是从形，亦即我们常说的‘图画文字’、‘象形文字’进行归纳总结应该是符合实情的。所以史书中传说黄帝命仓颉造字绝不是无中生有，而是有其根源的”。仓颉造字的传说表明，仓颉是把众多的刻划符号集成、演变为甲骨文这个历程中做出了重大贡献的人。荀子说:“故好书者众矣，而仓颉独传者，壹也。”然而，中国文字的发展史之谜至今仍还未被解开，至今还是个谜。

6. 中国文字之谜

从庙底沟时期（公元前 3900 年—公元前 2780 年）算起，也是从黄帝时期至中国有最早的成熟文字甲骨文的商代（公元前 1600 年）相隔近 1000 年。如果从夏初的二里头文化（公元 2070—1600 年）算起，相隔仅 400 年。文字的发展却经历了一个神秘的过程，甲骨文好像是突然冒出来的，看不到一个形成和发展的过程。这是至今考古还没有解开的谜。

从大地湾遗址、半坡遗址、双墩遗址等地方都发现了不少的象形符号，这些符号可以被看做是文字的起源，可是，文字的发展过程呢？从二里头陶器上留下的刻划符号（见图 16），到商代的甲骨文（见图 17），仅仅 470 年，就能从刻划符号演变为成熟的文字？这怎么解释？要知道从大地湾文化的 10 来种刻划符号到半坡文化的 22 种刻划符号，其间经历了 1200 多年；从半坡文化到二里头遗址发现的几十种陶器刻划符号（其中有的造型十分接近商代的甲骨文，不排除属于文字的可能）又是 1700 年。文字的发展一直是在极其缓慢地进行着，怎么到了夏朝，就突然加速，以令人难以置信的速度形成了完善的文字？汉字是世界上独一无二的象形文字，其不可能是从西方的拼音文字演变而来。没有人知道汉字是怎样发展出来的，

考古也没有揭开这个过程。考古发现的要么是没有连贯的刻符，要么是已经成熟的甲骨文。从黄帝时代的庙底沟文化——河南陕县到属夏文化的二里头遗址——河南偃师二里头村的距离只有150公里。从二里头遗址——到甲骨文的发现地——安阳的距离约为280公里。这是从黄帝时代到夏，商首都的迁移路径。在三门峡（陕县）——洛阳（偃师二里头）——安阳（商朝古都）这个范围里，有可能寻找到能够揭开文字发展过程的考古点。历史具有连续性，如果以后有可以证明文字发展过程的考古发现，那么，应该是在从二里头到安阳这个范围内，而不可能是在千里之外的其他地方找到文字发展过程。究竟如何，我们也只有期待以后的考古来解开这个谜。没有被发现不等于不存在，在它之前的文字至今尚未被发现，可能是因写在容易腐朽的材料上而没有存留下来。

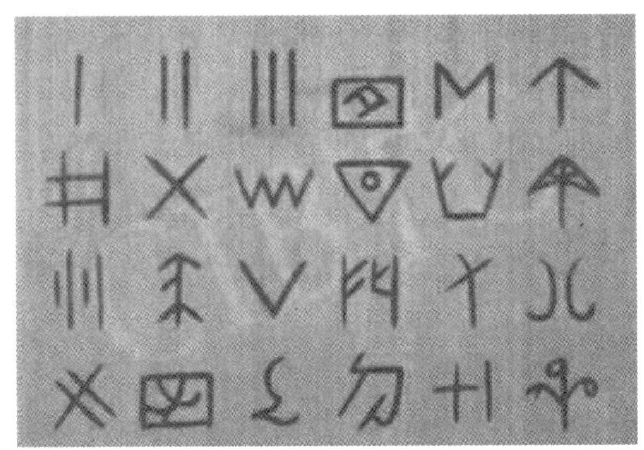

图16 二里头刻划符号

中	中	中	中	中	中	众	舟	俏	俏
周	周	洀	洀	洀	洀	婤	肘	帚	帚
帚	帚	帚	胄	昼	酎	朱	朱	竹	竹
逐	逐	舳	贮	贮	贮	贮	贮	壴	壴
壴	壴	祝	祝	祝	祝	祝	铸	铸	爪

图17 甲骨文

人们偶尔在兽骨等利于保存的材料上进行占卜，记录的文字就被遗留下来。也有很多文字写在毛皮等容易腐朽的材料上而无法保存下来。相信通过考古迟早会揭开文字形成之谜。

文字的发展历程

伏羲时代		炎帝黄帝时代		夏王朝		商王朝殷墟
大地湾文化		半坡、庙底沟文化		二里头文化		河南安阳
天水、西安		西安 、三门峡		河南洛阳		3600 年前
8000 年前	1200 年	6800—4700 年前	1700 年	4070 年前	470 年	
10 多个刻划符号		22 个刻划符号		几十个刻划符号		甲骨文

从这里也可以看出中华文明发展中心是自西向东，从渭河流域上游至中下游，再至黄河流域中游发展，也表明了文明发展的连续性。

八、丰镐遗址　周王朝的都城

古代的中国，他们苦心经营，完成最完美的社会形态，犹如一个典型的模范社会……中国创造了为今日人们已知的，最高级的世界文明……中国的伟大吸引了我，使我感触良多……这个国家的伟人们，跟我们德国人比起来，代表更高一层的文化水平……那些君子型的人物……代表一种非常高尚社会的典型，特别是他们卓越的风范使我的印象特别深刻……文明的中国人，谦恭有礼，是多么的完美！……也可以说，中国人，是所有人类中最有深度的人。

——伊曼努尔·康德（德国古典哲学家创始人、哲学家）

周朝，是中华文明中第一个盛世，也是中华文明历程中的第二束最耀眼的光芒。

丰镐遗址

丰镐遗址在西安西南20余公里的沣河两岸。丰镐二京同时发现了许多文化遗存。

丰和镐是西周的都城。在周文王时，周的领地已达到了沣河流域，其首先在沣河西岸建了国都——丰，以此作为周的中心。周武王时，因王权的扩大和宫殿发展的需要，又在地域更为开阔的沣河东岸营建了新都城——镐。丰、镐虽分处沣河两岸，但联系密切，有桥舟相通，实际是一个都城的两个分区。从公元前 1046 年一直到公元前 771 年为止，在长达 275 年的时间里，丰镐作为西周的都城，是当时政治、经济、文化和军事中心，经历了十一代十二位帝王。

丰镐遗址中心区域面积约 15 平方公里，已发现大型夯土基址约 30 多处。这些建筑群屋顶施瓦，有较完善的排水设施，可能是王室或重要贵族的宫殿和宗庙遗址，发现墓葬上万座。王室贵族的带墓道大墓，一般有车马坑、马坑陪葬。出土了许多青铜器、骨器、玉器、蚌器、陶器和其他各种饰物；出土了大批板瓦、筒瓦和槽瓦等建筑材料。在马王村附近发现一段可能是丰京宫殿的夯土台阶遗址。丰镐两京一带还有供周天子渔猎游玩的苑囿。丰镐遗址墓葬出土的青铜器上的铭文还记载了周王在池中泛舟渔猎的情景。

公元前 771 年，因废立太子之事，发生王室内讧，申侯引犬戎（也就是匈奴）乘机入京。攻下京城后，犬戎到处烧杀抢掠，繁华的都城毁于一旦。幽王被杀，西周灭亡。周平王迁都洛邑，东周王朝开始。丰镐变为一片废墟，

图 18 丰镐遗址车马坑

此后，朝代更迭，战乱扰攘。大约至唐宋以后，人们已不知丰镐都城所在。

周朝是中华文明发展中的第一个盛世，这个盛世的特征是哲学思想和文化的诞生。它为世界留下最重要的遗产是思想和文化。从世界范围来说，同时代的只有希腊的哲学、印度佛教中的哲学思想，它们一起构成了人类哲学思想的源头。这个朝代奠定了中国政治、经济、思想、文化的基础，直到今天还在影响着中国乃至世界。一些思想、政治、文化的历史巨著纷纷而出，《易经》《诗经》《道德经》《论语》…… 在几百年里陆续问世。继承了商王朝的青铜器艺术在周朝得以光大，达到了世界艺术的顶峰。领先世界两千年的钢铁冶炼技术从这个时代开始。由商朝开始，在周朝完善的中国人的衣服式样、文字、语言、生活礼仪等文化几千年来没有间断地延续下来，基本没有改变。

1. 周王朝　中国第一个盛世

中国文化乃是世界文明重大成就之一。

——威尔·杜兰（美国最著名的通俗哲学史家、历史学家）

在距今 3000 多年前，由于不堪游牧民族的骚扰，一个叫周的部落在首领古公亶父的带领下，从“豳”（陕西彬县一带）出发，来到了位于岐山县箭括岭下的平原地区——周原。后人将这一决定周人发展的重要历史事件记了下来。《诗经》在描述这个过程时说，“古公亶父，来朝走马，率西水浒，至于岐下。”到姬昌继位，就是日后的周文王，他体恤民意，礼贤下士，天下士人都来投奔他，其中就有姜子牙。周的发展，使商纣王感到了威胁，于是，将西伯姬昌囚禁在羑里七年，周人便用珍宝和美女将西伯赎出，此后，在姜子牙的辅佐下，西伯昌更为积善修德，和悦百姓，大力发展生产，使更多的诸侯前来归附，同时讨伐不驯服的诸侯和商的盟国，终于使大部分天下属于周，并自立为王，即周文王，他将都城迁到丰河西边的丰城。周文王逝世，他的儿子姬发，周武王继位，公元前 1046 年，武王统率战车 300 辆，猛士 3000 人，兵士 45000 人，出潼关，联合各方诸侯，在商都（河南安阳）的郊外牧野打败了商朝的军队，杀死商纣王，史称“牧野之战”。“武王灭商”，建立了中国历史上最长的一个朝代——周朝。

周朝经历了800年，到公元前256年，被秦国灭掉。周朝又分西周，东周。公元前 771 年以前的周朝为西周，国都为丰镐，共 275 年，以后的为东周，国都为洛阳，共 515 年。东周又分春秋、战国二个时期，公元前 771 年—前 403 年为春秋时代，共 368 年。公元前 403 年—公元前 221 年为战国时代，共 182 年。战国时代是中华历史上分裂对抗最严重且最持久的时代之一。

2. 共和元年　中国历史记录的开始

公元前 878 年，周厉王在位，是周朝第十个国王。他在位时，发生了多次灾荒，庄稼歉收，民不聊生，贵族们却依然吃喝玩乐，不管人民的死活。周厉王十四年，为聚敛更多的财富以供享用，强行宣布山林川泽为王所有，不许平民在里面樵采渔猎。他还找来巫师，监视发表反对意见的怨恨者。巫师将这些人报告厉王，厉王就杀掉他们。弄得亲友熟人在路上遇见了都不敢互相招呼，使都城变得死气沉沉。周厉王却高兴了：“我自有办法叫百姓不敢诽谤我。”大臣召公劝诫说：“这样堵住人民的嘴，就像堵住了一条河。河一旦决口，要造成灭顶之灾；人民的嘴被堵住了，带来的危害远甚于河水。治理河水就要疏通它，使它畅通，治理百姓，就要让他们讲话。百姓心里考虑的，口里就公开讲出来，天子要成全他们，将他们的意见付诸实行，怎么能堵住呢？如果堵住百姓的口，将能维持多久？”厉王不听，不以为然地说：“我是堂堂天子，那些无知的愚民只能遵从我的命令，怎么能让他们随便议论！”仍然一意孤行，实行暴政。公元前 841 年的一天，都城四郊的国人自发地集结起来，手持木棍、农具作武器，从四面八方扑向王宫，要向周厉王讨还血债。周厉王急忙命令调兵镇压。臣下回答说："我们周朝寓兵于农，农民就是兵，兵就是农民。现在农民暴动了，还能调集谁呢？"周厉王这才知道大祸临头，匆忙带着宫眷步行逃出都城，沿渭水朝东北方向日夜不停地逃到远离都城的彘，也就是今天的山西霍县。平民在大臣周公、召公的极力劝解下，终于平息了一些怨恨，纷纷离去。周公和召公根据贵族们的推举，暂时代理政事，重要政务由六卿合议。这种政体，称为共和。这一次以都城四郊的平民为主体的暴动，历史上称为"国人暴动"。这一年，历史上称为"共和元年"。

由于《史记》一书由共和元年（公元前 841 年）开始系年记事，因此国人暴动、厉王被逐、"共和行政"建立的这一年，就被视为中国历史有确切年代记载的开始。从这一年开始，中国的历史就没有中断地被完整地记录下来，成了世界上唯一能够连续记录历史的国家。

3. 烽火戏诸侯

公元前 781 年，又一位昏君——周幽王即位。周幽王三年，幽王自从得到褒国（今天的汉中）进献的美女褒姒后，封为宠妃，整天沉溺于佳丽之中，朝政荒废。褒姒生性不笑，面对宫中玉宇琼楼，锦衣玉食，她毫无悦色。褒姒美艳无比，但整天愁云密布成为一大憾事。幽王欲睹褒姒笑容，却想不到办法。一天幽王出游骊山，遂命点燃烽火。各路诸侯见烽火报警，以为京城出现敌情。迅速整装带兵而至，可是见君臣安然无恙，且游兴正浓，感到莫名其妙。问其原因，幽王笑而不答。看到这种场面，褒姒终于莞尔一笑，看到褒姒终于开了笑口，而且笑时姿态很美，昏君乐得忘乎所以。风尘仆仆的诸侯终于明白，烽火报警，调兵遣将，只是为博宠妃欢心。王命如山，无可奈何，只得怏怏离去。为讨褒姒再开笑颜，幽王故伎重演了好几次。后来褒姒生了儿子，幽王十分高兴，取名伯服。公元前 774 年，幽王废了

申王后和太子宜臼，立褒姒为王后，伯服为太子。同时重用奸臣虢石父为卿，国人怨声载道。申王后和宜臼把这些情况告诉父亲申侯，申侯非常愤慨，毅然联合两个诸侯攻打西周。兵临城下，幽王慌忙命令点燃烽火报警。屡受戏谑的诸侯以为又是昏君在讨好美人，故按兵不动，镐京陷落，幽王被杀，西周300年历史宣告结束。诗经[小雅]里写了这事:“赫赫宗周，褒姒灭之”。

九、周公墓　周公庙

这些人民，在文物、艺术、聪明、才智、政策以及他们在对哲学的品位方面，优于其他任何亚洲人民。不但如此，有些作家甚至判断，就上述各方面来说，他们胜过最开化的欧洲人。

——德尼·狄德罗（法国启蒙思想家、哲学家）

1. 周公庙

周公庙位于宝鸡岐山县城西北 6.5 公里的凤凰山南麓。《诗经》中描述此地为“有卷者阿，飘风自南”。因此，后世人称这里为“古卷阿”。唐高祖李渊为了缅怀周公的勤政德贤，下诏在古卷阿为周公建祠立庙，始称周公祠。从古至今，这里一直是人们的凭吊游览之处，韩愈、苏轼、康海等许多文人墨客曾来此游览抒怀，留下了 140 多首游览诗文和 30 多通碑石。

图 19 周公庙

2. 周公墓遗址

在关中平原，人们都清楚汉墓唐陵在哪里，是哪个帝王的。可是，周王陵在哪里？至今无人知晓。自上世纪 30 年代考古学者开始对丰镐田野考古，到 1951 年中国社科院考古所和陕西省考古所相继对丰镐长达半个多世纪的田野考古调查和发掘，可以说是硕果累累，但是很遗憾的是，迄今尚未发现能直接反映其为西周都城的大型王室墓葬、青铜器、金文甲骨文记载等直接证据。近百年来的考古工作已经发现了早于周的商，晚于周的战国和秦汉诸王陵，唯有对周王陵尚一无所知。一代又一代的学者们苦苦追寻着答案。2003 年 12 月，周公墓遗址的发现，惊动了中国考古界。考古人员在周公墓遗址发现了带字龟甲，其中最多的一片甲骨上竟然有 38 个字。后来，又陆续发现了 740 余片卜甲，其中有刻辞的 80 余片，初步辨认出文字 400 余个，其中有“周公”刻辞者最为引人关注。另外 10 座四墓道西周高等墓葬集体现身，让考古学者们颇为兴奋，因为这颇为符合对王陵的猜想。周王陵有没有可能在周公庙遗址附近？随后的考古工作尚没有证明这一点，但也没有完全排除可能性。周公墓遗址还在挖掘之中，考古专家已正式确认它是目前所知最高等级的西周墓地。

3. 周公　孔子一生最崇敬的圣人

周公的名字叫周公旦，是周文王的第四子、周武王的同母弟弟，因他的封地在周，遂叫周公，是西周时期的政治家、军事家、思想家、教育家，被尊为“元圣”，儒学先驱。武王死后，其子成王诵年幼，由他摄政当国，他平定了“三监”叛乱，周公的兄弟管叔、蔡叔和霍叔等人勾结商纣的儿子武庚禄父和徐、奄等东方夷族反叛。他奉命出师，三年后平叛，并将势力扩展至东海。后来他建造了洛阳城作为东都。相传他制礼作乐，建立典章制度。其言论见于《尚书》周书诸篇，他被尊为儒学奠基人。周公是孔子最崇敬的古代圣人，《论语》中孔子曰："甚矣吾衰也！久矣吾不复梦见周公。"意思是说：我已经很衰老了，好久没有梦见周公了。据传，征讨商纣王的《牧誓》和《周礼》是他所写。周公制礼作乐第二年，也就是周公称王的第七年，周公把王位彻底交给了成王。在国家危难的时候，他不避艰辛挺身而出，担当起王的重任；当国家转危为安，走上顺利发展的时候，他毅然让出了王位。这种无私的做法，始终被后代称颂。曹操的《短歌行》表示了他对周公的敬仰和求贤若渴之心："山不厌高，水不厌深。周公吐哺，天下归心"。

周公成了后世为政者的典范。孔子的儒家学派，把他的人格典范作为最高典范。最高政治理想是周初的仁政，孔子终生倡导的是周公的礼乐制度。

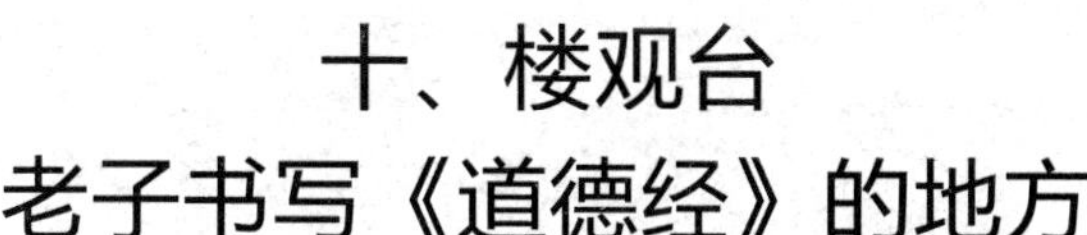

十、楼观台 老子书写《道德经》的地方

> 我们之所以花这么大的篇幅讨论中国古代的哲学家，一部分是为了要讨论那引人入胜而又不易解决的人生和命运的问题，也因为这些哲学家是中国对世界贡献最大的部分。
>
> ——威尔·杜兰（美国最著名的通俗哲学史家、历史学家）

公元1697年，德国哲学家威尔赫姆读了中国古代哲学后，呼吁要把东方的哲学写到西方的哲学里去，他写道："我们的事务这样的没有条理，道德的堕落，有增无几，我想我们需要中国派一些学者来教我们国教的目的和应用……因为我相信，假如要一个聪明人来裁判哪个国家的人民最善良，那么，无疑的，他必定会选择中国人"。

公元前580年，周王朝的第466年，老子诞生了，当过周王朝图书馆馆长的老子是中国最伟大的思想家、哲学家。在楼观台，我们可以去聆听老子骑在青牛上讲述《道德经》。

楼观台

在西安市西南50公里的终南山北麓，有座不高的山，楼观台（函谷关）就建在这山上。2500年前老子骑着青牛从东方缓缓而来，在楼观台向世人讲授了他的著作《道德经》。

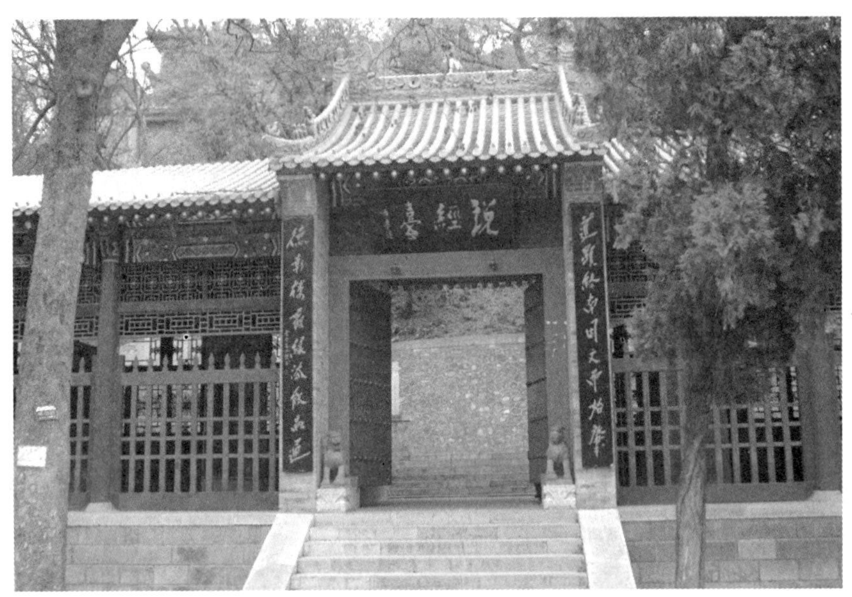

图 20 楼观台

楼观台的说经台前有石碑《大唐宗圣观记》，是唐代大书法家欧阳询所书。石碑记述的是大唐皇族与老子攀亲的事情。唐朝建立后，唐高祖李渊为了溯本求源，把自己的祖脉，追到了李姓老子这里。公元 620 年，李渊专程来到楼观台礼拜，尊老子为李氏皇室先祖，封楼观台为皇室祖庙，由朝廷拨款扩建，赏赐供养。

1. 老子 中国最伟大的思想家

老子，公元前 580 年—公元前 470 年，姓李名耳，又称老聃，楚国苦县人（今河南鹿邑太清宫镇）。老子曾在东周国都洛阳任藏室史（相当于国家图书馆馆长）。他博学多才，孔子周游列国时曾到洛阳向老子问礼。老子晚年乘青牛西去，在楼观台（即函谷关）写成了五千余字的《道德经》（又名《老子》）。老子的思想承接了伏羲、黄帝的针对自然和社会的辩证思想，后被庄子所传承，故也被称为黄老学说、老庄学说。

（1）老子出关

老子生活在春秋时代，为了探索礼乐之源，道德之旨，老子从楚国来到周都，在东周王室做藏室史，掌管全国的图书典册和重要文档。那时，周王室已是日薄西山，一天天走向衰微，他目睹了朝政腐败，民不聊生，杀戮、流血、饥饿和死亡，让老子痛感民间疾苦，王权残暴。公元前516年，由于宫廷发生内乱，早已对周王室心灰意冷的老子于是骑上一头青牛，往函谷关以西的秦国而去。在老子离开洛阳，到达函谷关之前，函谷关守关官员尹喜，已经在那里静候多时了。据说，有一天尹喜观察天象，一团紫色云雾倏然升起，祥光四射。紫气东来使尹喜顿觉天阔地开，内心澄明，隐隐感到会有不凡之人从函谷关经过。不久，果然有一位鹤发童颜的老者，骑一头青牛，来到关楼之下。在尹喜的再三恳求下，老子在函谷关停下脚步，开始了《道德经》的写作。伴随着秦岭山中悠悠白云，昏暗的青灯之下，浩渺宇宙之间，天地万物，相依相存，相克相生，无穷无尽的自然法则，在老子的胸中升腾奔涌。他铺开竹简，写下留存万世的《道德经》："道可道，非常道；名可名，非常名……，并对众人亲口宣讲。尹喜得到《道德经》后，如获至宝，终日默诵，如饥似渴。他对老子说："读了您的著作啊，我再也不想当这个关令了，我要跟您一起出走。"老子莞尔一笑，同意了。据说，尹喜真的跟着老子又往西走了。

图21 老子像，唐朝画家吴道子作

司马迁在《老子韩非列传》中写

道：老子“言道德之意五千馀言而去，莫知其所终。”老子的去向始终为后人留下了一个不解之谜。古往今来，世界上还没有哪一个人能够用如此简洁明了的五千多字，深刻阐释出宇宙万物之间，这种对立转换的哲学关系。从这个意义上说，2500 年前函谷关关楼上的那一盏光焰黯淡的青灯，成为照亮人类文明进程的不灭光焰。那个楼观台注定要成为世界文明史上，最值得记忆和崇仰的地方。

那是一个奇特的时代，就在老子写作《道德经》的时候，释迦牟尼刚刚在菩提树下成佛，天主教经典《圣经》孕育在襁褓之中。希腊哲学家苏格拉底的《对话录》，100 年后出现。

（2）《道德经》 一本影响中国历史的书

……或许，除了《道德经》外，我们将要焚毁所有的书籍，而在《道德经》中寻得智慧的摘要。

——威尔·杜兰（美国最著名的通俗哲学史家、历史学家）

《道德经》全书只有五千字，可是内容包罗万象，全书充满了道法自然、辩证思维的思想理论。这些理论构建了中国早期哲学体系的基石，成为影响中国几千年的重要哲学思想。

老子最先回答的是哲学上最基本的问题——宇宙的本质。在那个时代，人们把宇宙的本质归于“上天”，神。而老子用浅显的语言描述了自己的道法自然思想“道生一、一生二、二生三、三生万物、万物归一”。万物的法则是道（宇宙之道），行为的法则也是道（生活之道），如天地万物的无声周行；春夏秋冬的轮序，日月星辰的运行。它是公正的、非人的及理性的万物法则，假使人要过幸福和平的生活，则其行为必须顺从自然之道，自然即是自然活动。人生的本质因而是自然的运动之一。

道之尊，德之贵，夫莫之命而常自然。

世间万物依照“道”的规律运动发展，“德”是循道而行。这种发展是一种自然的发展。不加干预，让万物、生活都以自然状态发展。这就是老子的“道法自然”思想。在老子看来，万事万物都是“道法自然”，那么，对待万事万物就应该采取“无为”的态度，是希望尊重自然，顺其自然，少人为干预。这也是“无为而治”的思想的由来。

在每一个领域中，无为（不去强行干涉万物的自然程序）便是见识高远的境界。在处世之道里，要使个人生活有序地运行，假使遭遇抗力，最佳的方法便是不去争辩、争斗或发动战事，而要谦逊，要显弱、宽容，如此方能制胜；消极常比积极更能获胜。老子对孔子几乎是以教训的口气说：以其不争，故天下莫能与之争（你不去和人争，天下也就没人和你争）。天下莫柔弱于水，而攻坚强者莫之能胜，其无以易之（天下最柔弱的莫过于水，而水有水滴石穿的攻坚能力，其他事物均无法比拟，这是因为水有持久不变的毅力）。

老子还提出怎样去行事：“祸兮，福之所倚；福兮，祸之所伏。”在老子看来，无论是祸福，还是阴阳、巧拙、智愚、雌雄、刚柔、进退等等，这些对立关系普遍存在于事物之中，并相互依存和转化。这就是辩证法的本质。这样的辩证表达，书中比比皆是，如：大方无隅，大器晚成，大音希声，大象无形。

在老子、孔子稍后的时代，也就是战国时期，那时百家争鸣，思想活跃，类别众多，当时著名的学派有儒、墨、法、道等。这些派别的思想观念各执其说，互不相让。但就是这些相互对立、强调各异的学派都受到过老子的影响。以庄子为首的学派，直接秉承老子的思想，并加以发挥。司马迁说庄子学问广博，但其基本思想是老子思想，他批评孔子的学生以此来弘扬老子的思想。在秦之前的那些思想家里，受老子思想影响最大的是法家。法家的代表人物申不害和韩非都是学习《黄帝老子》思想的。对此，司马迁有过一段评论，说这两个人的思想境界虽然远不如老子，可是他们的基本思想还是从老子的《道德经》里来的。韩非善于著书，在《韩非子》一书里有两篇文章是直接关于老子的，这就是《解老》和《喻老》，这也是流传至今最早解读老子《道德经》的文章。其中《解老》是公认的最符合《道德经》原意的解读文章。韩非子对老子道的概念进行了改造，使其具有客观物质性的内容，他对辩证法做出了较大贡献。老子的思想也影响了以孙子为代表的兵家。慎到、田骥、环渊等稷下学派学黄老道德之术。环渊，据考证可能就是关尹，他整理老子语录，成《道德经》上下篇。慎到、田骈一派，把道家的理论推向法理方面，为后来的法家思想源头。

晋朝学者葛洪指出："道者儒之本也，儒者道之末也。"这就是说，老子的道家思想对孔子的儒家学说的创立所产生的影响是根本性的。对于两种思想的关系，有人认为老子学说与孔子学说相辅相成，都是指引中华文化发展的重要经典；也有人认为道家哲学才是中国哲学的理论主体。

16 世纪以后，《道德经》被西方的商船和传教士带到西方，很快被译成各种西方文字，传遍欧洲大陆。德国哲学家莱布尼兹看到《道德经》后，根据老子阴阳学说，提出二进位思想，并为老子学说取了一个洋名：辩证法。从此，老子被推到了辩证法之父的位置。

德国哲学家尼采在阅读《道德经》之后说，老子思想"像一个不枯竭的井泉，满载宝藏，放下汲桶，唾手可得"。18 世纪法国伟大的启蒙思想家卢梭的观念和老子的观念极其相似，他们两人可说是同一模子所铸造出来的，只是日期先后有别而已。卢梭主张皈依自然，顺从自然而为。美国历史学家威尔·杜兰说：我们怀疑当我们的"热情"低落时，将在自然中看到智慧，并且在悠然的群山和广阔的田野中，求得安宁。人生不外是伏尔泰与卢梭，孔子与老子，以及苏格拉底与基督，一下子趋向伏尔泰，一下子趋向卢梭，一下子趋向老子，一下子趋向孔子，一下子趋向苏格拉底，一下子趋向基督。等到我们倦于战斗时，我们将和卢梭、老子留在森林中，与动物为友，知足地以朴实的农夫心境相互交谈。令整个世界自生自灭而不费心地企求进一步的改革。或许，除了《道德经》外，我们将要焚毁所

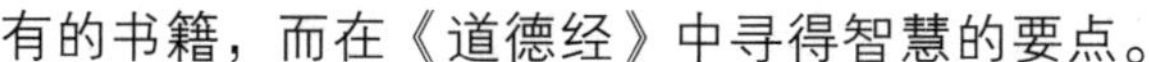

有的书籍，而在《道德经》中寻得智慧的要点。

几百年来，《道德经》的外文译本涉及 17 种语言文字，从被译成外国文字的世界文化名著发行历史来看，《圣经》的发行总量位列第一，《道德经》高居第二，由此可见，老子及其思想在世界范围内的巨大影响。直到今天，西方世界依然认为，《道德经》和《圣经》并驾齐驱，是能够规范人类思想、行为的哲学经典。

（3）老子和孔子的会见

有关孔子向老子问礼的事记载很多，《史记》、《庄子》、《吕氏春秋》、《礼记》等都有记载，他们见面还不止一次。

孔子问礼

老子在东周国都工作已经几十年了，学问愈来愈深，名声越来越大，那个时代，人们把学识渊博的人称为“子”，用来表示对他的尊敬。老子比孔子大 20 岁。公元前 538 年的一天，孔子对弟子南宫敬叔说：“周朝的图书馆馆长老子，博古通今，知晓礼节歌乐的来源，明白道德的要理。我想去周都请教老子，你愿意和我一起去吗？”南宫敬叔欣然同意，随即报告给鲁国君王，君王同意出行，还派遣了一辆车、两匹马、一个童子和一个马车夫陪同，由南宫敬叔陪孔子前往。老子见孔丘千里迢迢而来，非常高兴，教授之后，又引孔子拜访大夫苌弘。苌弘善于音乐，便面授孔子乐理、乐律。老子还带孔子观看了祭神典礼，察看了教育之地和庙宇中的礼仪，使孔丘感叹不已，获益不浅。当孔子满意地向他告辞时，老子诚恳地对孔子说：“我听说富贵的人赠送给别人的是钱财，有优良品德的仁人送给别人的是良言。我没有钱财，只是勉强被人加了一个仁人的称号，我就送给你几句良言吧：一个人自以为聪明，懂得一切，总是喜爱议论别人，这种人是把自己置于死地。喜欢辩驳、争执，就容易惹祸招麻烦。真正聪明的人，看起来愚笨。因为他懂得事多麻烦多的道理。真正有钱财的商人总是把财富深藏起来而给人以穷困的表象。真正有道德的君子也总是看起来像是傻瓜。希望你去掉身上的傲气与过多的功名欲以及爱自我表现的毛病，这些对于你自身都是没有好处的。我能告诉你的，就这些了。”孔子说：“先生说的话是肺腑之言，馨人心脾，弟子受益匪浅，终生难忘。”说完，告别老子，与南宫敬叔上车，依依不舍地向鲁国驶去。

回到鲁国，孔子的弟子问他：“老子是怎样的一个人？”孔子说：“鸟，我知它能飞；鱼，我知它能游；兽，我知它能走。至于龙，我可不知道它是怎样的。龙能自由自在地乘风上天，我见到的老子，就是龙呀！”

2.《诗经》，一本世界最早的诗书

诗经美到了极点，简练到了极点，表达出了我们祖先对生活和自然里的无穷无尽美的情感。

在《诗经》那个时代，是文明开始加速发展的时期，从甲骨文刚形成的商代开始，诗经就出现了，从商代至春秋中叶的一千多年里，在宫廷和乡间，出现了大量的诗，后来，经孔子整理成《诗经》，留下了305首诗。《诗经》是我国第一部诗歌集，西汉时被尊为儒家经典，所以就一直称为《诗经》。它和古希腊的《荷马史诗》是相同年代里形成的。这是一本美丽到极点、简练到极点的诗书。阅读诗经让你享受到最美的文化艺术，享受到最古典最浪漫的情意。

《诗经》记载了三千多年前商代和周代人的诗意年华是《诗经》让后人认识了这个中国历史上延续最久的王朝的生活繁华和衰败的历程。

在原始的生活中，人民的精神生活表现出了蓬勃的活力，是最富创造性的。在城镇，在乡村，在田野，诗人咏唱诗歌，陶工回转制陶的轮盘，制造家用的器皿，文雅的作家把文字的特质造出无比的美丽，思想家为世人的堕落和富人的腐败而憔悴。青年人的爱情，朋友的友情，这些都被留在了那永恒的《诗经》里。《诗经》里有对爱情的歌颂，对战争造成的痛苦，有对征夫的乡思，对弃妇的怨幽，还有对宗教的膜拜……

关关雎鸠，在河之洲。窈窕淑女，君子好逑。
参差荇菜，左右流之。窈窕淑女，寤寐求之。
求之不得，寤寐思服。悠哉悠哉，辗转反侧。
参差荇菜，左右采之。窈窕淑女，琴瑟友之。
参差荇菜，左右芼之。窈窕淑女，钟鼓乐之。

——《诗经》《国风・周南・关雎》

《诗经》里的第一首诗歌是《国风・周南》中的《关雎》，这首诗表现出青年男子对美丽可人的心上人热烈的赞美和真挚的追求。让你体会到那种魂萦梦牵之感。

我国的年轻人可能没有不知道《诗经》的，那些三千多年前写下的诗句至今仍让我们挂在嘴边，《诗经》是我国文学艺术里最璀璨的一颗明珠，是中国古典诗词的源头。一部《诗经》再现了当时社会的现实生活。我们可以从那时的秦国的诗里来欣赏《诗经》的美，《蒹葭》选自《诗经・秦风》，大约是公元前255年产生在秦国的一首民歌，有人考证蒹葭这个地方就是关中合阳那里的渭河边。

蒹葭——《诗经・国风・秦风》

蒹葭苍苍，白露为霜。所谓伊人，在水一方。溯洄从之，道阻且长。溯游从之，宛在水中央。

蒹葭萋萋，白露未晞。所谓伊人，在水之湄。溯洄从之，道阻且跻。溯游从之，宛在水中坻。

蒹葭采采，白露未已。所谓伊人，在水之涘。溯洄从之，道阻且右。溯游从之，宛在水中沚。

用现在的语言来把诗句翻译一下：

河边的芦苇青翠碧绿，秋天的白露凝结成霜了。那个日夜思念之人，就在河水的另一边。逆着弯弯的河道去寻找，路途艰难而又漫长。顺着流水去寻觅，仿佛就在水的中间。

河边的芦苇一片茂盛，清晨的露水晶莹欲滴。那个魂牵梦绕之人，就在河水的那对岸。逆着弯弯的河道去寻找，路途坎坷又坡陡。顺着流水去寻觅，仿佛就在水中的沙洲。

河边的芦苇鲜绿茂盛，清晨的露水依旧还在。那个牵肠挂肚之人，就在水的那一头。逆着弯弯的河道去寻找，道路曲折迂回难走。顺着流水去寻觅，仿佛走到水中的沙洲。

深秋清晨，秋水森森，芦苇苍苍，露水盈盈，晶莹似霜。这境界，是在清虚寂寥之中略带凄凉哀婉色彩，强化了执著追求、可望难求的爱情。主人公虽望穿秋水，执著追求，但“伊人”飘渺阻隔。可望难即，突出表现主人公无可奈何的心绪和空虚惆怅的情致。

《诗经》里很多这样的诗表达了人们情深意浓、感人肺腑、震撼人心，又是难以忘怀的情感。

和《诗经》同时代的有，《荷马史诗》是相传由古希腊盲诗人荷马创作的两部长篇史诗《伊利亚特》和《奥德赛》的统称，是在伊洛特战争发生八百年以后的盲人艺人口头相传而来，是没有文字记录的作品。反映了公元前 11 世纪到公元前 9 世纪的社会情况，它再现了古代希腊社会的图景。

《圣经》，旧约里的诗；《旧约》《圣经》有百分之四十是诗体。但普通的译本并没有把其中的全部诗歌都译成诗体。《圣经》的诗歌大都在《旧约》里，包括六卷全部或大部分是诗体的经文，历史书中的诗歌片段，

穿插在散文体先知书中的诗体部分。

汉朝以来，注释《诗经》的著作，今天能见到的，有上千种之多。日本、朝鲜、越南等国很早就传入汉文版《诗经》。从 18 世纪开始，又出现了法文、德文、英文、俄文等译本。

毫无疑问，《诗经》是世界上最早最美的诗歌。

3.《易经》，一本最伤脑筋的书

> 在中国所有的著作中，《易经》，是一部奇特的书籍，由此展开了中国思想史的记载。
>
> 周文王成了不朽人物，但也伤透了千千万万中国人的脑筋。
>
> ——威尔·杜兰（美国最著名的通俗哲学史家、历史学家）

依据司马迁《史记》的记载，周文王是在被商纣王监禁期间写成《易经》的。这确实是一本几千年来伤透千万中国人脑子的书。

（1）《易经》和它的麻烦

所有的人都想知道未来，想知道明天会是怎样，都想对要做的事有个准确的决策。《易经》就是为预知未来、准确决策而写出。

这是一本三千多年前写成的中国最早的书，是世界上最早的哲学书，方法论书，是对中国影响最深远的书，也是最难理解、争论最大的书。三千年来共有三千多本著作为它解释、说明、演绎，发展以及争论，而且这种状态还在延续下去。

《易经》以一套符号系统来描述状态的变易，表现了中国古代文化的哲学和宇宙观。它的中心思想，是讲阴阳两种元素的对立统一，两种势力相互作用，产生万物，刚柔相推，变在其中。《易经》也是一部描述事物变化规律的工具书，是我国古代一部用来占卜的书。

《易经》明确表明了社会和人类思想是多元化的，所以，思考和解决问题也需要多元化的方法。

周文王作为商朝的一个诸侯王，想总结前人的占卜做法的历史，他追溯到伏羲时代最初的八卦，遂写成了《易经》。现在，我们从甲骨文里已经知道，占卜不仅是他们的宗教活动，也是一项政治活动，一有大事就要进行占卜，凶止吉行。商朝人连牙痛的时候都会去占卜是哪个祖先在作祟，所以这种占卜记录也影响到《易经》一书的形成。

《易经》被儒家尊为“五经”之首。《易经》包括《连山》、《归藏》和《周易》，但由于《连山》和《归藏》基本失传，所以《易经》实际是指《周易》。宋代兴起了易图的研究，像广为人知的河图、洛书、先天图、后天图、太极图（含阴阳鱼的圆形图案）等，都是《易经》原著中没有的，后人根据对《易经》的理解添加进去的。历代研究易经的大致可分为两个学派：义理派和象数派。义理派强调从八卦和六十四卦的卦名的涵义来解释卦爻象和卦辞、爻辞。象数派注重从八卦所象征的物象来解释卦爻象和卦辞、爻辞。亦有人认为义理派发掘易经的哲学价值，象数派则着重将《易经》用于占卜。

几千年来，《易经》研究代代相传，释家林立。许多学者皓首穷经，考证训诂，留下了三千多部著作，蔚为大观。《易经》研究流派纷呈，他们互相争鸣，互相否定，也互相吸收，取长补短。春秋时期出现过变卦说、取象说、取义说、吉凶由人、天道无常说。战国时期出现过阴阳变易说。汉代有象数之学，魏晋唐时期称玄学。宋明时期，又出现五大学派：理学派，数学派，气学派，心学派和功利学派。又有人笼统地将其分为两派：一派是儒家，一派是道家。儒家重乾卦，重阳刚。讲“天行健，君子自强不息。”强调修身以有用于社会。道家则重坤卦，重阴柔。讲“大道若水，弱能胜强。”

强调精神自由，以无为顺应自然，追求天人合一境界。可以说，儒道两家都从《易经》发展而来。然而，《易经》里的许多不解之谜，至今无人能对其进行解答。

作为占筮之书，《易经》在形式结构上比较特殊。全书分《经》、《传》两部分。《经》以八卦两两相复，得64卦。卦有6爻，爻分阴（－－）、阳（—）。每卦包括卦画、标题、卦辞、爻辞四部分。卦辞较简单，一般作说明题义之用。爻辞是各卦内容的主要部分。每卦六爻，这样总共有384爻，考虑阴阳二面，那么就有768种你需要考虑的元素。各爻一般依据内容的时间先后或逻辑层次安排。

《易经》是我国思想文化的源头，它的内容极其丰富，对中国几千年来的哲学、宗教、医学、天文、算数、文学、音乐、艺术、军事和武术都产生了极其深刻的影响。无论孔孟之道，老庄学说，还是《孙子兵法》，抑或是《黄帝内经》，无不和《易经》有着密切的联系。一代大医孙思邈曾经说过："不知易便不足以言知医。"当过唐太宗宰相的虞世南无限感慨地说："不读《易经》不可为将相"。日本19世纪下半叶明治维新时，皇室就宣布："不知《易经》者不得入阁。"

《易经》是本最神秘的书，首先应该把它看做是方法论的书、哲学书，它是从占卜和解释卦爻象和卦辞、爻辞而成。它最早认识到人类社会和思想是多元化的。几千年来，一方面，它的影响遍及文化、科学的各个方面，另一方面，至今没有哪个人完全搞清楚这本书，没有人依据这本书对未来或正在发生的事件得到明确的、准确无误的预测或决策结果。科学的基本要求是重复性，也就是要求不仅仅预测准一件事，要预测准绝大多数事。《易经》不知道迷惑了多少人，绝大多数人对这本书十分迷茫，宛如进入了迷宫。简单来说，周易里给出64卦，每卦6爻，每爻阴阳二面，一共768种可供分析考虑的元素，不依赖于数学模型，不依赖于计算机和计算方法，只凭大脑的思维是无论如何得不出准确结果的。对于简单的问题，《易经》

是容易给出满意的结果；对于复杂的问题，《易经》只能给出寻找解决的途径，可是古人和今人都不知道该怎样去解决。我们至今还没有找到解决问题的工具。就好比，我知道我要的东西在河的对面，可是，我没有过河的工具，没有办法过河，那当然拿不到我要的东西。

举个例子吧，我们用易经去占卜明天的天气情况，看看会是个怎么样的结果：

1. 是雨天还是晴天，准确性的几率是 1/2；

2. 如果下雨，是上午还是下午下雨；如果晴天，是多云还是艳阳天；准确性几率是 1/4；

3. 雨大还是雨小；云多还是云少；准确性几率是 1/8；

4. 早上下雨还是近中午下雨，早上云多还是近中午云多；准确性几率是 1/16。

现代的气象预报通过测量大气环流、大气的温度、压力、风速、湿度、云层厚度等数据可以得到第三种情况的结果，可是还无法知道第四种情况即 16 个爻的情况。16 个爻就是有 16 个未知数，需要求解有 16 个未知数的非线性方程组，按现在的数学模型，计算机的功能，可能等到计算机算出了结果，已经过了明天。要是对数学模型简化，那么得到的结果的准确度就不高。对 64 爻的求解更是无能为力。

《易经》向我们揭示了求解的方法途径，可是直到现在我们还是没有找到求解的方法，这主要是缘于现有的数学知识、电脑功能还不够，还需要不断发展，才有可能去找到合适的求解工具和方法。

（2）1000 年后的《易经》

从现代科学来看，要想真正得到 64 卦的结果，也就是去解 64 元的非线性方程，目前的数学知识还不够用来对此求解，获得 64 元变量信息的工具也是不够的。首先，涉及需要解决的事物变化过程的数学模型还无法明白和建立，把思维数学化是最大难题。第二，即使使用电子计算机，64 元的非线性方程还没有求解的方法，要想完全把 64 爻解开，乃至把 768 爻解开，估计需要 500 年—1000 年的时间。举个例子，一旦可以完全解开 64 爻，那么，你可以知道一个月内任何一天的天气情况：天，下不下雨，下多大，几点下雨，几点结束，风多大，风向如何，气温的变化等等，可以准确知道任何时候的天气突变情况。

你要想知道一项技术研究的发展趋势，想知道一个人的思想情况和健康变化，就需要把思维数学化，用思想数学模型来表达，用电脑来分析，那难度更大，需要的努力更多，时间更长。

一旦按《易经》的方法，找到求解的工具和知识，那么可以预见：在人体方面，你可以完全知道你每一时刻的以及未来几天、几月，甚至几年的饮食消化情况、营养情况、健康情况，完全可以避免疾病，可以按你自己的设想去完美、健康你的身体。

你完全可以预先知道你的未来的生活会怎样，你的每一个活动，行为会得到什么样的效果。

《易经》是世界上最早提出了对事物变化过程的方法描述，但是它也把难题摆在了你的面前。它不但影响了人类几千年，还将继续影响下去。

4.《周礼》，一本争论了两千年没有结果的书

在周王朝，接连出现了几本影响着中华文明几千年发展的书。在美国历史学家威尔·杜兰的《世界文明史》里是这样写《周礼》这本书的：我们可以从《周礼》一书中，察知前述各种典制的明确陈述。《周礼》，相传为成王的叔父，也就是周朝的宰相周公所著。这部著作或疑其溶浸有孔、孟的精神，因而有人认定它可能是周末而非周初的作品。《周礼》树立了两千年来中国人的政府概念：君王以“天子”和上帝尘世代理人的身份治理百姓，并因美德与虔敬而掌有权力；贵族半由天生，半由训练而能襄理

国是；百姓以耕种为本，生活于族长制的家庭中，可享民权但却不能干政；六部分掌君王的起居生活、百姓的福利与婚姻、宗教的仪式与占卜、战争的筹划与进行、正义的维护、公共设施的兴建。它几乎是一部理想的法典，很可能出自柏拉图类型的某一匿名人士之手，较不可能为已沾染权术的政治领袖所著。

《周礼》是儒家经典，全书约四万字。《周礼》所涉及之内容极为丰富。大至天下九州，天文历象；小至沟洫道路，草木虫鱼。凡邦国建制，政法文教，礼乐兵刑，赋税度支，膳食衣饰，寝庙车马，农商医卜，工艺制作，各种名物、典章、制度，无所不包，堪称为上古文化史之宝库。

《周礼》中六官的分工大致为：天官主管宫廷，地官主管民政，春官主管宗族，夏官主管军事，秋官主管刑罚，冬官主管营造，涉及社会生活的所有方面。既有祭祀、朝觐、封国、巡狩、丧葬等等的国家大典，也有如用鼎制度、乐悬制度、车骑制度、服饰制度、礼玉制度等等的具体规制，还有各种礼器的等级、组合、形制、度数的记载。许多制度只有在这本书里有所记载，因而尤其宝贵。《周礼》一书，学术与治术无所不包，因而受到历代学者的重视，后世的学者感叹为“非圣贤不能作”。然而，如此重要的一部著作，却无法确定它是哪朝哪代的典制，也无法考证谁是真正的作者。

（1）千年的争论

汉景帝时，政府从民间征得一批古书，其中一部名为《周官》。《周官》面世之初，不知什么原因，连一些身份很高的学者都没见到就被藏入秘府，从此无人知晓。过了大约 120 年，直到汉成帝时，西汉著名经学家刘歆、刘向父子校理秘府所藏的文献，才重又发现此书，并加以著录。刘歆十分推崇此书，认为出自周公之手。王莽时，因刘歆请求，《周官》被列入学官，并更名为《周礼》。王莽失败后，该书也就不被用了。到东汉初，有学者相继传授和注释《周礼》。其中经学大师郑玄作了《周官礼注》，认为是“周公致太平之迹”，此后的历代经学家大多相信这种说法。刘歆说《周官》是西周的官制，但书中没有直接的证明。更为麻烦的是，西汉做官的教科书《易》、《诗》、《书》、《仪礼》、《春秋》等儒家经典，都有师承关系，来源出处可以考证，非常清楚，没有疑问。而《周礼》在西汉突然被发现，好像是凭空而来，先秦文献里也没有提到过这本书，书一出现，争论便开始。所以，这本书的真伪、成书年代、作者是谁，成为两千年来，古人、今人一起参与的、历代学者各抒己见的千年之争。至少形成了西周说、春秋说、战国说、秦汉之际说、汉初说、王莽伪作说等六种说法。古代名家大儒，以及近代的梁启超、胡适、顾颉刚、郭沫若等著名学者，包括当代的名家、后生都介入了这场讨论，影响之大，前所未有。

作为主流派的意见，古今判若两途。古代学者大多认可刘歆、郑玄之说，认为是周公之典。清代著名学者孙诒让认为《周礼》一书，是自黄帝、颛顼以来的典制，是五帝至尧、舜、禹、汤、文、武、周公的经世大法的集萃。周公是五帝三代的集大成者，古人将《周礼》的著作权归于周公是十分自然的事。而东汉著名经师何休就贬《周礼》为“六国阴谋之书”；宋代王安石变法时，曾效法《周礼》中的理财精神兴行各种新法，引起反对者对该书的怀疑。苏辙首先写了长篇论辩，指出《周礼》之不可信处有二点，借以反对王安石。胡安国父子、司马光、程颐等知名学者持类似的批评态度。到清代，康有为《新学伪经考》等书表达了各种疑问和争辩。

近代对《周礼》的成书进行了比较深入地研究。比较有代表性的有：蒙文通认为虽未必是周公写的书，但一定是西周主要制度，而非东周以后的制度。刘起釪以为最初作为官职之汇编，最晚在春秋前期。钱穆、郭沫若认为《周礼》成书于战国时期。陈连庆认为：《周礼》成书年代的最大可能，是在秦始皇之世。胡适主张：“因《周礼》屡屡说‘祀五帝’，其为汉人所作之书似无可疑”。徐复观指出《周礼》是王莽、刘歆用官制以表达他们政治理想之书。

近代学者在文献学研究的基础上辅之以古文字学、古器物学、考古学研究等手段，对《周礼》进行更为广泛、深入的研究。目前，多数学者认同顾颉刚先生的考证意见，认为《周礼》是战国后期齐国法家之作。而持其他意见的学者也不少，彼此争论很激烈。争论的实质，是对于古代社会的认识，即《周礼》所描述的是怎样一种性质的社会？它的发展水平究竟与西周、春秋、战国、秦、西汉的千年历史中的哪一段相当？由于涉及的问题太复杂，《周礼》的成书年代问题至今没有定论。

（2）《周礼》，一本理想的法典

尽管如此，《周礼》依然受到历代学者的重视。历代学者围绕《周礼》真伪等问题所作的种种考问，更是浩繁之至。

《周礼》以官制的职掌联系各种制度，目的在于富国强兵，组织民户，广征贡赋，充实府库，为治理统一的大国提供设计蓝图。《周礼》展示了一个完善的国家典制，国中的一切都井然有序，读了几遍，你可能会感觉到，你也可以很容易去治理好国家了。《周礼》作为一部治国纲领，成为历代政治家取法的楷模。《周礼》的许多礼制，影响了后代。如从隋代开始实行的“三省六部制”，其中的“六部”，就是仿照《周礼》的“六官”设置的。唐代将六部之名定为吏、户、礼、兵、刑、工，作为中央官制的主体，为后世所遵循，一直沿用到清朝灭亡。元始祖忽必烈在北京建立国都时，以《周礼》为范本，建立面朝后市、左祖右社的格局。以后，明、清两朝不仅沿用不废，还仿照《周礼》，建天坛、地坛、日坛、月坛、先农坛等，形成今日的布局。朝鲜的汉城，同样有面朝后市、左祖右社的格局，乃是海外依仿《周礼》建都的典范。正是由于后代帝王对周王朝《周礼》的崇拜和追求，导致中国后代皇帝宫殿几乎是一个模式，只是尺寸大小不同，即用西周王朝的宫殿图纸来修建历代的皇宫。

历史上每逢重大变革之际，多有把《周礼》作为重要的思想资源，从中寻找变法或改革的思想武器者，如西汉的王莽改制、六朝的宇文周革典、北宋的王安石等，变法无不以《周礼》为宝典。清末，为挽救颓势，孙诒让作《周官政要》，证明《周礼》所蕴涵的治国之道不亚于西方。朝鲜时代后期的著名学者丁若镛（号茶山），曾撰作三十万言的《经世遗表》，主张用《周礼》改革朝鲜的政治制度。

5.《山海经》，一本最奇特的书

《山海经》是一部富于神话传说的世界上最古老的地理历史书。它主要记述古代地理、物产、神话、巫术、宗教等，也包括古史、医药、民俗、民族等方面的内容。除此之外，《山海经》还以流水账方式记载了一些奇怪的事件，对这些事件至今仍然存在较大的争论。

《山海经》全书 18 篇，约 3.1 万字，其中藏山经 5 篇、海外经 4 篇、海内经 5 篇、大荒经 4 篇。该书按照地区，不按时间把这些事物一一记录。所记事物大部分由南开始，然后向西，再向北，最后到达大陆（九州）中部。九州四围被东海、西海、南海、北海所包围。古代中国也一直把《山海经》作历史看待，是中国各代史家的必备参考书。由于该书成书年代久远，连司马迁写《史记》时也认为："至《禹本纪》，《山海经》所有怪物，余不敢言之也。"

《山海经》是以图来写出的书，保留了大量远古时期的史料，并与东方夷族有关。早在战国时代，曾有"山海图"流行于世。《山海经》的母本可能有图，它是一部据图为文（先有图后有文）的书，古图遗失了，文字却流传了下来，这就是我们所见到的《山海经》。《山海经》历来被大多数人认为"荒诞不经"。也正因为《山海经》的所谓荒诞不经，几千年来该书既不为正史所载，也不为诸子所传，因而也很少被后人改动，在很大程度上保留了原书的风貌和许多珍贵的远古资料和信息。

“帝俊”在中国古代神话中是一个谜一般的神秘人物，他的事迹既不为正史所载，也不为诸子所传，只见于《山海经》之中，尤其集中反映在“大荒”、“海内”两经之中。查查他的渊源与脉络，既不属于炎帝世系，也不隶属于黄帝世系，是与炎、黄两大神系并存的第三神系。“关于帝俊在中国古代诸神中的地位，众说纷纭，一般认为帝俊应该是上古时代东方民族的祖先神，这种看法是一致的，因为《山海经》记载的帝俊活动地及其子孙之国大多在东方”。“帝俊这个人物，在《山海经》里面是写得最多的：第一，他东西南北，无所不至；第二，古代重要的大发明，差不多全出于他的子孙；第三，包括姬姓、姜姓、姚姓在内许多氏族都是由他分出；尽管“古人关于大禹作《山海经》的说法不可信，但可能也不是空穴来风”。自古以来，“神不禋非类，民不祀非族”。

《山海经》语言简练而晦涩，加上语言、环境的变化，十分难读难懂，致使该书被蒙上了一层神秘的色彩，被誉为“中国第一奇书”。汉、唐以来，甚至把它列入神话、传说、小说、异闻之类，常使研究者望而却步，一读三叹。

《山海经》的地域范围十分广大：《南山经》东起浙江舟山群岛，西抵湖南西部，南抵广东南海，包括今浙、赣、闽、粤、湘 5 省。《西山经》东起山、陕间黄河，南起陕、甘秦岭山脉，北抵宁夏盐池西北，西北达新疆阿尔金山。《北山经》西起今内蒙古、宁夏腾格里沙漠贺兰山，东抵河北太行山东麓，北至内蒙古阴山以北。《东山经》包括今山东及苏皖北境。《中山经》西达四川盆地西北边缘。

从考古学的角度讲，炎帝文化属于仰韶时期的文化，与仰韶时期相当的海岱地区文化是大汶口文化。如果炎帝后裔从黄河中上游迁移到黄河下游的海岱地区，势必将仰韶文化带到海岱地区。考古学证明，由一个族群和部落因迁移而形成的方国，必然留下该族群的文化痕迹。因为除了迁移时携带的生活用品之外，即使到了一个新的环境之中，本族群的文化在他们制造的生活用品上也一定会得到反应。在整个海岱地区，特别是在日照

一带已发现了大量大汶口文化和龙山文化遗址，出土各种器物，但迄今为止并未发现有任何仰韶文化的痕迹。也就是说，海岱地区在龙山文化之前无炎帝之姜姓。海岱地区即使有炎帝之姜姓古国，也只能是在夏商期间迁移而来。

《山海经》的书名虽最早见之于《史记》，但司马迁看过后，因疑惑而不敢写。直到约百年后汉成帝时，刘向、刘歆父子奉命校勘整理经传诸子诗赋，才将此书公之于众。按照刘向、刘歆父子和东汉王充的“正统”说法，《山海经》的作者是大禹和伯益，但人们在《山海经》中却找到了发生在大禹和伯益以后的史实，因此“禹、益作说”受到了质疑。所以，《山海经》的作者便成了众多学者考证的对象，种种假说纷纷而出，如“夷坚作说”；“邹衍作说”；后人综合炎黄两族的传说而成说；南方楚人作说；巴蜀人作说；早期方士作说，等等。以上各说虽有不同，但都肯定《山海经》的作者是中国人。

持续千年而不断扩大的争论

不过，有趣的是，有关《山海经》作者的争论并未到此为止，一些学者，特别是国外学者对《山海经》的内容作过仔细分析和研究后，将寻踪作者的视角向国外延伸，作出了匪夷所思的结论。大有持续了千年的争论不断扩大之势。他们说，《山海经》并不是中国人所作，它的真正作者很可能是外国人。这种说法就像《山海经》中光怪陆离的神话一样，让人大开眼界！那么，他们得出这种结论的根据何在？法国汉学家马伯乐认为，《山海经》所述地理系受到公元前5世纪外来的印度和伊朗文化潮流的刺激和影响而成。其言下之意，暗示《山海经》的作者可能是印度人或伊朗人。而香港学者卫聚贤在其《古史研究》一书中，进一步明确《山海经》的作者为印度人隋巢子。台湾学者苏雪林把作者的属地推向更西更远的巴比伦。他认为，《山海经》是关于阿拉伯半岛中两河流域的地理书，原为古巴比伦人所作，战国时由波斯人带到中国，其中有些关于中国地理的内容是后人混入的。

他还认为，《山海经》可能是邹衍的讲义，由其弟子笔录，但记录者并非一人。还有一些欧洲学者将《山海经》所记载的内容同希腊神话进行了比较，认为书中有关长耳、奇股、三足等怪人形象与希腊神话里的怪物极其相似。美国学者认为，'《山海经》中有对美洲大陆的精确描写，如《海外东经》、《大荒东经》中描述的“光华之谷”，与美国科罗拉多大峡谷有惊人的相似之处；《东山经》则生动而精确地描写了美国内华达州的黑色石、金块、旧金山湾的海豹、会装死的美洲负鼠等。美国学者墨兹博士研究了《山海经》，根据经上所说《东山经》在中国大海之东日出之处，他在北美，试着进行按经考察，经过几次失败，他一英里一英里地依经上记过的山系走向、河流所出和流向，山与山间的距离考察，结果查验出美国中部和西部的落基山脉、内华达山脉、喀斯喀特山脉、海岸山脉的太平洋沿岸，与《东山经》记载的四条山系走向、山峰、河流走向、动植物、山与山的距离完全吻合……从这些欧美学者的考证上来看，其弦外之音似乎《山海经》又成了希腊人或美洲人所作。

对《山海经》作者的争论，从一个方面反映了今天此书在历史、地理、文学、动植物学等诸多领域内有着极其重要的学术价值和学术地位。一些研究者从中国之外去寻觅作者的做法，虽然看上去有些牵强和难免哗众取宠之嫌，但也不乏真知灼见。究其原因，实因《山海经》所涵盖的令人惊叹的博大庞杂、无所不包的内容所致，以致使研究者产生了仁智互见的结论。因此，这一疑案的彻底破解尚需要时日。而现在看来，历史学家凌纯声的看法可能比较符合实际：《山海经》乃是以中国为中心，东及西太平洋，南至南海诸岛，西抵西南亚洲，北到西伯利亚的一本《古亚洲地志》，它记述了古亚洲的地理、博物、民族、宗教等诸多宝贵的资料，至于其作者可能已难于确认。

山海经依然是一本奇特的书，依然是一本充满迷雾的书。

十一、宝鸡青铜器博物馆

> 中国的青铜器之精美，只有意大利文艺复兴时期（那是三千年以后的事了）的艺术品堪与媲美，也许只有意大利画家和雕刻家洛伦德·吉贝尔蒂为弗洛雷大教堂对面八角形浸礼堂雕刻的“天堂之门”，才能与之并驾齐驱。
>
> ——威尔·杜兰（美国最著名的通俗哲学史家、历史学家）

要是说在庙底沟文化年代，也就是黄帝传说时代，我们的文化进程比同时代的埃及文明和两河文明慢了差不多1000年，而自商开始，尤其是西周，我们的文明发展以前所未有的进程加速向前发展，几百万平方公里的文明发展区基本上没有外来民族的侵扰，政治的稳定，经济的繁荣，中华民族的智慧开始突现、迸发，灿烂的中华文明开始在世界面前发出耀眼的光芒。走进宝鸡青铜器博物馆，看看商周时代的无数精美绝伦的青铜器，每一件青铜器就是一个故事、一个考证、一段历史。一件件艺术品，在向你诉说三千多年前的先人生活。活动的细节，会让你激动无比，会让你惊叹连连，会让你崇仰钦佩，会让你困惑不解，也会让你联想无数，……商周时代的青铜器艺术遥遥领先于世界，它不仅是中国青铜器的巅峰，也是世界青铜器的巅峰。

1. 青铜器

宝鸡青铜器博物馆是国内唯一以青铜器命名的综合性博物馆，馆藏5万多件组文物中，周秦青铜器约占一半。其中有何尊、折觥、墙盘、卫鼎、秦公钟等国宝级青铜器。

从目前的考古资料来看，我国铜器的出现，晚于世界上其他一些地方，但是就铜器的使用规模、铸造工艺、造型艺术及品种而言，世界上没有一个地方的铜器可以与中国古代铜器相比。中国古代铜器在世界艺术史上占有独特的地位。

图 22 宝鸡青铜器博物馆

2. 青铜器的发展

中国青铜器文化的发展划一般分为三大阶段，即形成期、鼎盛期和转变期。

形成期 是指龙山时代，距今4500 ~ 4000年，相当于尧舜禹传说时代。那时自然红铜与青铜器并存，青铜器品种较少，多属于日常工具和生活类，如刀、锥、钻、环、铜镜、装饰品等，但已经开始转向礼器了。

鼎盛期 包括夏、商、西周、春秋及战国早期，时间跨度约一千六百余年。这个时期的青铜器主要分为礼乐器、兵器及杂器。所有青铜器中，礼器数量最多，制作也最精美。礼乐器可以代表中国青铜器制作工艺的最高水平。礼器种类包括烹炊器、食器、酒器、水器和神像类。这一时期的青铜器装饰最为精美，文饰种类也较多。制作工艺的精巧绝伦，显示出古代匠师们巧夺天工的创造才能。用陶质的复合范浇铸制作青铜器的和范法，在中国古代得到充分的发展。陶范的选料塑模翻范，花纹刻制均极为考究，浑铸、分铸、铸接、叠铸技术非常成熟。随后发展出来无须分铸的失蜡法工艺技术，是那个时代青铜铸造工艺的最高级技术。

东周时代，出现了制造青铜器的技术总结性文献《考工记》。书中对制作钟鼎等各种器物所用青铜中铜锡的比例作了详细的规定。由于战争频繁，兵器铸造得到了迅速发展。特别是吴、越的宝剑，异常锋利，名闻天下，出现了一些著名的铸剑的匠师，如干将，欧治子等人。有的宝剑虽在地下埋藏两千多年，但仍然可以切开成叠的纸张。越王勾践剑等一些剑，其表面经过硫化铬处理，形成防锈的菱形、鳞片形或火焰形的花纹，异常华丽，具有优越的防锈功能。

四川广汉三星堆出土的青铜器立体像、人头像，大小均超过正常人，均长耳突目，高鼻阔口，富于神秘色彩。商周青铜器中数以万计的铜器留有铭文，这些文字，现在一般叫金文。对于历史学者来说起着验证历史、补充历史的作用。

转变期 战国末期——秦汉时期，青铜器已逐步被铁器取代，铁制品开始广泛使用。青铜器在社会生活中的地位逐渐下降，但精美的作品还是不少的。如在秦始皇陵掘出的铜车马，可以说是迄今发掘到的形制巨大、结构又最复杂的青铜器。到了东汉末年，铁器已占了主导地位，日用青铜器进一步从生活中退出。隋唐时期的铜器主要是各类精美的铜镜，一般均有各种铭文。自此以后，青铜器除了铜镜外，没有什么发展了。

3. 青铜器的种类

青铜器包含的内容非常广泛，大致可以分为青铜礼器、青铜兵器和青铜工具、农具四大类。

青铜礼器

古人认为祭祀和打仗是国家头等重要的事情，所谓“国之大事，在祀与戎”，礼器中最重要的部分是和祭祀有关的器物，目前青铜器中最多最重要的也是宗庙中使用的器物。礼器包括酒器、饪食器、水器、乐器四个大的门类，每一种器类又可分为十几种或二十几种器名。每一种器物由于王朝的更替，典礼制度的变化、习俗的相互影响，乃至生产技术的进步，又会演变成很多种形式。仅酒器和饪食器两大类中的器物，粗略统计，就有近四十种不同的名称。每种基本器形，又有许多变化繁衍的式样，这些式样有几百种之多，这样，青铜礼器就组成了一个庞大的器物体系。目前我们所能见到的出土或传世的青铜器有数万件，这只是古代遗留下来的一小部分。单是中国青铜礼器的发展史，就已经能描绘出那遥远的、一个非常辉煌的青铜时代。

青铜礼器包括饪食器、酒器、水器、乐器四个大的门类:

（1）饪食器主要的有鼎、鬲、甗、簋、簠、盨、敦、豆、铺、盂、俎、匕等器。

（2）酒器主要有爵、角、觚、觯、斝、尊、壶、卣、方彝、觥、罍、瓿、盉、枓、勺、禁等。

（3）水器主要有盘、鉴等。

（4）乐器主要有铙、钲、钟、铎、铃、钩、镦于、鼓等。

青铜兵器

青铜兵器铸造数量非常大，虽然在战争中大量消耗，遗存至今的种类和数量还是很多，主要有戈、戟、矛、钺、刀、剑、匕首、殳、弩机、矢镞、胄等。

青铜工具

青铜的使用首先是铸造生产工具，青铜工具传世和出土的数量都很多，形式也各有不同，主要的有斧、斤、凿、锯等。

青铜农具

青铜农具目前发现较为稀少的原因是青铜珍贵，用旧了的青铜农具可以改铸，它不可能随便遗弃。农具一般也不作陪葬品，因而青铜农具的遗存必然是很少的。从传世和出土的实物看，主要有耒、耜、铲、锛、锸、耨、镰等。

4. 青铜器的艺术巅峰

我国所发现的青铜器，最早的是公元前3000年，也就是5000年前。青铜器的精致和高超的艺术在世界上是独一无二的。青铜器艺术是中华民族在世界文明历史上闪耀出的最灿烂的光芒之一。

我们看看下面四件青铜器，就可以知道我们祖先制造出来的青铜器有多么的了不起！它们分别来自关中的宝鸡、湖南的宁乡、河南的安阳、安徽的阜南，其来自全国不同的地方，东西南北都有。

（1）司母戊大方鼎　世界最重的青铜器

1939年3月19日在河南省安阳市一片农地中出土，因其鼎内部铸有“司母毋”三字而得名，是商朝青铜器的代表作，制作年代在3300年前，现藏中国国家博物馆。

司母毋鼎器型高大厚重，形制雄伟，气势宏大，纹势华丽，工艺高超，又称司母毋大方鼎，高133厘米，长110厘米，宽78厘米，重约875千克，鼎腹长方形，上竖两只直耳（发现时仅剩一耳，另一耳是后来据另一耳复制补上），下有四根圆柱形鼎足，是目前世界上发现的最大的青铜器。该鼎是商王武丁的儿子为祭祀母亲而铸造的。鼎其实是一件食具，多用于祭祀或典礼时盛煮鱼猪牛羊肉等食物，相当于现在的锅。

图23 司母毋鼎 商代

鼎身呈长方形，口沿很厚，轮廓方直，显现出不可动摇的气势。司母毋鼎立耳、方腹、四足中空，除鼎身四面中央是无纹饰的长方形素面外，其余各处皆有纹饰。在细密的云雷纹之上，各部分主纹饰各具形态。鼎身四面在方形素面周围以饕餮作为主要纹饰，四面交接处，则饰以扉棱，扉棱之上为牛首，下为饕餮。鼎耳外廓有两只猛虎，虎口相对，中含人头。耳侧以鱼纹为饰。据考证，司母毋鼎应是商王室重器，其造型、纹饰、工艺均达到极高的水平。

（2）龙虎尊 最华丽的青铜器

龙虎尊，商代，重26.2公斤，高50.5厘米，口径44.9厘米，腹围122厘米，腹深41.5厘米，足径24厘米，1957年出土于安徽省阜南县月牙河、现藏于中国国家博物馆。

2009年11月17日晚，时任国家主席胡锦涛为美国总统奥巴马访华举行的欢迎晚宴上，其最隆重的、最高规格礼遇之处是宴会现场供奥巴马观

赏的一字排开的七件珍贵中国古代文物，其中之一就是商代青铜礼器——龙虎尊。

这件被渔网打捞上来的青铜器的纹饰具有突出的地域特点——发现龙虎铜尊的安徽省阜南地区当时为淮夷聚居区，但器物形制却明显受中原商文化的影响。

图 24 龙虎尊 商代

铜尊器身呈圆形，大侈口呈喇叭状，细高颈，颈部装饰三道凸弦纹，折肩较宽，其上以圆雕和浮雕相结合，塑造了三条首尾相继、蜿蜒蜷屈、折身探首的蟠龙形象。龙身凸出在尊肩表面上，龙背雕菱形纹、三角纹，龙身附近饰一圈云雷纹。龙头突出肩外，阔吻巨口，双目大睁，额上有双角。高浮雕虎头居中，左右两侧各接一浅浮雕虎身，前后肢屈曲呈伏地欲跃状。虎头下饰一平面人物形象，呈蹲坐式人头已渐被含噬虎口之中。人体两侧附以两夔龙相对的兽面纹。

龙虎铜尊的面世十分偶然。1957 年 6 月的一天，安徽省阜南县常庙乡的农民徐珽兰正在月牙河捕鱼，当慢慢收网时，感觉这一网很沉，似乎有大鱼在网，可是拉上来一看，却只有些叮当作响的铜器。这些铜器绿锈斑驳，形状奇特，总共 8 件，基本上都完好无损。徐珽兰把它们弄回了家，摆在自家仓房里。安徽省博物馆辗转知道此事，就派出考古人员前往调查。经过清理鉴定，这 8 件文物都是商代晚期青铜酒器，龙虎铜尊就是那 8 件“出水”器物中的精品。精美的出土文物大都是墓葬中的随葬品，依据考古调查推断，可能是很早以前，洪水泛滥，河道变迁，把埋藏在地下的整个棺木及随葬品全都冲入河内，才造就了龙虎铜尊的“偶然”面世。

（3）四羊方尊　臻于极致的青铜器

四羊方尊，商朝中晚期青铜器。属于礼器，祭祀用品，是中国现存商代青铜器中最大的方尊，高 58.3 厘米，重近 34.5 公斤，1938 年出土于湖南宁乡县黄村月山铺转耳仑的山腰上。现藏于北京中国国家博物馆。

图 25　四羊方尊　商代

四羊方尊器身方形，方口，大沿，颈饰口沿外侈，每边边长为 52.4 厘米，其边长几乎接近器身 58.3 厘米的高度。长颈，高圈足。颈部高耸。尊四角各塑一羊。肩部四角是四个卷角羊头，羊头与羊颈伸出器外，羊身与羊腿附着于尊腹部及圈足上。羊的前胸及颈背部饰鳞纹，两侧饰有美丽的长冠凤纹，圈足上是夔纹。全体饰有细雷纹。据考古学者分析四羊方尊是用两次分铸技术铸造的，即先将羊角与龙头单个铸好，然后将其分别配置在外范内，再进行整体浇铸。整个器物用块范法浇铸，一气呵成。四羊方尊是以极其高超的铸造工艺制成。在商代的青铜方尊中，此器造型简洁、形体的端庄典雅是无与伦比的，被称为“臻于极致的青铜典范”。

（4）何尊　第一次出现“中国”铭文的青铜器

何尊，西周青铜酒器，宝鸡陈仓出土，现藏于宝鸡青铜器博物馆。何尊最具庄重，雄浑气质，其腹底铭文第一次出现“中国”于实物，乃镇国之宝。造型雄奇，凝重华贵；饕餮兽面，纹饰瑰丽。口圆体方，喻天圆地方之包容；斑驳绿锈，藏邃古纪元之神秘。

这是西周成王时期宗族中的一位姓何所作的青铜器，此器造型庄严厚重，高 38.8 厘米，口径 28.8 厘米，重 14.6 公斤。圆口棱方体，长颈，腹微鼓，高圈足。四道大扉棱装饰，颈部饰有蚕纹带，口沿下饰蕉叶纹，以雷纹为地，高浮雕卷角饕餮纹，圈足亦饰饕餮纹。那天圆地方的造型和高浮雕的兽面饕餮纹，更使这绿锈斑斑的西周重器增添了神秘感。它既庄重大方、造型浑厚、工艺精美。器内底有铭文 122 字，残损 3 字，现存 119 字。铭文大意是：成王五年四月，周王开始在成周营建都城，对武王进行丰福之祭。周王于丙戌日在京宫大室中对宗族小子何进行训诰，内容讲到何的先父公氏追随文王，文王受上天大命统治天下。武王灭商后则告祭于天，以此地作为天下的中心，统治民众。周王赏赐何贝 30 朋，何因此作尊，以作纪念。这是周成王的一篇重要的训诫勉励的文告。

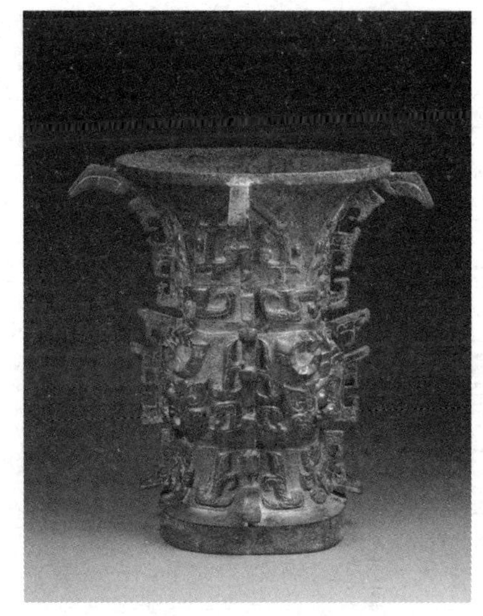
图 26 何尊 西周

何尊的最高价值在于，尊内铸有 122 字的铭文，记载了周成王继承武王的遗训，营建被称为“成周”的洛邑，也就是今天的洛阳，与《尚书·召诰》、《逸周书·度邑》等古代文献相合，具有重要的史料价值。同时，“中国”两字作为词组，首次在何尊铭文中出现。

1965 年 9 月 13 日宝鸡市博物馆某干部在市区某废品收购站发现，便以收购站当初购入的价格 30 元将这尊青铜器买回博物馆。此尊青铜器现已被列入国家文物局 64 件永久不准出国展出的国宝级文物目录中。

5. 青铜器里的迷

和中国文字发展一样，我国的青铜器发展过程也是一个未解之谜，在商朝突然出现最高水平的青铜器。人类的制造工艺都有这样一个过程：先

从稚拙的阶段开始，再逐渐加以改良、洗练，最后攀升到高级阶段。在二里头遗址中也就是对夏代的一些遗址挖掘中发现，出土了一些只是极为简单、稚拙的青铜器，如小型的酒器。可是，在不到400年里，在商朝就出土出大量最高级的青铜器，期间并没发现有那样一个合乎常规的发展过程，有种说法认为，这可能是西亚已经高度发达的青铜技术，通过斯基泰人游牧民传到东方。可是，那时的西亚青铜器制作工艺水平还没有商代的好啊，这怎么说得过去呢?

商代青铜器令人叹服，比起之后的周和春秋战国时期的要好很多。不仅如此，即使采用现代的技术，也制造不出和商代青铜器完全一样的作品。技术这类事物总是新时代的要比旧时代的更加优秀才对。然而，只要是和青铜器相关，商朝在铸造技术和艺术性上和周朝相比都遥遥领先，而周朝青铜器反倒是后退了。有人认为，除了技术和艺术性的问题之外，还应该考虑精力的投入程度。祭祀上天和祖先之灵就是生活全部的商代，人们把全部精力都放在制作祭祀用的工具上。在商代，在劳动生产方面，有大量的奴隶可供驱使，可以用一生的精力去完成一件青铜器。可是，这难道算是理由吗?我们还是不清楚青铜器有着怎样的一个发展过程。在上百年的考古中，我们获得了巨大的成绩，挖掘出的各个文化时代的遗址就有几千个，文物就不计其数了，可是对关键的青铜器的几个发展阶段却还是毫无所知，青铜器里的迷依旧存在，至今未能破解。

1986年，在宝鸡南面约500公里的四川广汉，出土了大量的青铜器，又一次震惊了世界。它迫使我们重新认识青铜器发展史。中国的青铜时代，过去一向是从商朝算起，也就是3500多年。然而“三星堆”千多件的青铜文物，其数量、质量（高超铸造工艺）都说明，早在夏朝之时我国就已进入到了高度发达的青铜时代。这里又包含了太多的迷：世界上最早、树株最高的青铜神树，高3.84米。世界上最大青铜人像，通高2.62米，重逾180公斤。世界上最早的金杖，长142公分，直径2.3公分，重700多克。

而最大的迷是三星堆文化起源于何方？学者们有各种猜测，至今尚无定论。

三星堆里面众多的青铜酒器的纹饰是中原商代青铜器应用非常多的云雷纹，三足鼎和夏代的相似。青铜立人的服饰和商代人的衣服极其相似，头戴一顶较高的冠帽——花冠，穿戴的衣领边是云状纹，背后的饰带纹路格外明显，衣领作交叉状（左襟压于右襟上），基本符合商代人身穿斜领长袖垂足的深衣的特点，可是又不完全是商代人的穿着。从这些特点里可以看到三星堆文化是受到中原文化的影响的。

近年来，很多学者在研究南丝绸之路，认为，这条路的起点是三星堆，经云南、缅甸，到达印度，总长大约2000公里。史前的贸易和文化的交往可以是通过小路一小段一小段地进行的，在漫长的岁月中，同样实现了遥远的两个文明之间的经济交流和文化交流。三星堆文化年代和哈拉巴文明处在同一个年代。在三星堆文物里，那些金面具、青铜面具、太阳神树，以及象牙、海贝等表明印度哈拉巴文明，继而是两河文明间接影响着三星堆文化，一小段一小段地进行人员往来贸易的联系是可能的。由于哈拉巴文化以及三星堆文化都没有文字，文明只能依据考古文物去认识。从三星堆文物来看，确实存在着三星堆文化和哈拉巴文明之间的经济和文化的联系。但是，三星堆文化的伟大之处不是简单地复制从哈拉巴传来的西方文明，或是夏商文明的成就，而是在这些文明成就的基础上创造出远胜于这两个文明的新的成就。深入对比这几个文明留下的文物，我们都会发现那些大型的玉器、大型的陶器、大型的青铜器代表了那个时代最高的工艺艺术水平。就青铜器工艺技术来说，笔者不知道是三星堆更早，还是夏代的更早。如果三星堆的更早的话，那一定是三星堆青铜器生产技术经巴山和秦岭里的崎岖小道传至中原的，在几百年的时间里，完成这样的传递是可能的。对三星堆青铜器的不断研究，我们终究会了解到它的起源以及发展的历程。伟大的三星堆文化！伟大的中国青铜器！

6. 商周人的生活

我们知道了商代的青铜器的制作和艺术都达到了世界最高水平，制作出这样精美的青铜器就需要一个与之相配的发达经济文化社会。从半坡文化晚期到商代只有1300年，可是商代和周代人的社会、生产和生活都发生了巨大的变化。中国人的文化、经济和生活开始走在世界文明发展的前面。

住

方形或长方形连间、套间房子，是仰韶文化、龙山文化时期颇为流行的居住建筑，夏商周三代也流行这种房屋建筑；土台式房屋建筑是龙山文化流行的形式。夏、商、西周时期大凡较讲究的住房，也都流行这种筑高台建房的习俗；西周的宫殿建筑，已出现适应当时礼制的“前朝后寝”或“前堂后室”的设计布局，建筑材料开始使用板瓦、筒瓦，这种瓦顶宫殿，是以前没有过的，西周的宫殿较以前时期宫殿更加进步和发达。夏商周时期都城文化，是一种以宫殿建筑为中心的城市聚落文化，这种宫殿、都市建筑文化和习俗，是中国古代城市、国家发展的先驱和基础。

衣服

在商代，手工业已经很发达，特别是纺织业的发展，已能生产各种各样的麻丝制品，它的丝织品除有纹绢外，还生产出世界上最早的提花绢品绫纹绮。纺织技术的进步，就使衣着日趋精美，慢慢地，出现了上衣下裳制的习尚，形成中国古代服饰的两种基本形制之一。

商代的穿着，据河北藁城台西、河南安阳殷墟等遗址的出土文物而知，当时的服装原料已经出现了平纹纨、皱纹縠、绞经罗、菱纹绮、纱纨（绢）、色帛、缣等丝织品和麻布以及毛织物等。当时的衣服式样和穿着习俗，可从殷墟出土人物塑像中略知其貌。例如，殷墟出土现藏于美国的玉人像，为站立形，穿素面无纹衣服，双脚并拢穿有鞋，双手平齐置放腹前，头戴一顶较高的冠帽，衣领作交叉状（左襟压于右襟上），长袖，腰间系束带，殷墟妇好墓出土玉人，跪坐状，头戴圆箍形頍、大衣领，交口至腹部腰带上，腰带宽阔，长袖，足穿鞋，衣上纹饰一气呵成，为云状纹，也似是深衣式衣服。从商代玉人、石人雕像反映的衣服形制情况看，商代衣着式样应是深衣。商代的衣服式样和穿着特点为：头戴高帽，身穿斜领长袖垂足的深衣，腰系宽大的束带、腹垂长条形敝膝，衣服上多刺绣图纹，脚穿有鞋。这些特点，构成了商代通行的衣着习俗。西周时期的穿着，据西周金文记载，其发展内容显然比商代更为复杂。也有人总结了商朝服饰至少有十二种形态，王族，贵族，平民，妇女等各有服饰。

吃

到了盘庚时代，人们终于可以安定下来生活了。农业有了很大的进步，套在牛身上的犁出现在甲骨文中。农业所占比重快速增加。青铜器造型中常用的“饕餮”这种想象的动物就综合了牛和虎的特长。一般认为，商在迁殷后，以畜牧、狩猎、农耕三者为生。此外还应该加上一项生计，那就是用战争掠夺物资和人口。殷人觉得食用献做牺牲的牛、羊，是在和神一起享用，这是神人共食的世界。鱼已经成为饮食的基本食物。商代遗址发现的鱼类品种至少有鲫鱼、鲤鱼、草鱼、青鱼和赤眼鳟鱼等。《诗经》里提及的鱼类品种则有 19 种之多。殷代甲骨文有殷王以鱼为祭品的记录，吃鱼习俗盛行。烹煮河鱼，吃河鲂、河鲤、炰烤鳖鱼、烹脍鲤鱼或其他河鱼，这便是西周时期吃鱼习俗的基本内容。

狩猎是商王室的一项重大活动，武丁时的一条卜辞问出猎的吉凶，其意是：“第二天是癸卯日，用焚烧树林的方法能擒获野兽吗？癸卯这天用焚烧的方法果然得获牛十一头、野猪十五头、獐二十一头”。武丁时的另一条卜辞为：“史官彀问道：商王在圭地打猎，是否擒获野兽？这天去打猎，果然获一头虎、四十头鹿、一百六十四头狐、五十九头小鹿。”鹿，是商王狩猎中猎获最多的一种动物，在甲骨卜辞中多次记载获鹿百头以上的田猎活动，而最多的一次竟达三百九十多头。这么多的猎物，再加上畜牧，食物非常丰富。

在殷墟考古中，发现了许多在举行宗教礼仪时埋葬大量动物骨骼的献祭坑，其中的动物大多为牛、马、猪、羊、鸡、犬等，有时一次献祭的动物数量多达千头，几乎每天都有用牲畜祭祀的事情。卜辞中记载不同祭礼以不同动物组合作为祭品的内容很多。其中最多的是一次以千人千牛作祭品。有学者对商代卜辞考察中发现，在祭祀中用了1000头牛以及300，400，500头牛的各一次，而用去100头牛的祭礼有10次。再看看周公所订的礼记里对吃的规定，周礼规定了贵族饮宴列鼎的数量和鼎内的肉食种类：

王九鼎：牛、羊、乳猪、干鱼、干肉、牲肚、猪肉、鲜鱼、鲜肉干。

诸侯七鼎：牛、羊、乳猪、干鱼、干肉、牲肚、猪肉。

卿大夫五鼎：羊、乳猪、干鱼、干肉、牲肚。

士三鼎：乳猪、干鱼、干肉。

从这个规定的菜单里可以看到，商代、周代的食物是很丰盛的，鱼肉齐全。吃饭还有乐舞做伴，只是乐舞数量有区别。现在我们知道，为什么商周的青铜器很大一部分是酒器、食器，那些酒器、食器的种类远远超过了现代家庭里的器具。商代青铜器主要用于祭祀，而且绝大多数是酒器。祭政合一的殷有“神人共食”的仪式，人们和神一起以饮酒为乐。出土的大量的酒器——盛酒的、倒酒的、饮酒的，各种各样形状的酒器，可以说明这些除了为祭祀所用外，自己也特别好酒。

乐舞

商代的乐舞比夏代更为流行发达，其歌舞形式也更加丰富多彩。传说商代的歌舞种类大致包含汤乐《大頀》、祭祀舞和宫廷舞等。乐器则是鼓、钟、磬、管。考古发掘出土的商代乐器有石磬、铜鼓、铜铙、陶埙等。商代的石磬、铜铙、鼍鼓当是歌舞中最为重要的伴奏乐器。

西周时期是中国乐舞渐臻成熟，完备并走向制度化的时期，西周初期制礼作乐，对传统的乐舞进行全面整理并创制出西周王朝的《大武》乐舞。西周的乐舞还有六种“小舞”，用以祭祀后稷，祈求雨水。西周时期流行

的伴奏歌舞的乐器种类主要有籥、铙、编钟、钟、编磬、土鼓、鼍鼓、簧（芦笙）、琴等。

社会活动

商朝建立了完备的国家管理制度，大小官员数不胜多，他们分别管理着不同的事务。家庭是商代的基本社会组织，虽然规定一夫一妻制，但国王和大贵族的可能有几个妻妾，甚至更多，妇女的地位远低于男子。

占卜不仅是他们的宗教活动，也是一项政治活动，一有大事就要进行占卜，凶止吉行。这种占卜记录也影响到后来《易经》一书的形成。

商代奴隶主贵族为培养自己的子弟，建立了各种学校，教师由国家职官兼任，教学内容以教授有关祭典等礼仪知识和军事为主，此外还有伦理和一般文化知识。“六艺”教育初露端倪，为西周时期的教育开辟了道路。甲骨卜辞的发现，证实了商代学校已进行了多方面的教学活动。甲骨文还表明商代学校已进行了读、写、算教学，出现了作为教材的典册。商代的历法是迄今已知较为完整的最早的历法。

我们可以看到在商代，吃穿娱乐的水准已经很高了，在这样的社会生活条件下，对制造出无数华美的青铜器也就不会感到奇怪了。

十二、世界文明的历程

你想看到自己的渺小，无需仰望繁星闪烁的苍穹，只要看一看在我们之前就存在过、繁荣过，而且已经灭亡了的古文明就足够了。

——西拉姆（德国历史学家）

了解和对比世界文明的不同历程，可以看到我们的文明是那么的灿烂光辉！

1. 两河文明

两河文明又称美索不达米亚文明、苏美尔文明，是世界上最早的文明。两河流域，是指底格里斯河和幼发拉底河之间的美索不达米亚平原（现伊拉克境内）。面积约 40–50 万平方公里，有两个陕西省那么大。

大约公元前 4000 年，苏美尔人定居美索不达米亚。他们会制陶，发明了文字，根据考古资料，当时处在原始社会解体阶段。公元前 3500 年—公元前 3000 年，大洪水暴发，后来被犹太人改编后编入《旧约全书》就是诺亚方舟的故事。

苏美尔人建立了城邦。这些城邦一般以一个城市为中心，城市周围有若干个村镇。城内包括王宫建筑、神庙和贵族住宅等，周围建有城墙。国家的规模都不大，人口也不多。例如，著名的乌尔，初期由三个城镇和若干村庄组成，面积不过 90 平方公里，人口只有约 6000 人，在公元前 2400

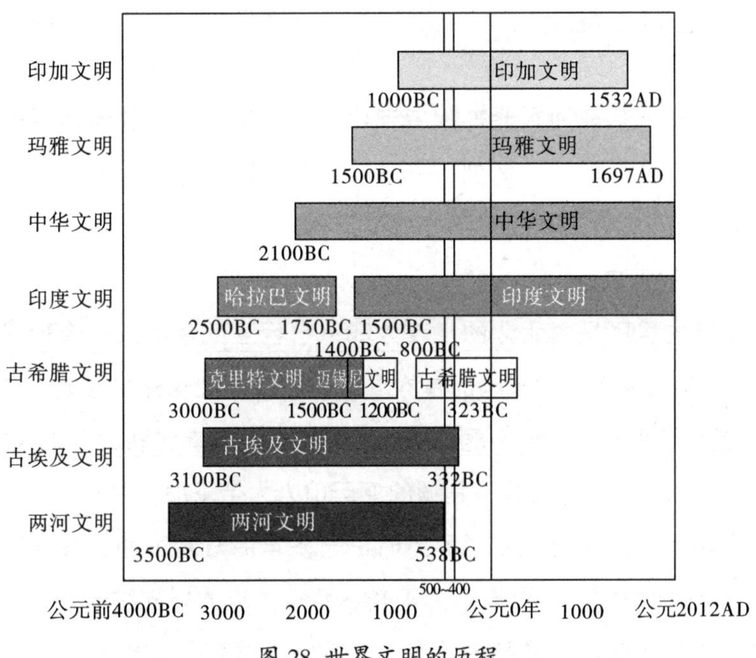

图 28 世界文明的历程

年被阿卡德王国所灭。阿卡德王国在公元前 2191 年覆灭。苏美尔人重新复兴，统一了苏美尔和阿卡德，建立了乌尔第三王朝，在公元前 2006 年被埃兰人和阿摩利人所灭。阿摩利人在公元前 1894 年建立起巴比伦城邦，统一了两河流域，建立了古巴比伦王国，并颁布了汉谟拉比法典。到公元前 1595 年被赫梯所灭。随后统治两河流域的国家是亚述帝国。到公元前 605 年被迦勒底人所灭。迦勒底人于公元前 626 年在巴比伦建国，史称新巴比伦王国。到公元前 538 年被波斯帝国所灭。两河文明结束。文明总共历经约 3000 年。

两河文明发明了最早文字——楔形文字，建造了第一个城市，编制了第一种法律，制定了七天的周期，至今为世界留下了大量的远古文字记载材料。两河文明是西方文明的摇篮。

2. 古埃及文明

埃及文明地处非洲东北部尼罗河中下游地区——尼罗河两岸形成的狭长河谷和入海处形成的三角洲——是埃及最富饶的地区。虽然这片地区仅占国土面积的4%，只有四万平方公里，相当于陕西关中的面积，但却聚居着全国99%的人口。

古埃及的居民是由北非的土著人和来自西亚的塞姆人融合形成的。公元前3100年埃及南、北王国的首次联合，古埃及文化开始形成。自公元前12世纪起，埃及势力逐渐衰弱，努比亚、波斯、迦南和利比亚人入侵埃及。到了公元前332年，埃及被马其顿的亚历山大大帝征服，古埃及文明结束。古埃及文明年代亦即通常所说的历时三千多年的法老王朝，共经历了9个时期31个王朝的统治。今天，由于长达两千多年的外族统治，埃及失去了原有的古埃及文明，古埃及的语言、文字、宗教信仰、历史记录、政府和风俗等都被彻底遗弃了，看到古埃及文明遗迹（如金字塔）时不知道当时的古埃及人为什么要建造，现代人也读不懂用古埃及文字写成的碑文。

埃及文明给世界留下了许多影响深远的发明和成就。古埃及文字创于公元前3500年，是一种称为圣书体的象形文字。这种文字是人类最古老的书写文字之一，多刻在古埃及人的墓穴中、纪念碑上、庙宇的墙壁或石块上，所以被称为“圣书体”。所创造的象形文字对后来腓尼基字母的影响很大，而希腊字母是在腓尼基字母的基础上创建的。

金字塔是利用大石建成的巨大三角形建筑物，是法老的墓穴。由于古埃及人在尼罗河两岸生活及耕作，所以金字塔主要是在沙漠地区兴建。从公元前2700年至公元前1800年这900年里，估计古埃及人共建造了超过80多座金字塔。建于公元前2589年至公元2566年间的“大金字塔”是其中最大的一座金字塔，它是为法老胡夫兴建的。公元前2700年古埃及人在“大金字塔”附近建造了一座“狮身人面像”，是世界最大的整石雕像，至今仍然没有人知道建造这座石雕的原因，有人认为它代表着法老的智慧

与勇猛。一些人相信“狮身人面像”可能是金字塔的守护神，另一些则认为它是古埃及伟大文明的象征。

古埃及拥有相当水准的天文学知识，公元前3300年，出现了青铜器。古埃及最早使用十进制，公元前25世纪，出现了历法和能保存古埃及人尸体数千年之久的木乃伊。

3. 印度文明

在古代印度，曾先后出现过几个文明。大约距今4000多年前，以印度河流域为中心，方圆50万平方公里的土地上，出现了一个高度发展的文明——大量用火砖盖起的房屋，规划严整的城市建设，先进的供水系统和排水系统，2500多枚刻有文字图形和其他图形的印章等——代表着当时世界发展最高水平的文明。这就是被印度学专家称为印度文明“第一道曙光”的哈拉巴文化。哈拉巴文明从何起源是个谜，它大致存在于公元前2500至公元前1750年。属于新石器及铜器并用时代，以农耕为主，和两河流域地区有密切的商业活动往来。哈拉巴文明的遗址有250多处，目前发掘的城市遗址包括卡利班甘、哈拉巴和莫亨焦–达罗这三处主要遗址，城市已经很有规模了。哈拉巴文化在兴旺了几百年之后神秘地消失了。哈拉巴文化和后来的吠陀文明和婆罗门教文明完全不相干，没有延续性。1922年，考古学家在印度河流域才发现了哈拉巴这个奇特的文化。原先，人们普遍接受的观点认为，在印欧语系民族到来之前，印度无史可言。经过几百年的“黑暗时期”，约公元前1500年，与欧洲及波斯雅利安人同种同语系的雅利安人从印度西北部进入而成为印度雅利安人，从此开创以吠陀经为主流的传统印度文化。从绝对发展水平看，吠陀文明带有明显的原始文化色彩，然而它很快就加速发展，并进入高水平的成熟期——婆罗门教文明。吠陀文明和婆罗门教文明是前后相承的一个整体，产生了今日印度人民视为自身文明之源的成果——吠陀经典、历史史诗、梵文、种姓制度……许多有形的和无形的东西一直延续到今天。中世纪和近现代，伊斯兰文明、西方文明又先后扎根次大陆，不断输送新的营养，最终铸造出印度文明多元性、包容性和丰富性的特点。

4. 希腊文明

希腊文明不是原始文明，它分为几个阶段；爱琴海文明（克里特文明－迈锡尼文明），荷马时代、古希腊文明、希腊化时代。希腊文明虽然比埃及文明，两河文明和印度文明要迟，但其影响却更为巨大。上述文明已经被淘汰于历史长河之中，而古希腊文化精神却未被湮没，其灿烂程度和影响力似乎只有中华文明方可比拟。

（1）爱琴海文明

希腊文明的前期是克里特文明和迈锡尼文明，也称爱琴海文明。爱琴海文明最早起源于克里特岛，然后传播到希腊大陆和小亚细亚。

公元前 3000 年，克里特文明开始，进入早期青铜时代。铜器的品种和数量亦不多，金属冶炼技术大概与农业栽培技术一样，来自东方。公元前 2000 年，克里特进入青铜时代全盛期。当时的克里特同地中海沿岸各地都有广泛而密切的贸易联系。出现了象形文字（尚未译解），并有相当规模的建筑物。公元前 1700 至公元前 1400 年，克里特文明发展到它的全盛时期，不久突然衰退，各处王宫建筑被毁。公元前 1400 年，讲希腊语的民族入主克里特，他们毁灭了克里特文明的代表米诺斯王宫，从这时起希腊人成了克里特岛的主宰。从此，克里特处于迈锡尼文明的影响之下。克里特文明亦随之结束，爱琴文明的中心转移到希腊半岛的迈锡尼。

迈锡尼文明是希腊本土青铜文明的通称，约形成于公元前 1500 年。迈锡尼时代的鼎盛时期在公元前 13 世纪左右，其势力影响到整个爱琴海。

3000 多年前在地中海上曾经盛极一时的克里特文明最后突然神秘消

失。究竟是什么原因造成这个古代文明的蒸发？这一切发生在什么时候？这又是一个世界文明发展史上的难解之谜。至今，对他们的语言，人们所知甚少，“原克里特文”是用仍未被破解的线性文字 A 书写。后期文化中，由于迈锡尼文明的入侵，他们转用线性文字 B，一种早期希腊语字母来记事。线性文字 B 在 1950 年代被破解，不过线性文字 A 至今仍然无人可以解读，使得我们仍无法对这个灿烂的文明进行深入的了解。

大约在公元前 1200 年，另一支希腊人，多利亚人的入侵毁灭了迈锡尼文明，爱琴海文明结束。

（2）希腊文明

爱琴海文明结束之后的 300 年里，希腊完全陷入沉寂状态，封闭又贫穷，希腊历史进入所谓“黑暗时代”。因为对这一时期的了解主要来自《荷马史诗》，所以又称“荷马时代”。在荷马时代末期，铁器得到推广，取代了青铜器；海上贸易也重新发达，新的城邦国家纷纷建立。公元前 800 年，希腊文明开始兴起。希腊人使用腓尼基字母创造了自己的文字，并于公元前 776 年召开了第一次奥林匹克运动会。奥林匹克运动会的召开也标志着古希腊文明进入了兴盛时期。公元前 750 年左右，随着人口增长，希腊人开始向外殖民。在此后的 250 年间，新的希腊城邦遍及包括小亚细亚和北非在内的地中海沿岸。在诸城邦中，势力最大的是斯巴达和雅典。从公元前 4 世纪起，马其顿逐渐成为希腊北部的重要国家。公元前 338 年，马其顿在喀罗尼亚大败希腊联军，取得了对整个希腊的控制权。公元前 334 年，亚历山大率大军渡海东征，拉开了他征服世界的序幕。亚历山大最大的敌人是强大的波斯帝国。亚历山大先后在格拉尼卡斯河和伊苏斯击败波斯军队，从波斯人手中夺取了叙利亚和埃及。公元前 331 年，亚历山大和波斯大流士三世之间爆发了高加米拉战役，亚历山大取得了胜利，并乘势攻下巴比伦，波斯帝国灭亡。公元前 323 年，亚历山大病死，他庞大的帝国也

随之分裂，古希腊历史结束，希腊文明时代开始。

5. 玛雅文明

在玛雅(Maya)人的观念中，历史是以千万年为单位推演着的无尽轮回，人生短暂如同朝露，而他们的文明也在片刻辉煌之后湮没在中美洲的郁郁丛林之中。玛雅文明的突变式发展和倏然消失至今仍是难以破解的谜题，这使得她成为最引人入胜的古代文明之一。

玛雅人在 5000 年前就出现在墨西哥和中美洲危地马拉的太平洋海岸，和世界上的其他人类一样，他们正常地经历了采集、渔猎向农耕过渡的发展过程。玛雅文明孕育、兴起、发展于今天的墨西哥的尤卡坦半岛、恰帕斯和塔帕斯科两州和中美洲内的一些地方，包括今日的伯利兹、危地马拉的大部分地区、洪都拉斯西部地区和萨尔瓦多中的一些地方。这一地区的总面积为 32.4 万平方公里。现代研究者推测玛雅文化地区的人口最高峰时达 1400 万人。公元前 2000 年左右，玛雅人开始定点群居，进入到农耕时期。玛雅文明从此就开始了。

在公元前 1500 年到公元 317 年玛雅文明发展的早期阶段，其主要特点是在城市广场上建立了许多大型的石碑，石碑上雕刻有历朝历代的统治者形象。在公元 1—2 世纪时出现了象形文字，所以石碑上就有了记述统治者历史的文字。此外，城市里还出现了大型石料建筑物（如金字塔）。

从公元 317 年到公元 889 年为中期阶段，中期阶段的文化特征主要反映在建筑、雕刻和绘画上。博南帕克壁画是世界有名的艺术宝库。

不知道是什么原因，玛雅文明到 9 世纪时衰落了。此后，玛雅文明北移到了墨西哥的尤卡坦半岛，在那里进入了晚期阶段。晚期阶段的文化特征是除了继承南部玛雅文明的文化遗产外主要是建立了许多比以前更大、更雄伟的神庙和大型金字塔。同期，天文和历法也得到了长足的发展。

玛雅文明对世界作出了重大的贡献，在农业生产中培育出玉米、西红柿、南瓜、豆子、甘薯、辣椒、可可、香兰草和烟草等，其中玉米对人类贡献最大，成了世界上许多地方的主要食粮。

玛雅人用石头建造了许多宏伟的殿堂、庙宇、陵墓和巨大的石碑。玛雅人的建筑物不但气势宏伟，而且富丽堂皇。至今，在尤卡坦或危地马拉的热带丛林里残存着的玛雅遗址中，我们还可以看到在那些断垣残壁上鲜艳的色彩和美丽的图案。博南帕克遗址中还留下一些大约公元 8 世纪时创作的古代战争壁画，画中人物千姿百态，各具情态，栩栩如生，富有现实主义的表现力，是当今世界有名的壁画艺术的宝藏之一。

奇琴伊察城的库库尔坎金字塔是为适应宗教和农业的需要，经过精密的设计和计算建造的。塔高 30 米，共 9 层。金字塔正面的底部雕刻着羽蛇头。每逢春分和秋分两天的下午三点钟，西边的太阳把边墙的棱角光影投射在北石阶的边墙上，整个塔身，从上到下，直到蛇头，看上去起起伏伏，犹如一条巨蛇从塔顶向大地爬行。奇琴伊察城还建造了天文观象台，规模庞大的古建筑群及庞大的金字塔。这些建筑物的外墙、门框、石楣上都布满了精雕细凿的羽蛇浮雕，其用料之细、形象之华美和匀称，都超过了原来南部玛雅文化的建筑，甚至连今天的建筑学家都惊叹不已。

玛雅人在天文历法和数学运算方面一直让我们惊奇。他们把一年定为 365 天，一年分为 18 个月，每月 20 天，剩下 5 天作为禁忌日。历法的精确远早于欧洲人后来使用的格里高利历。他们会推算月亮、金星和其他行星运行的周期，日食的时间。玛雅人运用“太阴计算法”推算出来的金星年份 1000 多年也不差 1 天，比当时世界上的任何一部历法都准确。玛雅人在数学方面的成就是发现了零，这在数学上是一个了不起的成就。这一成就比欧洲要早 800 年。玛雅人创造了象形文字，大概有 3 万多个。它是一种兼有意形和意音功能的文字。玛雅人已使用了纸，纸通常是用树皮或鞣制过的鹿皮做成的。他们用这些纸编成各种书籍，其主要内容是历史、科学和典礼仪式。西班牙人在进入玛雅地区时大肆破坏了玛雅文化，疯狂地

烧毁玛雅书籍，杀害玛雅的祭司，致使玛雅文明的宝贵财富成了一堆废品，玛雅文字无人认识，历史无从考证。

一个至今未解的谜是，曾经有过如此辉煌过去的玛雅文化，在公元10世纪初期突然神秘地衰落了。到11世纪以后，才由从墨西哥高原南下的托尔特克人与剩下的玛雅人一起，在尤卡坦半岛北部地区部分地复兴。但与玛雅文化的全盛时期相比，已不可同日而语。后来西班牙殖民者入侵后，便更加一蹶不振了。

6. 印加文明

印加文明是在南美洲安第斯山区发展起来的另一个印第安古代文明。它的影响范围北起哥伦比亚南部的安卡斯马约河、南到智利中部的马乌莱河，总面积达90多万平方公里，人口超过1000万。15世纪起势力强盛，16世纪初由于内乱日趋衰落，公元1532年被西班牙殖民者灭亡。

据考古学家的研究，上述这一广大地区是美洲最早出现农业的地区，时间大约在公元前8000年到公元前3000年，沿海地区的居民已定居下来。到公元前2000年末，中安第斯山区已出现一系列古代文化中心。在公元前1000年中下期，发达的农业文化已经形成，并出现了阶级和国家的最早形式。这标志文明开始形成。和玛雅文化一样，印加文明中也没有青铜器和铁器。

7. 世界文明的比较

在世界各个文明中，许多文明都已经消失或者发生了根本性的改变。在埃及，民族、语言文字、文化宗教都发生了彻底性的改变，最早的象形文消失了，传统的宗教被基督教所代替，后来又被伊斯兰教代替。印度最早的哈拉巴文化在经历了几百年后神秘消失了，比它原始的文化由白种雅

利安人的入侵而重新开始，入侵人种确立的带有种姓制度的新的印度教，人种、语言、文化信仰都发生了完全不同的改变。古希腊原有的文化宗教体系也基本被摧毁了，民族、语言同样发生了很大改变。爱琴海文明和希腊文明没有连续性。另外，一些其他许多可能尚未被发现的古文明也消失了，尽管这些文明的一部分可能被其他的文明所吸收，比如古希腊文明吸收了古苏美尔、古巴比伦、古埃及文明的一些成分。古苏美尔以及后来的古巴比伦文明的土地上，曾经经历了多个不同民族的政权的统治，现在则居住着民族、语言文字和文化宗教都完全不一样的阿拉伯人，而原来的苏美尔人、古巴比伦人也早已不知去向。中国虽然经历了佛教的传入和少数时期北方游牧民族的统治，但是数千年来人种、语言文字和根本性的文化信仰保持了不间断的延续性，中华文明从大地湾文化开始在人种、语言、文化信仰等方面保持了连续性，不断在发展着。

世界各民族发展情况不同，各大古文明的内涵也不一样，现在的世界史对四大古文明的排列是：第一，尼罗河文明，距今 5000 余年；第二，两河文明，距今 5000 余年；第三，印度河文明，距今 4000 余年；第四，黄河文明，距今 4000 余年。中华文明五千年是我们说的，西方学者从来没有承认过。他们只肯承认有甲骨文记载以后的历史，也就是黄河文明只有 3500 余年之说。但自 20 世纪 70 年代以来，大批遗址的挖掘一再改变了我们对早期史的看法，最重要的是 1973 年发现的浙江河姆渡遗址。这里出土了 7000 年前的人工栽培水稻，出现了最早的干栏式建筑、最早的船桨、最早的髹漆工艺、最早的编织技术和最早的木结构水井。接着，1979 年又发现了湖南城头山遗址。这里出现了 6000 年前的古城，6000 年前的祭坛，6500 年前的水稻田。在洞庭湖区域还发现了距今 8000—9000 年前的人工水稻。这都足以说明长江流域发现的一些文明要素比黄河流域更早。

中华文明发展的最大特点是地域辽阔。中华文明的地域有 500 多万平方公里（加上长江流域），两河文明地域约 40—50 万平方公里。埃及文明

地域只是在尼罗河三角洲，约 4 万平方公里。印度哈拉巴文明是以印度河流域为中心，约 50 万平方公里。玛雅文明的总面积为 32 万平方公里。印加文明在最盛时为 90 万平方公里。希腊文明的面积有 13 万平方公里，克里特岛就更小了。两河文明、埃及文明和希腊文明区相隔不远，之间影响密切。印度的哈拉巴文明也是通过海上与埃及文明和两河文明产生联系，严格来说，这些文明区都不是独立发展起来，而是相互交流、影响着发展的。中华文明的发源地面积远远大于别的文明发源地，比全世界所有文明发展区面积总和还要多，而且是独立发展起来的。这就决定了中华文明在开始阶段要缓慢些，需要更多的积累。但是，发展的潜能比任何别的文明区都要大，能够承受各种各样的灾难，具备了不断加速发展的能力，所以中华文明在历史的长河里能一次次闪耀出最灿烂的光辉，能够延续到今天。

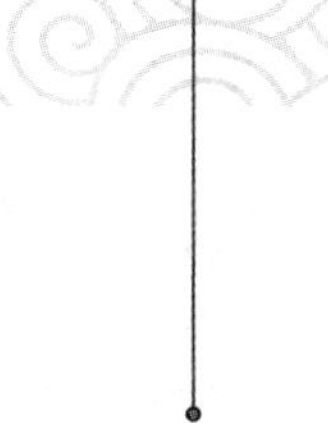

十三、公元前五世纪　奇特的世纪

人类在大约一万年前进入新石器时代，六千年前开始出现文字，四千多年前出现青铜器，农业和畜牧业的发展大大促进了社会的进步，促进了文化的进步。可以说，这个文明进入到公元前 1000 年时，在东西方的差别就已经不算大了。到了公元前五世纪，各个文明都已经有一二千年文化思想的累积，不可否认，每个民族都有天才，而且是不同的天才。知识的积累，生产的繁荣，社会的进步，天才的产生，使得东西方不约而同地孕育出最伟大的思想家。这些思想家影响了几千年来人们的思想、精神、文化乃至生产、生活。直到今天，我们的基本思想还受着他们的影响。在中国，社会的基本思想还是孔子的儒教、老子哲学的延续。在西方，依然是古希腊哲学思想的继续。

旧的文明灭亡了，新的文明产生了，新的思想和新的文化也同时产生，社会马上就要进入加速发展的时代了。

1. 在东方

在自商代至周代的一千多年里，经济、思想、文化的成熟和发展，使中国进入了一个思想文化繁荣的时期，各种思想涌现，文化推陈出新。儒、墨、道、法，诸子百家，纷纷呈现，形成了中国历史上百家争鸣，百花齐放，思想空前活跃的一个特殊的时代。历史上称为“百家争鸣，百花齐放”，形形色色的人，展开了形形色色的思想，建立起形形色色的学说。在这个

时期出现的思想家除了老子（公元前580年—公元前470年），还有：

管子　（公元前716年—公元前645年）

哲学家、政治家、军事家，被誉为“法家先驱”、“华夏第一相”。他主张法治的同时也提倡用道德教化来进行统治，对礼和法并重。由于管仲推行改革，齐国出现了民足国富、社会安定的繁荣局面，从而实现了称霸中原。使齐国终于跃上春秋五霸之首。以法治国，“事断于法”成为法家法治的基本理论。

孔子　公元前551年—公元前479年

思想家、教育家、政治家，儒家思想的创始人，是儒家学派的代表人，曾修《诗》、《书》，订《礼》《乐》，序《周易》，撰写《春秋》。他一生从事传道、授业、解惑，被中国人尊称“至圣先师，万世师表”。孔子死后，其弟子把孔子及其弟子的言行语录和思想记录下来，整理编成著名的儒家学派经典的《论语》。

孙子　（公元前544年—公元前470年）

军事家、政治家，后人尊称其为孙子、孙武子、百世兵家之师、东方兵学的鼻祖。其著有巨作《孙子兵法》十三篇，为后世兵法家所推崇，被誉为“兵学圣典”。《孙子兵法》在中国乃至世界军事史、军事学术史和哲学思想史上都占有极为重要的地位。

墨子　公元前468年—公元前376年

思想家、教育家、科学家、军事家。墨子创立了墨家学说，与儒家并称“显学”。他提出了“兼爱”、“非攻”、“尚贤”、“尚同”、“天志”、“明鬼”、“非命”、“非乐”、“节葬”、“节用”等观点。以兼爱为核心，以节用、尚贤为支点。墨子在战国时期创立了以几何学、物理学、光学为突出成就的一整套科学理论。在当时的百家争鸣，有“非儒即墨”之称。墨子死后，其弟子根据墨子生平事迹的史料，收集其语录，完成了《墨子》一书。

孟子　公元前372年—公元前289年

思想家、政治家，儒家学派的代表人物。与孔子并称“孔孟”。代表作《鱼我所欲也》《得道多助，失道寡助》和《生于忧患，死于安乐》《王顾左右而言他》。政治上，孟子主张法先王、行仁政；学说上，他推崇孔子，反对杨朱、墨翟。他主张仁政，提出“民贵君轻”的民本思想。其弟子及再传弟子将孟子的言行记录成《孟子》一书。

春秋战国是个涌现出各种思想、学问的时代，这些远远比这段时期爆发的战争更为重要。人类的目标是什么？为了什么而活着？人生到底是什么？思想家们沉浸在这样的思索中。中国的思想都产生自这个时代，并给我们留下了不朽的思想和知识。

2. 在西方

在同一个世纪里，在西方，古希腊涌现出以苏格拉底和柏拉图为代表的哲学家，东方和西方同时出现了影响人类历史进程的伟大的思想家，这算是巧合吗？

苏格拉底　公元前469年—公元前399年

柏拉图　公元前427年—公元前347年

亚里士多德　公元前384年—公元前322年

苏格拉底

古希腊哲学家，他和他的学生柏拉图及柏拉图的学生亚里士多德被并称为“希腊三贤”。他被后人广泛认为是西方哲学的奠基者。

苏格拉底开创了“伦理哲学”，使古希腊哲学从单纯研究自然转向研究人类本身，成为西方哲学传统中最重要的偶像。他采用的“诘问式”教育方法对西方的思维方式有极为重要的贡献。身为雅典的公民，据记载苏格拉底最后被雅典法庭以不信神和腐蚀雅典青年思想之罪名判处死刑（苏格拉底是被雅典公民投票判处死刑的，投票的结果是：280：221。这一历史现象被历史学家称之为“多数人的暴政”）。尽管他曾获得逃亡的机会，但苏格拉底仍选择饮下毒堇汁而死，因为他认为逃亡只会进一步破坏雅典法律的权威，同时也是因为担心他逃亡后雅典将再没有好的导师可以教育人们。尽管这样，希腊的民主与法律的原则被确立了。

苏格拉底无论是生前还是死后，都有一大批狂热的崇拜者和一大批激烈的反对者。他一生没留下任何著作，他的行为和学说，主要是通过他的学生柏拉图和色诺芬著作中的记载流传下来。这和孔子的情况一样，孔子自己也没有著作，《论语》是由孔子的弟子及其再传弟子依据孔子的言论编撰而成。它以语录体和对话文体为主，记录了孔子及其弟子言行，集中体现了孔子的政治主张、伦理思想、道德观念及教育原则等。

作为一个伟大的哲学家，苏格拉底对整个西方哲学产生了极大的影响。

柏拉图

柏拉图是苏格拉底的学生，也是亚里士多德的老师。他写下了许多哲学的对话录，记载了苏格拉底和自己的对话、思想，并且在雅典创办了知名的学院。

柏拉图是西方客观唯心主义的创始人。柏拉图认为世界由“理念世界”和“现象世界”所组成。理念的世界是真实的存在，永恒不变，而人类感官所接触到的这个现实的世界，只不过是理念世界的微弱的影子，它由现象所组成，而每种现象是因时空等因素而表现出暂时变动等特征。由此出发，柏拉图提出了一种理念论和回忆说的认识论，并将它作为其教学理论的哲学基础。直到今天，西方人还认为：“全部西方哲学都只不过是柏拉图哲学思想的注脚。”

亚里士多德

他是柏拉图的学生，也是亚历山大大帝的老师。他在许多领域都留下了广泛著作，包括了物理学、形而上学、诗歌（包括戏剧）、生物学、动物学、逻辑学、政治、政府以及伦理学。一些人认为亚里士多德发展出的学派是柏拉图哲学思想的延伸，一些人则认为柏拉图和亚里士多德两人所代表的

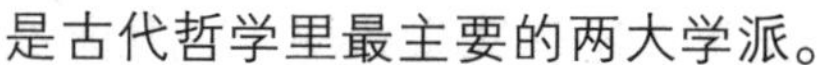

是古代哲学里最主要的两大学派。

在这个时期，《伊索寓言》也得以写成，希腊文明空前繁荣。

在这个时期，世界三大宗教里的佛教、基督教的旧约圣经以及拜火教开始形成。

佛教 由古印度的悉達多·喬達摩（公元前589年出生，被尊称为释迦牟尼或佛陀），35岁时释迦牟尼在菩提树下悟道，创立佛教，在其后的几十年中云遊四方，度化了许多弟子，佛教影响逐渐扩大。释迦牟尼创建了博大精深的佛学体系，使佛教成为世界三大宗教之一。它的十二因果、轮回报应、八识等思想在亚洲影响了几千年。

基督教的旧约圣经 它的形成年代是公元前1500年到公元前400年之间，写作者主要是犹太人，作者身份地位各不相同，有君王、先知、祭司、牧人、渔夫、医生等等。直到目前，《圣经》仍然是全世界最受欢迎、销售量最多、影响力最大的一本书。

拜火教 在波斯（伊朗），琐罗亚斯特于公元前660年创立了祆教，俗称拜火教，此教曾于魏晋时期传入中国。金庸先生《倚天屠龙记》里的明教，就是从拜火教中演变而来的。琐罗亚斯特和当时的许多人一样，既不能读，也不会写。他死后，人们把他的言论辑录成书，这就是《阿维斯陀》。作为祆教的经典，也有人将它称为《波斯古经》。琐罗亚斯特创立的拜火教以及《波斯古经》影响巨大，对当时两河流域及印度的宗教都有不可忽视的影响。比如说，拜火教的主神是阿胡拉，是智慧之神，而他实际上就是佛经中常见的阿修罗。

也是在这个时期，一些延续了几千年的文明彻底结束，新的文明开始了。

公元前538年，两河文明被波斯帝国所灭。历经3000年的两河文明结束。

公元前332年，埃及被马其顿的亚历山大大帝征服，古埃及文明结束。

公元前331年，波斯帝国灭亡。

公元前323年，马其顿的亚历山大病死，他庞大的帝国也随之分裂，古希腊历史结束。

欧洲的古希腊，亚洲的印度、中国、波斯，还有犹太人那里，几乎在同时爆发了一场伟大的思想革命，影响人类今后几千年的思想得以形成，生活行为的原则基本确立了下来，如宗教的原则，人与人、人与社会、人与自然的原则，人类的本质、意义、地位等等。对中国来说，产生于那时的儒、道、墨三家，一直到今天依然深刻影响着人们的思想和思维的方式。这个时期产生并最终形成了三种影响几千年的宗教：老子的道家思想，最终形成了中国的本土道教；释迦牟尼的轮回思想，最终形成了影响深远的佛教；琐罗亚斯特的善恶思想，最终形成了拜火教。宗教的目的是直指人心，将人类的灵魂从罪恶与世俗的束缚中解脱出来。

这个时代也产生了大量“伦理哲学”，比如中国的孔子学说，就是一种道德哲学；几乎在同期产生的印度《五十奥义书》中也有大量道德伦理。“伦理哲学”的目的是规范。古希腊哲学，虽然以理性的自然科学为主，但它关注的重点依然是人，它希望从肉体上拯救人类，把人类的思想从非理性中解脱出来。

我们今天回望这些巨大变化的光芒，虽然时隔 2500 多年，其依然是那样夺目耀眼。可以说，人类在 2500 年前，在世界的各个地方不约而同地达到了思想上的一个顶峰，至今还没有被抛弃。当老子正在向孔子讲解哲学原理的同时，在遥远的印度，释迦牟尼在菩提树下悟道，创立佛教；古希腊的苏格拉底在给柏拉图上课；旧约圣经正在编辑。在如此短暂的一二百年里，在如此广阔的世界上，这些伟大的思想家同时为人类贡献出伟大的思想，这实在是一个奇妙的时代。

而后的几千年中，世界再也没有出现过像佛陀、老子这样的人物。中国的魏晋玄学、朱程理学的各位大家，他们只是思想的继承者，或者说是集大成者，而不是创造者。14 世纪欧洲的“文艺复兴”产生了像达·芬奇这样一批知名人物。但“文艺复兴”并不是创造，它是对古希腊自然科学的回归。“文艺复兴”运动没有创造出任何一种新思想，更没有一个人的成就可与公元前五世纪的思想家相比。

十四、秦始皇陵　秦始皇兵马俑

“我们面临的是本世纪以来最伟大的考古发现。……我们站在雨中，激动得几乎流下眼泪……如此伟大的考古发现展示了历经战斗与荣耀的中国历史。而我们看到的大军只是一个历史的开端……”

——奥德丽·托平（美国女记者）

1. 秦始皇陵

史书记载：秦始皇陵建于公元前 246 年至公元前 208 年，秦始皇嬴政从 13 岁即位时就开始营建陵园，由丞相李斯主持规划设计，大将章邯监工，修筑时间长达 38 年，工程浩大、气魄恢宏。当时筑陵劳役达 72 万之多。现存陵冢高 76 米，陵园布置仿秦都咸阳，分内外两城，内城周长 2.5 公里，外城周长 6.3 公里。陵墓总面积达到 50 平方公里，包括现在的秦兵马俑和秦始皇陵。秦兵马俑坑位于秦始皇陵封土以东约 1.5 公里处，人们普遍认为秦始皇兵马俑位于秦始皇陵的外围，有戍卫陵寝的含义，是秦始皇陵的一部分。

2. 秦始皇兵马俑

1974 年 3 月，在秦始皇陵东边的西杨村村民抗旱打井时，在陵墓以东三里的下和村和五垃村之间，发现规模宏大的秦始皇陵兵马俑坑。经考古工作者的发掘，在秦始皇帝陵东面发现三个大型陪葬的兵马俑坑，三个坑成品字形，总面积二万多平方米，坑内置放与真人真马一般大小的陶俑，陶马共约8000余件，是个庞大的地下军团。三个坑分别定名为一、二、三号兵马俑坑。一号坑最大，坑内有6000多个陶人陶马，井然有序地排列成环形方阵。坑东端有三列横排武士俑，手执弓弩类远射兵器，似为前锋部队，其后是6000铠甲俑组成的主体部队，手执矛、戈戟等长兵器，同35乘驷马战车在11个过洞里排列成38路纵队。南北两翼的是后卫部队。这一队伍整肃，气势雄伟的地下军阵，是秦始皇当年横扫六国的百万雄师的艺术再现。

图29 秦始皇兵马俑

二号兵马俑坑平面呈曲尺形，面积6000平方米，是一坐西朝东，由骑兵、步兵、弩兵和战车混合编组的大型军阵。其大致可分为弩兵俑方阵、驷马战车方阵、车步、骑兵俑混合长方阵、骑兵俑方阵四个相对独立的单元，共有陶俑陶马1300余件，战车80多辆，并有大量金属兵器。

三号兵马俑坑平面呈凹字形，面积约520平方米，它与一、二号坑是一个有机的整体，似为统帅三军的指挥部，出土68个陶俑和4马1车。

兵马俑的塑造，是以现实生活为基础而创作，艺术手法细腻、明快。陶俑装束、神态都不一样。仅发式就有许多种，手势也各不相同，脸部的表情更是神态各异。从它们的装束、表情和手势就可以判断出是武官还是士兵，是步兵还是骑兵。这里有长了胡子的久经沙场的老兵，也有初上战场的青年。身高达 1.96 米的将军俑，巍然直立，凝神沉思，表露出一种坚毅威武的神情。陶俑如真人大小，由工匠逐一加工烧制，全部为手工劳动，没有使用模具。所以我们现在看到的陶俑各有容貌，体态各不相同。所有陶俑的制作均按照秦军编制，包括各级军官、各兵种、战车马匹。在形状加工好之后，陶俑着色烧制。最后再加上真实的兵器、装备。各个加工完成后，按照秦军作战部署分兵种、级别，逐一安置位置。因此，我们看到的兵马俑，是秦军的精确复制。由于兵俑完美的再现了秦军的风范，军事学者可以通过兵俑增加对秦军的了解。今天，漫步于关中的城市、乡村、田野，你会不时地发现一些相貌和兵马俑脸部相似的人。

兵马俑坑内出土的青铜兵器有剑、矛、戟、弯刀以及大量的弩机、箭头等。据化验数据表明，这些铜锡合金兵器经过铬化处理，虽然埋在土里两千多年，依然刃锋锐利，闪闪发光，表明当时已经有了很高水平的冶金技术。秦军使用的弩机，由于零部件是标准化生产，它的部件是可以互换的。在战场上，秦军士兵可以把损坏的弩机中仍旧完好的部件重新拼装使用。在兵马俑坑中出土了 4 万多个青铜三棱箭头，其制作是按相同标准铸造的，极其规整统 。而这些箭头又几乎都是三棱形的。秦军的这种三棱箭头还取消了翼面，使射击更加精准。三棱箭头拥有三个锋利的棱角，在击中目标的瞬间，棱的锋刃处会形成切割力，箭头就能够穿透铠甲，直达人体。秦人凭经验掌握了空气动力学原理，当时秦国的青铜兵器要比世界上其他国家的铁制兵器先进得多。

1980 年，在秦始皇陵西侧，还出土了两乘大型彩绘铜车马，每乘四前驾有四马，车上各有一御官俑。铜车马造型逼真，装饰华美，络头和挽具以金银为构件，制作非常精巧，被定为国宝。

秦始皇兵马俑经发掘对外开放后，马上轰动世界。先后有 200 多位国家元首前来参观。1978 年，法国总理希拉克参观后说：“世界上有了七大奇迹，秦俑的发现，可以说是八大奇迹了。不看金字塔，不算到埃及，不看秦俑，不算到中国。”从此秦俑被誉为世界“第八大奇迹”。1987 年 12 月，联合国教科文组织将秦始皇陵（包括兵马俑坑）列入“世界文化遗产名录”。

3. 兵马俑里的谜

每一个到访人都为两千多年前古人能够创造出如此恢宏的艺术品而震惊、感慨。而同时，一些科学家对有关兵马俑的研究产生了不少的困惑，至今无法破解。

（1）紫色颜料硅酸铜钡之谜

8000 个形态各异的兵马俑都是彩绘，且大多数都有一种罕见的亮紫色。有人通过 X 射线衍射分析、荧光与微量分析以及其他技术手段，来确定此化学颜料的成分以及这是如何制成的。结果发现，这是一种目前还未在自然界中发现的紫色颜料——硅酸铜钡（$BaCuSi_2O_6$），俗称“汉紫”。令人惊奇的是，这种材料和 20 世纪 80 年代科研人员在合成超导材料时偶然得到的副产品相同。有的学者认为是古代炼丹士用生产中国玻璃的钡、铅和石英，再将亮绿色的孔雀石（铜矿石）加入其中，希望能生产出玉石。但结果是，他们没有产出玉石，而是生

图 30 兵俑上的紫色

产出了紫蓝色颜料。这是世界科技史上了不起的成就，表明在两千多年前，中国就掌握了采用合成的方法来制造人工颜料技术。另外，据有人分析，一个兵马俑表面颜料涂层厚约0.3~0.5毫米，平均比重为3，表面积按2平方米计算，那么彩绘所有秦俑至少需要颜料7500公斤。制作这种材料的坩埚温度要1000℃以上。如此大的量，如此高的温度，在当时条件下怎样生产出来让人感到不可思议。更让人疑惑的是，制造这些颜料的原料是从哪里来的？钡盐是从哪里得到的？铅又是从哪里来？其工艺过程是什么？这些问题目前还都没有答案。

古代及近代国外一些地区所用的紫颜色，多为近似色及调和色。如古希腊、罗马用茜草素作为染料及绘画颜色中的紫色，但色偏红；德国在17世纪前后使用的金的氯化物，名曰金紫，其色也偏红；日本在17至19世纪用铁的氯化物，即带紫色的赤铁矿作为紫色用于绘画，但其色为紫棕色。另外，古意大利及印度、波斯等国用的紫色多为混合红、蓝的调和色。单纯紫色的使用始于近代，用化学方法合成紫色始于本世纪50年代。因而秦俑坑出土的用人工合成的紫色硅酸铜钡，是独一无二的，确实是科技史上的奇迹。

（2）青铜剑铬盐氧化技术之谜

青铜剑深埋地下千年依旧闪亮锋利，兵马俑一号坑中出土了一把硬度高、光洁度强、异常锋利的青铜宝剑，这把剑是用铜、锡、铅等金属制成，各种金属的比例掌握得恰到好处。此外，这把剑铸造的性能极为优良，质地细密；剑身锉纹垂直于纵线，纹理平行，没有交错；使剑身坚硬、锋利而富有韧性。此剑剑身窄而长，平面呈兰叶形，符合力学原理。更为奇特的是这把青铜宝剑在地下埋藏了近两千年，依旧光滑锋利。经中国有色金属研究院、地质科学院利用电子探针分析及激光分析，发现秦俑坑出土青铜剑的表面有一层致密的铬盐氧化层，厚度10~15微米，含铬量一次检为

1.2%，二次检为 0.6%~2%。另外，对秦俑坑出土的青铜镞的研究分析，发现表面也有一层致密的铬盐氧化层，其厚度约为 10 微米，含铬量约 2%。“铬化处理”是一种防腐工艺，这种工艺的主要作用就是防止金属生锈。这说明秦俑坑的青铜兵器在制作过程中是特意用铬酸盐和重铬酸盐处理过，使兵器表面生成一层浅灰色或深灰色的保护层来增加兵器的防腐抗锈能力，从而使兵器光亮如新，锋利无比。铬盐氧化技术是一项先进的科学工艺，世界上镀铬的方法分电子镀铬和化学镀铬两种。电子镀铬是随着现代工业文明而产生的，德国在 1937 年、美国在 1950 年才先后在国际上申请了专利。而 2000 多年前，用于兵马俑的化学镀铬技术，秦人又是怎样掌握这种技术的呢？一把剑或许是个偶然，可是秦兵马俑出土的兵器达几万件，这些剑、矛、戟、弯刀以及大量的弩机、箭头等，据化验数据表明，这些铜锡合金兵器都要经过铬化处理，如此巨大的加工量实在是惊人，中国当时的冶炼技术有着令人不可思议的成分。

图 31 青铜剑

图 32 一号俑坑出土的青铜矛

还有一个最让人迷惑的问题是，这种铬盐是从哪里来的呢？中国最缺少的就是铬矿，周边国家也没有铬矿。秦始皇发动的统一中国的战争，其军队就有 100 万之多，需要大量的青铜器武器，据粗略计算，光是三棱箭

头，每年就要生产 1600 万个，分配给每个士兵才 16 个。关中没有铜矿，炼制青铜器需要的铜矿石要从四川、云南运来。这么巨大数量的青铜兵器镀铬，那需要多少的铬盐呢？铬是一种极耐腐蚀的稀有金属，地球岩石中含铬量很低，提取十分不易。再者，铬还是一种耐高温的金属，它的熔点大约在摄氏 4000 度。怎样才能获得铬？硫化铬是合成的吗？还是在哪里挖出来的？中国人在这个时代是怎样掌握世界上最早的铬化技术的？这都是至今还无法解答的迷！

（3）焊接之谜

秦始皇铜车马的铜链是用 0.5 至 1 毫米的铜丝对接钎焊成，马颈饰物由金银管排列焊接而成，在 24 倍放大镜下，才仅见极少焊缝，令人赞叹不已。2 号车舆上的窗板为镂空的菱形花纹图案，模仿纱窗形状，厚度只有 1.2 毫米至 2 毫米；2 号车伞盖直径 122 厘米，厚 2~4 毫米；铜车上方壶的铜链是用很细的铜丝弯曲组成的双曲链环，非常精美，是用直径只有 0.5~1 毫米的环形铜丝对接钎焊成的。在铜马上的璎络和右骖马上的装饰品上，其直径仅 0.25~0.3 毫米。怎样把铜丝制作得如此之细？又是怎样把如此细小的铜丝焊接在一起的呢？两乘铜车马由近 7000 个零部件组成，铜车马的车盖是一个超薄、超大的大型工件，可是它居然是一次浇铸而成的，真使人

图 33 秦始皇铜车马

难以置信。

秦代的青铜冶铸工艺是对商周青铜铸造艺术的继承，是古代冶金史上的一个集大成期。无论在青铜冶铸技术上，还是在焊接、金属冷加工和装配技术上都已达到令人无比惊叹的程度。

4. 大秦帝国

秦国从立国到秦始皇嬴政执政，历经 560 多年。从开始强盛到逐步兼并六国历经了 150 多年。

周王朝在镐京统治着中国的时候，在渭河上游，生活着一个专门为周王养马的部落，他们就是最早的秦人。周孝王因秦的祖先善养马，因此将他们分封在秦，这是一个传奇般的部落，它最早的居住地在哪儿，什么时候迁移到西北高原，至今无人知晓。

公元前 771 年，来自于西方的游牧部落犬戎（即匈奴）攻陷了都城镐京，周王朝被迫迁都。在周天子向东迁移的时候，养马的秦人出兵护送。为了感激秦人的忠诚，周天子封秦人的首领为诸侯。作为周朝的地处西陲的一个诸侯小国。秦人就这样建立了自己的国家。自公元前 677 年起，秦国在雍建都（在今宝鸡凤翔县城南、雍水以北），雍为秦都有 300 年之久。但是，刚刚立国的秦人面临着极其艰难的处境。当时，西北高原是游牧部落的天下，这些马背上的民族极其凶猛，他们经常对秦人进行劫掠和屠杀。史书记载，秦人几代先王都战死在疆场，刚刚诞生的秦军血流成河。然而，这支顽强的军队开始在逆境中成长。经过 200 多年的浴血奋战，秦军彻底征服了剽悍的游牧民族，统一了西北高原。在西部站稳了脚跟之后，秦人的眼光注意到东方。此时，周天子的统治地位已经完全丧失，战火连年不断。几百年的兼并战争之后，弱小的国家一个个都消失了，出现在秦人眼前的是六个强大的对手。秦直到战国中期仍然是综合国力较弱的一个诸侯国。其科

学技术和文化等各个方面都很落后。公元前361年，年轻皇帝秦孝公即位。他一上台，立即颁布“贤令”，招揽天下英才，于是一个叫商鞅的卫国人便来到秦国。商鞅受秦王厚望，开始变革旧制，史称商鞅变法。商鞅变法使用的是法家的治国思想，法家讲求实用效果，不管手段途径，商鞅的变法图强为秦国的快速持续的经济发展打下了根基。由此奠定了秦灭六国的经济与军事基础。随着商鞅变法后秦国的迅速崛起，六国有识之士意识到秦国的强大对他们构成了潜在的威胁，于是积极寻找对策，开始用联合（合纵）的办法对付秦国。这是秦国崛起之后面临的新问题。虽然，此时东方六国中的任何一国都不足以对强秦构成重大威胁，但是，若六国联合成功，以六国之力攻打秦国，秦国是无法承受的。在这种情况下，秦惠文王审时度势，重用纵横家张仪。张仪根据新的形势与发展势态，针锋相对地提出了连横策略，对六国一一瓦解，逐个击破，最终化解了六国的合纵之谋与军事行动。

秦昭襄王时代，秦国对六国已经占有压倒性优势。此时的秦国继续东进，企图打垮六国的军事力量。公元前266年，秦昭襄王拜魏国人范蠡为相，提拔白起为将，持续攻打三晋。白起伊阙一仗，打败韩、魏联军，杀死二十四万人。秦国和赵国的长平之战，白起坑杀了四十万赵兵，赵国在这一战就损失了四十五万精锐之兵，秦昭襄王基本摧毁了赵国的有生力量，使六国之中再没有一国能够和秦国单独一战，形成了秦灭六国的态势。秦占领和蚕食东方六国大片国土，使楚国国土缩小一半，魏国、韩国国土缩小三分之二，赵国缩小三分之一，在公元前256年灭亡东周。秦昭襄王后期秦国实际控制国土已经超过东方六国总和。秦国的土地和人口不断增加，而六国的土地和人口不断减少。秦庄襄王重用吕不韦为国相，攻取韩国的军事重镇。如此一来，秦军就能够直达洛阳。而后，又拿下了成皋、荥阳，这样，秦军便可以直达大梁（今河南开封）。秦庄襄王还利用赵、燕之战，攻取了赵国榆次等三十七城，赵国土地锐减。进一步削弱了赵国的国力。

公元前246年，秦王嬴政亲政，发动统一全国的战争就此开始。被强秦连续折腾了一百余年的东方六国已经无还手之力，没有一国可以单独和秦国抗衡，六国联合抗衡也已经不可能，六国无论再怎样垂死挣扎也无法改变秦国所具有的压倒性优势了。对此，李斯与韩非的授业恩师，战国晚期的大学者荀子预言这个纷争了四百多年的天下，将在二十年之内统一。

公元前230年至公元前221年的十年时间里，秦国经过精心的谋划与筹备，力图一次战争只针对一个对手，以每两年为一阶段吞灭一个国家。为此，秦国对全国男子进行了总动员，随即秦国的百万虎狼之师对六国发动了灭国之战。史记中所载，“秦尚黑，秦崇水德”。秦国军队穿的是黑衣战袍，不难想象，如黑云蔽日一般的秦军以摧枯拉朽之势席卷天下。与秦国临近的韩国、赵国、魏国和燕国最先被吞并。公元前230年秦将内史腾攻韩，韩王安被俘。公元前228年大将王翦率秦军经数日激战消灭了赵军主力，攻破邯郸，虏赵王迁，赵公子嘉突围逃往代郡。公元前226年秦军大举伐燕，燕王喜与代王嘉（赵公子嘉）联合抗秦，燕代联军迎战秦军于易水之滨，燕军大败，溃不成军。秦军乘势突入燕境直取蓟城，燕王喜仓促弃城率残部远遁辽东。公元前225年，被秦军四面合围，只剩下一座孤城的魏王假，妄图坚守大梁，垂死挣扎。秦军决黄河之水灌城，城中百姓尽成鱼鳖，当年三月城破，魏王假被杀。至此，秦国把注意力转向了南方的楚国。与中原国家不同，楚国是一个拥有悠久历史与独特文化的南方大国。楚国地大物博，极盛时期，统治着淮河以南、西过三峡东至吴越的广袤领土。楚人自西周以来就有着极强的自豪感与独立精神。一百年来，在秦军凌厉的军事打击之下，没落的楚国丢城失地，屡次迁都避祸，楚国的发源地东楚地区几十座城邑大部并入秦国，楚怀王也入秦被囚，客死他乡，楚人的自尊心受到了极大的打击，皆以为耻，以至于屈原发《离骚》之感，叹《国殇》之悲，投汨罗江而死。应该说，在秦国十年统一战争中，秦军在楚国遇到了最顽强的抵抗，李信率二十万秦军伐楚，初战不利。公元前

224年秦国发倾国之兵六十万，由大将王翦率领以优势兵力造成压顶之势，对楚国的心脏西楚地区发动致命一击。楚国集中了全国的兵力迎战秦军，两军决战于淮阳一线，楚军大败，楚王也被俘。楚国大将项燕立即在都城寿春迎立昌平君为王，继续抗秦。秦军进击淮南，兵围寿春，并发动总攻。项燕率楚军拼死抵抗，但终因力量悬殊，经数日激战寿春城破，昌平君身死，项燕在绝望中自杀。秦军分道渡江进军江南，楚国灭亡。

此时，一直对别国袖手旁观、见死不救、安享太平的齐国也预感到大祸临头了，开始慌了神。公元前221年迫于严峻的形势，齐国同秦国断交，并开始陆续征调军队防守西部边境和内长城。秦王嬴政则命刚刚远征完辽东在燕地休整待命的王贲，率大军从燕国南下越齐国河间地区，以出齐军防线之后，出其不意地直插临淄。秦军的这种快速进攻使齐国连调兵抵抗的时间都没有，齐王建只得放弃无谓的抵抗，不战而投降，纳土归朝。秦国至此统一了中国。

自秦孝公起至秦统一天下的一百四十余年的时间里，秦王朝运用严酷无情的法家思想，以赏和罚为手段，动员了全国一切可用之力，投入到规模宏大而惨烈无比的兼并战争中，秦军与东方列国大小百余战，累计歼灭六国军队一百六十余万。在“伏尸百万，流血千里”的大战场上，秦走上了统一之路。

5. 统一中国的力量

兵马俑让我们看到了真实的秦军。随之，每一个人都会问：为什么是秦国统一了中国，而不是别的国家统一中国？秦国有些什么样的力量才能够统一中国呢？兵马俑，只不过是了解秦始皇时代的一片叶子，透过它以及其他的历史遗迹，能揭示更多的深深的神秘。这个仅存在了15年的短暂王朝，是中国历史上一个最难忘记、也是最难评价的王朝。

不管怎样，你要记住，万里长城、秦直道、都江堰、郑国渠、灵渠等中国历史上遗留至今的、举世瞩目的最伟大工程几乎都是在秦始皇时代那短短几十年里完成的！秦始皇的时代是残酷战争的时代，也是中华民族激发创造出最辉煌成就的时代。

秦国具有了哪些力量才能够统一中国的呢？

（1）广纳人才　唯才是用

秦国历代国君都非常重视发现和重用人才，选贤不拘一格广纳人才。秦国选才不以国别为界，重用了秦国以外的各种人才。秦孝公重用卫国人商鞅，秦惠文王重用魏国人张仪，秦武王重用楚国人甘茂，秦昭襄王重用魏国人范雎。秦庄襄王重用卫国人吕不韦，秦王嬴政重用楚国人李斯、魏国人尉缭，而且，嬴政手下的名臣将相还有许多六国人。这些人才都与秦国统治者毫无血缘关系，但却备受重用，秦君任人唯贤，而不是任人唯亲。

（2）法家思想为国家统治的指导思想

秦以法治国，法家思想牢牢地成为秦国统治集团的指导思想。

商鞅变法　商鞅是卫国人，为了增强秦国实力，秦孝公重用商鞅，变法图强。商鞅对经济的改革是以废除井田制、实行土地私有制为重点。这是战国时期各国中唯一用国家的政治和法令手段在全国范围内改变土地所有制的事例。商鞅对政治的改革是以彻底废除旧的世卿世禄制。励军功，实行军功爵制。改革户籍制度，实行连坐法；推行县制；定秦律。商鞅变法以后，出现了“家给人足”的繁荣景象，全国百姓以私下斗殴为耻，以为国家立下战功为荣，国家战斗力不断增强。

（3）厚实的经济力量

到公元前246年秦王政（秦始皇）即位时，秦国疆域已北抵长城（由今甘肃临洮经陕北吴旗、靖边、神木等县，至内蒙古准格尔旗之十二连城），南到巴、蜀，东逾函谷关，也就是占有黄土高原与四川盆地两个地理单元之大部及其东缘部分区域。都江堰和郑国渠的修建，使得关中平原和成都平原成为秦国的粮仓，对秦国之统一事业奠定了人口和物质基础。公元前230年，秦始皇发动统一战争的时候，秦国土地和人口已经超过全国的一半。秦朝的人口已经达到四千万之多。根据司马迁的记载，秦军的数量超过了100万。为了保证这支军队的供给，可想而知，需要多大的后勤支持！

为了装备100万军队的兵器，需要大量的青铜材料。以秦军普遍使用弩机和三棱箭头为例，每个青铜三棱箭头的重量为0.2公斤，每年生产1600万个，则一年需要的青铜材料为320万公斤，也就是3200吨。这是一个多么巨大的量！而且，关中地区没有铜矿，要从四川、云南开采出来，翻越巴山和秦岭，运来关中。这又是多么浩大的工程！

（4）伟大的水利工程

在中国几千年的文明史上，一些最伟大的工程都出现在秦统一中国前后短短的几十年间。秦始皇倾全国之力，不惜任何代价去实现。秦国为了国家的强盛，战争的需要，加强农业生产，遂以国家的力量兴建大型的水利工程都江堰、郑国渠和大运河灵渠，对当时的农业发展起了巨大的作用。

郑国渠

秦国的强大和雄心，让各诸侯国惶惶不安，其中，秦国近邻韩国朝不保夕的感觉最为强烈。就在秦王嬴政登基的第二年，韩桓王就派韩国著名水利专家郑国游说秦王嬴政，兴修沟通泾水和东洛水之间的水利工程，试图以此消耗秦国国力，最终拖垮秦国，阻止秦人东进的步伐。谁能知道，秦王嬴政此时正在考虑如何在关中发展灌溉水利的问题。郑国别有用心的建议，对秦国来说可谓正中“秦以富强，再灭六国”之下怀。当这个处心积虑的“疲秦计”败露后，秦王并没有杀死郑国，而是利用他掌握的水利工程技术，完成了这项可以灌溉渭河北岸万亩良田的大型水利工程。从此

郑国渠和都江堰一道成为展示中国古代农业建设的最高成就。

《史记》《汉书》都说，郑国渠建成，使得四万余顷土地有水灌溉，成为肥沃的土地，亩产粮食比当时黄河中游一般土地要高许多倍，秦国也变得更富强了。

就在郑国渠完工的那一年，秦始皇发动了统一中国的全面战争，而煞费苦心的韩国恰恰就是第一个被灭亡的国家。秦军声势浩大的铠甲利兵奋勇向前，所向披靡，运送粮草的车船密密麻麻，紧随其后。一场改写中国历史的战争就此拉开序幕。

都江堰

李冰约于公元前 256—前 251 年被秦昭王任命做蜀郡守。岷江上游高山深谷，水流湍急，一到成都平原，流速突然减慢，所夹带的泥沙石子随即沉积下来，淤塞河道。每年夏秋水势骤涨，四川都江堰市以下常常泛滥成灾。雨季过后，又会出现干旱。为了灌溉农田，变水害为水利，李冰总结前人治水经验，因势利导，在岷江出山流入平原的都江堰市，兴修了都江堰水利工程，为成都平原成为天府粮仓打下了最重要的基础。

主体工程包括鱼嘴分水堤、飞沙堰溢洪道和宝瓶口进水口。都江堰总计分支河渠五百二十多条，渠道总长约一千一百多公里。都江堰水利工程历经近三千年而不衰，是当今世界唯一留存最古老、以无坝引水为特征的宏大水利工程。与之兴建时间大致相同的古埃及和古巴比伦的灌溉系统，以及关中的郑国渠和广西的灵渠，都因沧海变迁和时间的推移，或湮没，或失效，唯有都江堰至今还滋润着天府之国的万顷良田。

灵渠

又称湘桂运河，也称兴安运河，在广西兴安县境内。建成于秦始皇 33 年（公元前 214 年）。它与都江堰、郑国渠并称为秦代三大水利工程。公元前 221 年，秦始皇统一六国以后，为了完成统一中国大业，接着向岭南地区发动了战争。用了五十万的精锐部队，兵分五路，向百越之地推进。

向广西进发的一路秦军，遇到了部族首领的顽强抵抗，迫使秦军连年作战，不得休息，战争打得很不顺利。顽强的土著人神出鬼没，他们白天躲藏，晚上出来偷袭秦军。加上丛林中瘴气弥漫，毒虫遍地，远征的秦军将士疲惫不堪，经常在昏睡中被突然出现的对手杀死。战争久拖不决。最为可怕的是军中粮食即将枯竭，从北方的粮仓到南方前线，秦军的后勤保障主要依靠陆路运输，然而，丛林茂密，山高路远，未开发的南方令秦军的后勤保障变成一场噩梦。在越人的一次偷袭中，最高统帅屠睢也被杀死，整个秦军陷入恐慌当中。史记记载，秦始皇焦虑万分，他亲自赶往南方，一直到了湘江一带。秦始皇明白：要结束南方的战争，就必须解决军粮运输问题。在史禄的主持下，解决了湘江和漓江之间直线距离仅 4.8 公里，但两江高低相差几百米这个巨大的工程难题。在通过精确计算终于在兴安开凿了灵渠，仅仅用了两年时间，奇迹般的把长江水系和珠江水系连接了起来，至此，从湘江用船运来的粮饷，可以通过灵渠，进入漓江，源源不断地运至前线，以保证前方的需要。到秦始皇 33 年，秦军终于全部攻下了岭南，设置了桂林、南海、象郡，并派兵戍守。至此，秦始皇完成了统一全国的伟大事业，而灵渠则为完成这一伟大事业作出了重要的贡献。

（5）卓越的将领　强大的军队

根据司马迁的记载，秦军的数量超过了 100 万。这支军队高度专业化，装备着极其复杂的武器系统。在差不多同一时期的欧洲，亚历山大的军队是 5 万人左右，最强盛时的罗马军团也不过几十万人。

公元前 260 年秦国和赵国的长平之战，秦军曾经投入了 60 万左右的兵力。长平离秦国的都城咸阳将近 500 公里。60 万的军队，远离国土，连续作战达二年之久，可见秦国兵力和人口之众以及后勤保障之有力。

在现代，1948 年的冬天，淮海战役爆发，这是解放战争时期规模最大的一场战役。在整个战役中，解放军投入了 60 万的大军，来对抗国民党的

80万军队，这个数量与长平之战中的秦军大致相当。在宽阔的战场上，紧随在解放军身后的是一支支由农民组成的运输队、担架队、卫生队、预备役部队，他们用自家的小车、耕牛连续不断地向前线输送粮食和弹药，一共有543万人，平均9个农民供应一个战士！

2000多年前，在那个遥远的年代，军队规模被限制的一个重要原因就是无法生产足够的粮食，难以保证军队粮食的供应。在一个铁制农具和牛耕刚刚开始使用的时代，秦国用什么供养这支60万人的军队进行成年累月的战争？对于这支规模庞大的军队来说，粮草和武器装备的消耗是惊人的。秦国的国力如何支撑如此巨大的消耗？这是一个令今天的军事专家和历史学家们也迷惑不解的问题。以当时的条件，秦军的后勤供应几乎是一个不可能完成的任务！历史学家至今也没有考证出这是怎样的后勤供应。

在《战国策》中，当时一个著名的谋士这样描述战场上的秦军：他们光头赤膊，奋勇向前，六国的军队和秦军相比，就像鸡蛋碰石头……，他们左手提着人头，右胳膊下夹着俘虏，追杀自己的对手……，在谋士绘声绘色的叙述当中，可怕的秦军令人不寒而栗。这种尚武的精神从其他著作中都能感受到。韩非子是战国时期的大思想家，他在自己的著作中记录了初次接触秦人的感受。他说，秦人听说要打仗，就顿足赤膊、急不可待，根本就无所谓生死……，秦国士兵在战场上英勇杀敌的主要动力源于可以晋爵。

秦军在战争中涌现出的一些卓越将领对统一战争的胜利也起着关键的作用。

白起——常胜将军

白起南征北战，百战百胜，世称“常胜将军”。秦昭王制定了“远交近攻”的战略方针，时常派兵进攻邻国。白起受命率军不断出击，先后进攻韩、赵、魏、楚等国，占城夺地，使秦国疆域不断扩大，在他50年的征战生涯中，伊阙、楚郢、长平三大战役最为著名。

白起一生共歼灭六国军队165万，下六国城池100余座。一生大小70余战，没有败绩，从最低级的武官一直升到封武安君，六国闻白起而胆寒。司马迁称赞白起“料敌合变，出奇无穷，声震天下”（《史记·白起王翦列传》）。白起用兵灵活。伊阙之战避实就虚，各个击破；鄢郢之战改用水攻；华阳之战长途奔袭；而长平之战则佯败，断敌粮道，分割敌军，最后进行围歼。

王翦——横扫六国的主将

秦始皇最初派李信带二十万人去攻打楚国，楚军在打败李信军后，还一直向西进军，大有反攻秦国的势头。秦始皇在听到这个消息后，大为震怒。于是亲自赶往频阳，请王翦出来率领大军攻楚。王翦便率领秦国六十万大军用以逸待劳的战法击败楚军，楚军失利后撤。秦军就一路乘胜追击到蕲南，击杀了楚国的将军项燕，大将一死，楚兵终于全面溃散。秦军一路拿下楚国的各城邑。一年后，王翦攻破楚都寿春，俘虏了楚王负刍，楚灭亡。

在灭楚后第二年，王翦军继续南征百越。平定了江南，降服越君，江南地置为会稽郡。而此时，王翦之子王贲，他与李信也攻取了辽东，俘虏燕王喜，燕亡；又攻代，俘虏代王嘉。秦王政二十六年（公元前221年），王贲攻入齐都临淄，虏齐王建，六国中最后的齐国也灭亡。除了韩国之外其他六国全是他们父子俩的功劳。

蒙恬——修建长城、直道的将军

蒙恬是秦始皇的得力助手。公元前221年，蒙恬率大军攻破齐都，实现了秦始皇梦寐以求的全国统一。正当咸阳城里欢庆胜利的时候，秦国北部边境传来匈奴频繁骚扰大举南侵的凶信。蒙恬不顾连年征战的辛劳，率领三十万能征善战的大军，第一次交战，就杀得匈奴人仰马翻、溃散草原。连续出击，几次大战役下来，匈奴主力受重创，直逼得匈奴单于退回七百余里，十数年未敢南侵，因而解除了对秦国的威胁。蒙恬带兵继续坚守边陲。秦始皇命令蒙恬，把秦、燕赵旧有的防御城墙连接起来增高加固，西起临洮，东至东海，莫让匈奴有隙可乘；同时在全国征集民工，并源源不断地派往

漫长的北部边境。蒙恬指挥几十万大军数十万劳工，经历了十几年艰辛劳动，修好了一座雄伟坚固的长城，同时也修建从咸阳到内蒙古的700公里直道。

秦始皇统一全国后，为了巩固其政治统治，施行严酷的暴政。秦始皇大举焚书坑儒，他的长子扶苏竭力阻止，秦始皇非但不听，反而把他贬到边关，让他监督蒙恬守卫边疆。扶苏感到蒙恬待他诚恳热心，便安下心来协助蒙恬训练军队。秦始皇临死前，才认识到扶苏是自己理想的继承人，便留下遗诏，让扶苏继承皇位，可奸臣野心家赵高伙同扶苏的弟弟胡亥、丞相李斯，伪造秦始皇的遗书，要杀害扶苏和蒙恬，以便篡夺政权。使者受赵高派遣带着伪造的诏书来到边疆军营，指责他俩不忠不孝，赐死扶苏、蒙恬。扶苏大哭一场后刎颈自杀，扶苏死了，蒙恬也无力抗争，他只好服毒自杀。

（6）长城　抗击匈奴的屏障

秦军和匈奴人周旋了几百年，匈奴是游牧部落，他们居无定所，往来如风。不知什么时候，会突然聚集成一支凶狠的军队，转瞬间，又变成散落天边的牧民。匈奴人是游击战的高手，如果秦军仓促出击，匈奴骑兵会避开锋芒，绕到别处大肆抢掠，甚至凶猛攻击秦军的后方。而秦军劳师远征，寻求决战而不得，旷日持久将无法忍受。在这种情况下，秦始皇选择了长城战略。秦军修建的长城，并不只是一堵墙而已。长城不仅用于防御，蒙恬改造过的长城是一个可以进攻的体系。长城的首要作用是预警。这些最高处的烽火台就是瞭望哨，为了提前预警，有些烽火台甚至远远突出于长城之外。在长城沿线，秦军修建了许多由坚固城墙围起的小城，这里是戍边军民的居所，也是长城工事上的战斗支撑点。在离开长城有一定距离的后方，秦军又修筑了屯军要塞，这些要塞既能够容纳众多的军队，又可以囤积大量后勤物资。在出击匈奴时，就成了大部队的前进基地，也是长城防线的战略纵深。有了这套体系，部队就避免了无依无靠的野战。以长城为依托，装备先进的秦军只用了一年，就打败了匈奴铁骑，匈奴人退到了大漠深处。

深切体会到长城战略价值的秦始皇，从此开始大规模地修建长城。秦帝国从内地征发了 100 万人，沿着 5000 公里长的北部边疆，展开了史无前例的国防工程。施工多在蛮慌偏远之地，《史记》记载：民夫的尸骨填平了沟壑。唐诗，“可怜无定河边骨，犹是春闺梦里人”就是当时修建长城的写照。

图 34 古长城

在反击匈奴的战争中，尽管有长城的依托，秦人仍然在后勤保障方面付出了惨重的代价。专家推测：平定南方的战事耗尽了巴蜀的粮仓，而关中平原保障都城的粮食是不能调用的，因此，供应北方军队的粮草主要来自于山东半岛。从那里到北方草原，直线距离 1000 多公里，运粮的队伍要两次穿越太行山、至少三次渡过黄河。史书上记载：从出发地到目的地，平均每消耗 192 石粮食才能剩下一石供应军队。为了向前线输送粮草，成千上万的民夫死在了路上。

在中国，游牧民族和农耕民族的战争持续了几千年，长城是漫长战争中的一个片段。可是，西起甘肃临洮，东至辽宁半岛，这万余里的长城成了人类有史以来最为巨大的军事工程，也是最伟大的建筑工程。

（7）直道　古代的高速公路

秦直道

秦直道作为中国历史上最早的一条“高速公路”，为秦统一全国作出了极大的贡献。秦帝国灭亡 100 年后，历史学家司马迁游历到了中国的北疆。这位伟大的学者被一条铺设在崇山峻岭之中的大路深深地震撼了。他在史记中这样描述：“直道通衢，堑山堙谷”。司马迁看到的是一条开山填谷的笔直大道。秦始皇为了抗击匈奴，修筑从国都咸阳直达内蒙古包头边界的“高速公路”。这条路从咸阳西边的甘泉宫（今陕西淳化县）起，一路向北，直通边塞九原郡（今内蒙古包头市麻池古城），全长 700 多公里。它令人感慨的程度绝不亚于长城。秦国的军队在这条平均宽度 30 米的宽阔大道上，只需三天三夜时间，就能从咸阳疾驰到河套地区的前线。要知道，

图 35　陕甘边界子午岭上秦直道遗迹

今天，你沿着包茂高速从咸阳到包头市，如果不超速的话，也需要开车一天才能到达。由于有了这条“高速公路”，在很长一段时间里，匈奴“人不敢南下牧马，士不敢张弓抱怨。”

700多公里长的直道，为秦帝国迅速投放部队、及时输送粮草，提供了最为有力的保障，是一条名副其实的军用“高速公路”。在今天陕西省北部的大山中，直道的遗迹依旧清晰可见。直道所过之处，地势险恶，人迹至今罕至。但它劈山填谷，甚至直线越过海拔1800米的子午岭而不绕道。2000多年后，凄凄黄草下时隐时现的古道，仍旧让人感触到秦人的意志。道路的修筑实际上就是在山上夯筑的，现代人难以想象的是那用黄土夯筑的路夯的那么坚实，以致直道上树木至今也无法成活，只有那些生命力顽强的野草才能够在表面生长，在某些地段，汽车仍然可以行驶。

（8）标准化的武器生产

为一支100万的军队提供兵器，是一个难以想象的任务，在十年统一战争的岁月里，秦国的兵器作坊肯定是全世界最繁忙的地方，他们必须开足马力，夜以继日。为了保障100多万军队的武器供给，秦国在兵器制造工业上实施了规模巨大的标准化生产，制定精密的规范管理章程，责任到人，青铜兵器产品都具有统一、严整的尺寸与生产质量标准。秦相国吕不韦编写的书里就提到：在生产的产品上刻上工匠或工场名字，并设置了政府中负责质量的官员职位“大工尹”，目的是为了考查质量，如质量不好就要处罚和治罪。秦俑坑出土的铍、戈、戟、矛等大量兵器器身都铭刻有制造管理者、工厂和工匠的名字。秦俑坑内出土的青铜剑，剑身的8个棱面游标卡尺测量误差不足0.2毫米，秦始皇兵马俑出土的19把完整的青铜剑，剑剑如此。这批青铜剑结构致密，剑身光亮平滑，刃部打磨痕纹理细腻、来去无交错，且全部垂直于剑身中脊线，它们在黄土下沉睡了2200多年，出土时依然光亮如新，锋利无比。此外，在秦俑坑中发现的多件青铜铍，尽管在制造时间上前后相隔十几年，造型和尺寸竟然能够完全一致。

让专家迷惑的是，某些天才的工匠制造出几件这样的兵器是可能的，但实际情况是，兵马俑坑中几万件兵器几乎都是同样的质量。更让专家迷惑的是，仔细观察兵马俑坑里的戈的圆弧处，打磨的痕迹还清晰可见，手工打磨，会有交错的磨痕，那是锉刀往返摩擦造成的。奇怪的是，这些磨痕没有交错的痕迹。专家推测，秦军青铜兵器的表面加工很可能是用砂轮实现的。两千多年前是否有砂轮还有待考古证据，即便是用砂轮，靠手的感觉来完成这些弧形表面的加工，要让成千上万件兵器达到同一个标准也是不可能的，那这些兵器又是怎么生产出来的？至今无人清楚！

6. 大秦帝国的灭亡

公元前 212 年秦王朝建立十周年时，这个帝国达到了极盛，秦始皇踌躇满志：六合之内，皇帝之土。东到大海，西涉流沙。南及北户，北过大夏。人迹所至，莫不臣服。秦德昭昭，秦威烈烈。恩德所至，泽及牛马。然而让中国第一位皇帝万万没有想到的是，自己先祖们连续 140 多年创业，他一生为之奋斗的将传之万世的帝国，在人类历史上只存在了十五年就消亡。公元前 210 年，秦始皇出巡，途中病逝。三年后，秦国灭亡。

这个曾经如此强大的秦帝国为何在秦始皇死后仅仅三年就灭亡了呢？原因似乎很多，而根本的原因是强暴的法家思想无法持久统治一个国家的。就这点，历史上没有任何例外。300 多年前的老子已经明确无误的告诫了世人：“昏聩的统治者做出伤害人们的事，令人们畏惧而逃避；暴君的统治叫人们憎恨，这是最差的君民关系了。”

150 年来，法家思想牢牢地成为秦国统治集团的指导思想，在这种思想指导之下，秦国历代统治者不以王道而专务霸道，不以仁德布天下，而专以刑杀立威。秦统一中国以后，这种做法变本加厉，越演越烈。历史书上说：秦法多如牛毛而密如凝脂，处处约束，一举一动皆有法式。在不合

理的恶法酷法之下，老百姓丧失了人身自由，动辄获罪。为推行法律，秦国随意杀人而使渭河水都红了，在法家重罚制度之下，很小的违法行为都将受到严厉的惩罚。大规模的工程与开疆拓土造成了大量的壮丁死亡，百姓妻离子散，家破人亡，处处是累累白骨。秦帝国建立的十几年中，社会经济总量一直处于衰退的趋势，在严酷的压榨之下，连临淄这样富甲天下的大城市都失去了昔日的繁华，帝国政府的财政收入虽然没有太大的减少，但老百姓也几经被榨干了所有的油水，达到了无法承受的程度，铤而走险的事随时都有可能发生。老百姓“人人与秦为怨，家家与秦为仇”。

在法家重君轻臣的君主集权论之下，“主有专己之威，臣无百年之柄”秦王视臣子为草芥，有用则用之，无用则弃之。爱之欲其生，恶之欲其死。商君车裂，白起赐死，蒙恬被诛，李斯受戮，吕不韦服毒自尽，韩非子囚杀狱中。这些为秦国有着犬马之劳的功臣良将哪一个得到善终？秦统治者不仅用法家思想镇压人民，也用法家思想镇压法家，老百姓受尽苦难，统治集团内部也是人人自危，以至于到了指鹿为马的混乱地步。秦王族内部也是骨肉相残，嬴政杀弟囚母，胡亥一上台就诛杀自己的兄弟姊妹，政权靠残暴来维持。

法家理论把秦帝国锻造成为一个对内疯狂镇压，对外野蛮扩张的战争机器，150 年来这部机器疯狂地运转着，将秦帝国推上了历史的巅峰，也将它带入了谷底。它摧毁了六国，但最终也把自己消耗殆尽，历史无情地证明了秦所遵循的法家体制可以占天下，而不可能治天下。所以从这种意义上说，秦王朝“成也变法，败也变法”。

秦虽然完成了天下的统一，但历史昭示，随之而来的将是一场大崩溃。即便花上百年的时间，集权主义性质的国家还是有着极大的缺陷，连秦始皇也没有注意到这一点。可以说最清楚秦国缺陷的是赞扬秦国的荀子。儒家的荀子认为秦达不到自己理想中的王道，理由就是“无儒”。荀子指出，如果秦能把儒的理想主义在政治中纯粹地反映出来，就可以称其实现了王道。如果政治只是以驳杂的形态反映了儒，最多也就是个霸主。如果完全没有理想主义而施行政治，那就只有灭亡一途。必须承认这个预言实际上完全说中了。

秦军和起义军的战争只进行了两年，关中地区的战略储备就被消耗殆尽，而前线的失利又造成了后方经济加速恶化，青壮年从军，关中皆是老弱，生产凋敝，已经无法有效地组织生产去支援前线作战了。从经济角度来看，秦国已丧失了进行战争的经济力量，不可能再把这场战争进行下去了。这个被民众彻底抛弃的秦帝国，瞬间就被风起云涌的起义浪潮所淹没。

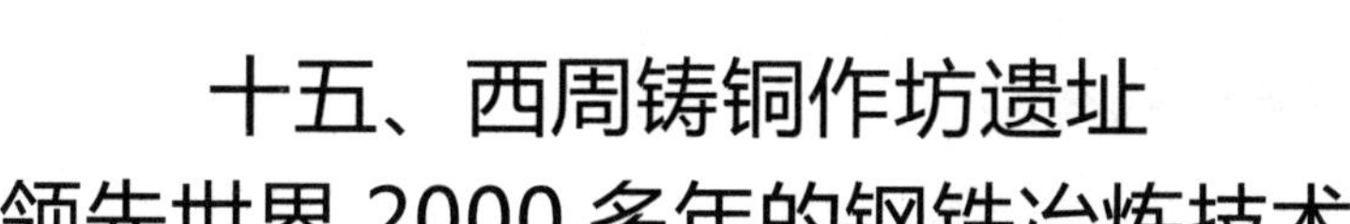

十五、西周铸铜作坊遗址
领先世界 2000 多年的钢铁冶炼技术

人类文明发展的高度取决于对火的利用程度。公元前六世纪，中国冶炼出第一块生铁，开启了人类文明发展中真正的铁器时代。

西周铸铜作坊遗址位于法门镇李家村西，李家村铸铜遗址最重要的发现是，出土了数以千计的西周陶范，目前已经辨认出的器类包括鼎、簋、鬲、斝、壶、器盖、銮铃、马镳、马衔、车键、车辖、铜泡、铜扣、钟和工具等，另有部分未知的铜器器物范。其中部分陶范上有精美的纹饰。长期以来，仅在洛阳地区出土过少量西周早期的陶范，周原李家铸铜遗址出土陶范不仅数量大、器类多，而且在年代上跨越了整个西周时期。遗址的发掘，提供了对西周铸铜工艺的证据。

图 36 扶风李家村西周铸铜作坊遗址出土的陶范

在早期的文明各国中，中国使用铜、铁等金属的年代相对说来是较晚的。但是，由于中国在高温炉窑燃烧技术和冶铸技术方面的发明和创造，使中国的冶炼技术很快就后来居上，并一直保持着遥遥领先世界的地位，为中国古代文明的高度发达奠

定了坚实的科学技术基础。我们一起看看在中华文明发展历程中，在钢铁冶炼技术和高温炉窑燃烧技术方面取得了怎样的成就！

1. 黑陶器的烧制

4000 年前，在龙山文化时代，中国已经烧制出比其他陶器强度更高的黑陶器。黑陶器被历史学家公认为是四千年前地球文明最精致之制作。

陶器的强度和烧制温度有关，烧制温度越高，陶器的强度就越高。黑陶在焙烧时，前期采用富氧燃烧，即鼓风燃烧，烧窑快结束时，在 1000℃左右炉温下，采用缺氧燃烧，即少量鼓风，这个过程称为高温渗碳，燃料中的碳分子向陶器壁面渗透，使得陶器壁面呈现黑色。黑陶器表明人类第一次发明和运用这两项开创性技术：高温炉窑燃烧技术和高温渗碳技术。炉窑温度达到了有史以来最高的燃烧温度，烧制出了那个时代强度最高的陶器，并由此保持了长达近 4000 年的高温炉窑燃烧技术世界领先地位（从龙山文化起始的公元前 2350 年到公元 1722 年西方开始冶炼钢铁为止）。

2. 青铜冶炼技术

3500 年前，在商代，无数美轮美奂、精致无比的青铜器出现了。中国的青铜冶炼和制造技术是和其他国家完全不同的。中国是把青铜的冶炼和铸造两个工艺合成一个整体，这也是中国从块铁生产极快地转为生铁生产，继而转为钢铁冶炼技术的重要原因。当时中国已经非常熟练地掌握了综合利用浑铸、分铸、失蜡法、锡焊、铜焊的铸造技术，在冶铸工艺技术上已处于遥遥领先世界的水平。从商代起，古人已认识到合金成分与青铜的性能和用途之间的关系，并已定量地控制铜锡的配比，以得到不同性能、适合不同用途的青铜合金。已掌握了根据火焰的颜色，来判定青铜是否冶炼至精纯程度的知识。成语“炉火纯青”就用来比喻冶炼达到纯熟完美的地步。

从湖北大冶铜绿山发现的战国铜矿井遗址可以了解到2000多年前地下采矿技术水平。竖井深达五十多米，用作交通孔道。平巷沿水平方向开拓，是为了开掘矿石。从矿层底部由下而上逐层开拓平巷，在井下初步分选，将贫矿、碎石和泥土填充废巷，保证提运出的大都是富矿。这些说明战国时代开矿技术已相当进步，初步解决了井下通风、排水、运载、提升、照明和巷道支护等一系列复杂的技术问题。

在炼铜中的另一项重要成就是湿法炼铜，也叫胆铜法。这是利用炼丹家所发现的铁对铜离子的置换反应，进行冶铜的方法。其工艺过程是把硫酸铜或碳酸铜溶于水，使成胆水，然后投铁块于溶液中，因铁的化学性能比铜活泼，铁离子会置换出铜来。这是世界上最早的湿法冶金，宋代已用此法进行大规模的炼铜生产。

3. 铬盐氧化技术

2500年前，春秋时期，在铸造兵器过程中广泛采用“铬盐氧化技术”，出土的秦始皇兵马俑里的青铜剑和吴越青铜剑历经两千五百多年仍然锋利如初，就是在剑的表面进行了铬盐氧化技术处理，这是一种防腐工艺，用来防止金属生锈。用今天的眼光来看，铬盐氧化技术也是一项先进的科学工艺。关中地区没有铁矿石，所以秦国使用的兵器都是青铜器。铜矿石也是要从四川和云南运来。大量的铜锡合金兵器都要经过铬化处理，如此巨大的加工量表明当时的冶炼技术达到了令人不可思议的地步。

4. 世界第一块生铁——最早的钢铁技术

2500年前，我们冶炼出了生铁。在北京国家博物馆里，陈列着一件稀世珍宝——1964年江苏六合程桥东周一号墓出土的生铁丸，也就是白口铁，年代是公元前6世纪，春秋晚期。这是迄今为止世界最早的生铁实物。

1976年在长沙杨家山一座春秋晚期墓葬中出土了一把钢剑，长38.4厘米，宽2~2.6厘米，年代也是公元前6世纪，春秋晚期。从剑身断面上，可以看出反复锻打的层次，中部由7~9层迭打而成。这是用块炼铁打成片后进行固体表面渗碳，使两面形成高碳层，中间夹着低碳层，经过对折锻合，并用若干片迭搭锻打成长剑。其中钢的含碳量为0.5~0.6%，金相组织均匀，说明可能还进行过热处理。这是世界最早的炼钢技术。1977年在长沙窑岭一座春秋战国时期的墓葬中出土了一件由马口铁（含碳4.3%）铸成的铁鼎，是迄今最早的铸铁器，说明春秋战国时期冶铁技术已很成熟了。

冶铁的原理和冶铜的原理基本相同。所以我国商代、周代青铜冶铸技术的高度发展，已经为冶铁技术打下了良好的基础。从冶炼工艺来看，块炼铁和生铁的主要差别在于冶炼温度的高低不同。块炼铁的炉温大致为1000℃左右，将铁矿石在炉中直接与木炭接触烧炼，最后炼出固体铁块来。这种块炼铁结构疏松，呈海绵状，孔隙中夹杂有矿石本身存在的许多氧化物，含碳量很低，性质柔软，不适合打造器物，它不仅产量低，性能还不如青铜。块炼铁可在一定温度下锻造成型，或同时借反复锻打挤出夹杂的氧化物而变得更为坚实，改变其机械性能。对春秋末期和战国初期的锻造铁器进行的检验表明，所用的原料就是块炼铁。为了增大铁的产量以适应社会对铁器的需求，几乎在块炼铁出现的同一历史时期，也诞生和发展起了生铁冶铸技术。生铁是由铁矿石和木炭在高大的炉内通过高温熔炼而产生的。在冶炼过程中，铁矿石（各种氧化铁）在一定温度下与高温还原剂（木炭及其燃烧产物一氧化碳）接触，就可以逐步地还原出金属铁。纯铁的熔点为1534℃，还原生成的固态铁吸收碳以后，熔点也随之降低。当含碳量达2%时，熔点降至1380℃；含碳量达4.3%时，熔点最低，为1146℃。利用鼓风技术使炉温升高到1100~1200℃以上，就可得到液态铁水流集于炉底；其上覆盖的一层炉渣保护着铁水不再被氧化。铁水从炉底流出冷却成块，就是生铁。生铁的含碳量较高，在3%左右，质硬易碎，一般只能用来铸造一些粗笨的东西，锤锻则易坏。程桥东周墓出土的铁丸，就是用生铁铸成的，为白口铁。这表明我国在春秋晚期，已经将生铁用于铸造了。从能炼出液态生铁达到顺利浇铸的温度这一事实来看，那时人们就已经掌握了大型炉窑的鼓风竖炉，在原料、燃料、耐火材料的利用上都有相应的进步。

生铁和块炼铁同时发展，是我国古代钢铁技术发展的独特途径。块炼铁在炼成后质柔不坚，需要经过加热锻打，挤出其中的夹杂物，才可锻成含碳量很低的“熟铁”，以制成器物。含碳量低于 0.05% 的为熟铁，含碳量在 2~6.67% 的为生铁，含碳量在 0.05% ~2% 之间的为钢。在块炼铁的多次加热过程中，由于同炭火接触而增碳变硬，人们由此总结出了块炼铁渗碳成钢的经验，这就是“块炼钢”的冶炼技术。

西方一些国家在公元前 1000 年左右已能生产块炼铁，但直到 14 世纪才能生产液态的可铸成型的生铁，晚于中国 2100 年。而且，他们的生铁冶炼技术源自中国。

由于生铁、钢铁的性能远高于块铁，所以真正的铁器时代是从铸铁诞生后开始的。社会发展的历史表明，铸铁的出现是社会生产力提高和社会进步的主要标志。从这个意义来说，是中国开创了人类文明发展中的真正铁器时代。

5. 钢铁冶炼技术

中国从冶炼出第一块生铁起直到明代两千多年，持续不断地发明创造出各种钢铁冶炼技术。

战国时期中国开始广泛使用铸铁工具，但早期的铸铁，是质硬而脆的白口铁，很容易折断。为改进生铁的性能，在战国时期就发明了铸铁柔化技术。这种技术可以生产出白心韧性铸铁和黑心韧性铸铁。而在西方，白心韧性铸铁的生产技术在 1722 年方由法国人首次记述。黑心韧性铸铁是 1831 年才在美国问世的。到汉代，铸铁柔化术又有新的突破，形成了铸铁脱碳钢的生产工艺，可以由生铁经热处理直接生产低、中、高碳的各种钢材，西汉后期，一种由生铁变成钢或熟铁的技术被发明；把生铁加热成液态或半液态，并不断搅拌，使生铁中的碳成分和杂质不断氧化，从而得到钢或熟铁。河南巩县铁生沟和南阳瓦房庄汉代冶铁遗址，都提供了汉代应用炒钢工艺的实物证据。炒钢工艺操作简便，原料易得，可以连续大规模生产，效率高，所得钢材或熟铁的质量好。

百炼钢开始于西汉早期的块炼渗碳钢，其后不断增加锻打次数而成定型的加工工艺。到东汉、三国时，百炼钢工艺已相当成熟。

中国学者对 513 件出土的汉魏时期铁器研究后表明，中国在汉代发明了球墨铸铁。魏晋南北朝时期发明了灌钢技术。灌钢技术在宋以后不断被改进，减少了灌炼次数，以至一次炼成。在坩埚炼钢法发明之前，灌钢法是一种最先进的炼钢技术。

从汉代开始，也就是从 2100 多年前开始，中国成为世界上最先进的钢铁生产国。其产品亦随着丝绸之路的发展，出口到周围各国以及中亚、西亚和阿拉伯一带。在唐代钢铁年产量达到 1200 吨，宋代达到 4700 吨，在明代永乐初年（1403 年）的铁产量超过 16 万吨，相当于 18 世纪初整个欧洲的全部产量。

只有出产于印度北部的、直接或两步法坩埚钢产品“乌兹钢”，才算得上技术先进，不过由于产量低，对整体社会生活的影响很小。波斯人后来以乌兹钢为基础，进行再加工，生产出著名的大马士革钢。但欧洲并不能掌握这种技术。

西方在很长一段时间，一直走的是块炼铁路线，就是熟铁。因为铁软，不能制作比较长的剑，基本上都是短剑。甚至到了十字军东征（公元 1096 年到 1291 年发动的八次宗教战争，在中国是宋朝时代），那些士兵的武器砍打一段时间之后，就因质地太软而弯曲，都要踩直了才能继续使用。罗马的兵器到公元 4 世纪还没有经过热处理，因为罗马人无法解决兵器淬火

后变脆的问题，他们没有中国早就有的局部淬火和回火等技术。

尽管英国科学史家贝尔纳说过，这是世界炼铁史上的一个唯一的例外。但是，直到今天，西方依然没有真正客观地评价我国钢铁冶炼技术对世界文明发展所起的巨大影响和贡献。

日本史学家宫崎市定在《中国的铁》一文中有这样的记述：中国铁的生产，在产业革命以前的世界史上，具有世界范围的意义。自战国时代中国即盛行使用铁器，到了汉代就形成了一个高峰。中国的铁一直被贩卖到罗马的市场上。汉代所以能给匈奴打击使匈奴向西方逃窜，就是因为使用了铁质的武器。从唐末到宋初，中国发生了可以称为燃料革命的一大事件，燃烧煤炭取得高热，并利用煤炭炼铁，使铁具有大量生产的可能。这就在世界史上出现了远东的优越地位。蒙古的大规模征伐即由于利用了中国的铁；在蒙古征伐的逼迫下，又发生了突厥族西迁的事件。在南海方面，中国的铁成为重要的贸易品，一直输出到阿拉伯半岛一带。

6. 东西方兵器质量比较

法国历史学家豪德里科说：亚洲的游牧部落之所以能侵入罗马帝国和中世纪的欧洲，原因之一在于中国钢刀的优越。

年轻的朋友总是喜欢对比东西方武器的优劣，从对比中享受中华文明科技先进的喜悦，喜欢想象汉朝的军队和古罗马军队会打出怎样的结果，双方的武器谁的更强。其实，历史早就说清楚了这一点。不止一位西方历史学家坦陈：正是中国钢刀的优越，才使得亚洲的游牧部落能侵入罗马帝国和中世纪的欧洲。

罗马帝国灭亡后，梅罗文加王朝是欧洲中世纪统治最长的朝代，从公元 4 世纪中叶到 8 世纪中叶（相当于我国的东晋至唐朝），占据了欧洲中

世纪的一半时间。几名研究者对数十件梅罗文加王朝出土的铁兵器进行了金相和硬度分析：10 件矛头，这些矛经过热锻，但全都没有经过淬火处理，硬度在 93~248 HV 之间。一把罗马时代的铁矛，硬度为 120.8 HV，经过了几百年，铁器的硬度没有太大改善。两把铁剑含碳量 0~0.3%，是熟铁剑，没有经过淬火。两把匕首，还是熟铁，硬度在 100~200HV 之间。从以上分析结果来看，公元 4 世纪到 8 世纪中叶，西欧的铁兵器技术与罗马时代大致相同，大部分铁兵器还是熟铁做的。

而中国公元前的铁兵器都能做到把杂质降到最低，如扶风出土的西汉钢剑，其芯部硫磷等有害物质的含量低到检测不出，西汉铁生沟遗址出土的炒钢料含碳 1.288%、硅 0.231%、锰 0.017%、磷 0.024%、硫 0.022%，硫磷的含量低到满足现代高级优质钢的标准（含磷量≤ 0.035%、含硫量≤ 0.030%）。这是因为虽然中国的铁矿石质量远差于欧洲，但战国时期就已经知道在冶炼过程中添加石灰等碱性溶剂，可以去除硫磷等杂质。

比梅罗文加王朝早一千年的战国时代，燕下都遗址的 44 号丛葬墓，是普通士兵的墓。出土剑十五件、矛十九件、戟十二件，小刀一件和匕首四件，只有戈、剑、弩机各一件是青铜制作的，其余全是钢铁制品。这些普通士兵用的钢剑，由含碳量 0.5~0.6% 的高碳层和 0.15~0.2% 的低碳层多层相间组成，其制作方法是不同含碳量的块炼铁薄片对折叠合在一起锻打成型，经 900 度淬火，得到刚柔相济的效果。剑芯部索氏体较多，刃部马氏体较多，内韧外坚。刃部硬度达到 530HV，远比六百年后的罗马剑的硬度高得多。公元前 300 年，燕国普通士兵用的铁剑都已经是使用复合热处理技术的，经过局部淬火，内韧外坚，相比千年后的西欧只能对短匕首进行淬火处理，制造技术要先进得多了。

公元前 2 世纪西汉刘胜墓的错金书刀，也是低碳钢渗碳叠打而成，经过表面渗碳，最后局部淬火，刃部硬度 570HV，刀背表面硬度 260HV，芯部硬度 HV140，也是内韧外坚。刘胜的佩剑刃长达 86.5 厘米，宽 3.4 厘米，也是叠合锻打渗碳和局部淬火，刃部硬度达900~1170HV，芯部硬度220~300HV，韧性是非常好的。

从对考古挖掘出的兵器质量分析和对比中同样可以看到，西方一直没有掌握钢铁的冶炼技术，只是对熟铁的加工制作。在同一个年代里，中国士兵的铁制武器质量明显优于其他国家。

7. 有色金属冶炼技术

除铜、铁外，中国古代冶炼和使用的金属还有金、银、汞、铅、锡、锌等，其中锌的炼制是中国首先发明的。中国在先秦的青铜中已把锌作为伴生矿加入铜合金中，从汉代至元代更是有意识地把锌的氧化物“炉甘石”加入化铜炉中，以生产锌为主要合金元素的铜合金黄铜。明代时，则开始了大规模地用炉甘石作原料提炼金属锌。从十六世纪起，中国的锌便不断出口到欧洲。欧洲到十七世纪才开始炼锌，其工艺也是源自于中国。

8. 瓷器烧制技术

在了解中国的钢铁冶炼技术发展的同时，我们不得不说说瓷器的烧制技术，因为这两种技术都和高温炉窑燃烧技术密切相关。瓷器是中国古代又一伟大发明。在英文中“瓷器（china）”与中国（China）同为一词，这也说明精美绝伦的瓷器成了中国的代名词。

瓷器是一种由瓷石、高岭土、石英石、莫来石等组成，外表施有玻璃质釉或彩绘的物器。瓷器的成形要通过在窑内经过高温，约1280℃~1400℃烧制，瓷器表面的釉色会因为温度的不同从而发生各种化学变化。

在3600年前的商代，中国就出现了早期的瓷器，是从陶器发展演变而成的。由于在胎体上，以及在釉层的烧制工艺上都尚显粗糙，烧制温度较低，表现出原始性和过渡性，所以称其为“原始瓷”。早期瓷器以青

瓷为主，在商代和西周遗址中发现的“青釉器”已经明显的具有瓷器的基本特征。它的质地较陶器细腻坚硬，胎色以灰白居多，烧结温度高达1100℃～1200℃，胎质基本烧结，吸水性较弱，器表面施有一层石灰釉，但是它们与瓷器还不完全相同。

原始瓷从商代出现后，经过西周、春秋战国到东汉，历经了1600—1700年间的变化发展，由不成熟逐步到成熟。和钢铁冶炼技术一样，瓷器烧制技术也是在汉代得到大发展和成熟。东汉至魏晋时制作的瓷器，从出土的文物来看多为青瓷。这些青瓷的加工精细、胎质坚硬、不吸水，表面施有一层青色玻璃质釉。这种高水平的制瓷技术，标志着中国瓷器生产已进入一个新时代。宋代瓷器，在胎质、釉料和制作技术等方面，又有了新的提高，烧瓷技术达到完全成熟的程度。制造出了家家户户都有的大众瓷器，也制造出了大量绝世珍品。从唐开始，多姿多彩的瓷器大量出口到世界各地。

东汉时，陶瓷已经出口到了波斯湾。欧洲所见最早的文献记载是葡萄牙航海家科尔沙利等人于明正德九年（1514年）来到中国，买去景德镇的五彩瓷器10万件，运回葡萄牙。1522年葡萄牙国王下令所有从东印度回来的商船所载货物的三分之一必须是瓷器。在中国瓷器进入欧洲以前，欧洲人日常使用的器皿以陶器、木器和金属器皿为主，使用最多的是粗糙、厚重的陶器。虽然中国瓷器在很早以前就已经传到了欧洲，但是数量非常稀少，而且往往被当成最珍贵的礼物送给国王和贵族，百姓是看不到的。也因此很多人都不知道瓷器是什么做的，就连当时进口中国瓷器最多的葡萄牙，也不清楚中国瓷器的成分。葡萄牙代理商巴尔伯沙认为中国瓷器是以贝壳制作的。潘奇洛李（1522年—1599年）也在其著作中认为瓷器的成分包括破碎的贝壳、蛋壳以及石膏。

从16世纪到18世纪这200年间，瓷器成为了欧洲皇室和贵族们炫耀地位的标志，也是财富最主要的象征。葡萄牙王后、公主的手镯都是中国瓷器，葡萄牙国王赠送给意大利国王的礼物也常常是中国瓷器，葡萄牙王

后委托人在中国订烧自己肖像的餐具，赠送给有功的士兵。

1587 年，英国女王接受了财政大臣赠送的新年礼物——中国的白瓷碗，瓷器这个名称开始在英国传播。到了 17 世纪，英国王室用中国瓷器作为皇宫饰品，把整个皇宫装点得富丽堂皇。在英王室的带动下，当时，一切有权势和富足的人家，都把拥有中国瓷器的多少，看做拥有财富多少和权势大小的象征。中国的瓷器、丝绸、漆器和茶叶，成了欧洲上层竞相追逐取得的对象。

法国国王路易十四甚至命令宰相马扎兰创立了“中国公司”来华订制带有法国甲胄、军徽、纹章、家族人像等图案的瓷器，这些纹章瓷器都是按照他们的设计图样由中国工匠烧制，当这种青花瓷器、彩瓷器出现在欧洲大陆时，又掀起了一股收藏与订制中国瓷器的狂潮，许多欧洲国家的王公贵族为了显示自己的富有和权势的显赫，专门设计了自己家族的族徽，这些徽记由各种动物、双翼飞人、各种变形文字、各种花卉组成。有的王室成员家用的瓷器上，还设计有皇冠的图案。俄国的彼得大帝在康熙年间就向中国订制各种瓷器，其中就有双鹰国徽的图案。由于这类瓷器是专门烧造，所以在用料、做工上都十分精致，以至被人们称为外销瓷中的“官窑”。

1651 年，荷兰联合省执政弗雷德莱克·亨利（ Frederic Henry ）的女儿嫁给德国勃兰登堡选帝侯，嫁妆就是一大批中国瓷器；而 1662 年英国查理二世与葡萄牙王室联姻，葡萄牙公主也带来了瓷器作嫁妆。

当时德国萨克森的奥古斯特二世，对中国瓷器的热爱已经到了狂热的程度。1717 年，他以 600 名全副武装的萨克森骑兵，向普鲁士帝国腓特烈·威廉一世换取了 127 件中国瓷器，其中有 18 件高度在 90 ~ 130 公分以上的青花瓶，这些瓶子被人们称做了“龙骑兵瓷”，而今，还有部分收藏在德国德累斯顿美术馆。

从 17 世纪到 18 世纪，中国对欧洲的外销瓷器贸易达到了极盛，英国、法国、美国、荷兰、西班牙、瑞典、丹麦等国都在广州设立商馆，大量的

中国瓷器也就通过这一个个商馆以及所属它们的贸易公司，行销到了世界各地。欧洲学者根据荷兰东印度公司的统计资料显示，从 1602 年—1682 年 80 年间，就有 1600 万件中国瓷器被荷兰商船运到荷兰和世界各地。从 1732 年到 1806 年，瑞典东印度公司共组织过 130 次亚洲之航，其中只有 3 次到达印度，其余都以中国广州为目的地。1745 年，瑞典东印度公司的“哥德堡号”在回程到哥登堡附近沉没，一起沉没的仅瓷器就有 50 多万件。

《中国青年报》记者冯玥在《镜子中看中国》一文中说“ 在瑞典哥德堡市的东印度公司，杨卫民看过一份清单，1723 年至 1735 年间，瑞典进口中国瓷器 2500 万套，同一时期荷兰的数字是 7500 万套”。而据西方学者焦革研究，1729 年—1794 年 65 年中，仅荷兰东印度公司便运销瓷器达 4300 万件。

从 1708 年到 1802 年， 英国东印度公司的商船一共航行了 790 次，这一时期正是欧洲进口瓷器的高峰期，而十八世纪荷兰东印度公司的商船一共航行了 2600 多次。粗略的估计十八世纪欧洲所进口的中国瓷器至少超过一亿件。从有记载的 16 世纪初，到 18 世纪中叶，在二百多年的时间里，估计有一亿五千万到二亿件瓷器，作为器皿被使用和作为收藏品被收藏运往欧洲。16 至 18 世纪，中国瓷器通过海上航线大量出口欧洲，促进了西方制瓷工业的诞生和迅速崛起。欧洲瓷因中国瓷而兴起，成为 18 世纪到 19 世纪中期欧洲最为重要的工业之一，同时带动了欧洲工业革命。也为当时的欧洲创造了巨大的财富，并形成了欧洲辉煌的瓷器艺术。

欧洲直到 18 世纪才制造出瓷器。1705 年，清朝建立 61 年后，德国萨克森的奥古斯特二世迫使死刑囚犯，年轻的炼金术师贝特格研制烧制瓷器的方法，在被囚禁 3 年后的 1708 年，贝特格终于在污秽高温的地牢中成功烧出白色透明的小土片。经过不断的改良和创新，形成了商品。自 1731 年起，贝特格继续指导工厂建大炉窑来提高烧瓷温度，不断提高质量并进行量产。早期出产的瓷器色调灰暗，瓷器的装饰图案也大多带有明显的中国色彩，

中国神话传说、花鸟鱼果原样照搬。

法国人在中国学习了多年,1768 年才有了自己的瓷器。英国是因为有英国人在法国烧制瓷器,稍后于法国,也有了自己的瓷器。由此开始了欧洲的瓷器工业生产。

从瓷器的发展史可以看到,随着烧制瓷器的炉窑温度从商代的 1100℃提高到春秋时代的 1200℃,再到东汉时代的 1300℃,瓷器进入成熟阶段。除了瓷器特有的材料和制作工艺以外,高温炉窑燃烧技术决定了瓷器的质量。

9. 高温炉窑燃烧技术

为什么是中国最早开启人类文明的铁器时代?为什么只有中国才能烧制出无比精美的瓷器?为什么只有中国的瓷器销往全世界?一个最主要、最关键的因素,就是我们掌握了温度达到 1400℃的高温炉窑燃烧技术。人类文明发展的高度取决于对火的利用程度。

高温炉窑燃烧技术必须具备三个必要条件,缺一不可;高燃烧值燃料、充足的氧气、强化热辐射的炉膛。要得到高温,第一,需要燃料的燃烧值高,如硬木比松木燃烧值高,木炭比硬木燃烧值高,煤比木炭燃烧效能高了 3 倍(按体积比)。燃烧值高,燃料燃烧发出的热量就大。第二,需要充足的氧气,空气自然进入炉窑的流速很低,不能提供燃料充分燃烧的氧气需要,炉窑温度就高不了。只有在人工鼓风条件下,氧气增多,燃烧充分,炉窑温度才能提高。第三,需要能够强化传热的炉窑结构。炉窑空间形状决定了热辐射强化程度,当炉窑形状为球形,椭球形,四周壁面处燃料发出的热量会向中央位置辐射,中央位置处的热量最集中,温度最高,炉窑四周壁面需要有保温层,防止热量的散发。炉窑的设计既不能使气流停留时间太短,也不能使气流停留时间太长。炉窑空间大小也是很关键的因素,太小,燃料装不多,太大,空气难以大量被鼓入。具备,并利用好这几个条件,就可以使炉窑产生高温。

煤是烧制瓷器和冶炼钢铁最好的燃料。古代地理文献《山海经》里，最早记述了煤的存在，被称之为“石涅”。中国另一部地理文献《水经注》记述了公元210年曹操在邺县（今河南临漳县西）建造的冰井台煤矿，矿井深达50米，储存煤炭数千吨。木炭也是冶炼钢铁的主要燃料。但木炭在加工过程中损耗极大。3斤木材才能干馏出1斤木炭，而干馏还需要3斤木材，即木炭与木材之间的转化率是1：6。《天工开物》中记载中国冶炼铁的燃料中70%为煤炭，30%为木炭。

美国直到1740年，在弗吉尼亚州第一次开采出煤。欧洲也差不多从这个时期开始采煤炼铁。西方的采煤技术远远落后于中国；西方一直没有解决煤矿内的照明问题，采煤是在黑暗中摸索进行的。在17世纪，西方还没有解决排水问题，直到18世纪，还没有攻克采煤中的瓦斯和通风难题。

我们的祖先为了掌握高温炉窑燃烧技术，不知道付出了多大的努力！从大地湾文化的陶器烧结温度500℃到半坡文化彩陶烧结温度700℃花了2000多年。到龙山文化黑陶器烧结温度1000℃花了2000年。到春秋时代烧结瓷器和生铁冶炼温度达1200℃，又花了1500年。到东汉钢铁冶炼

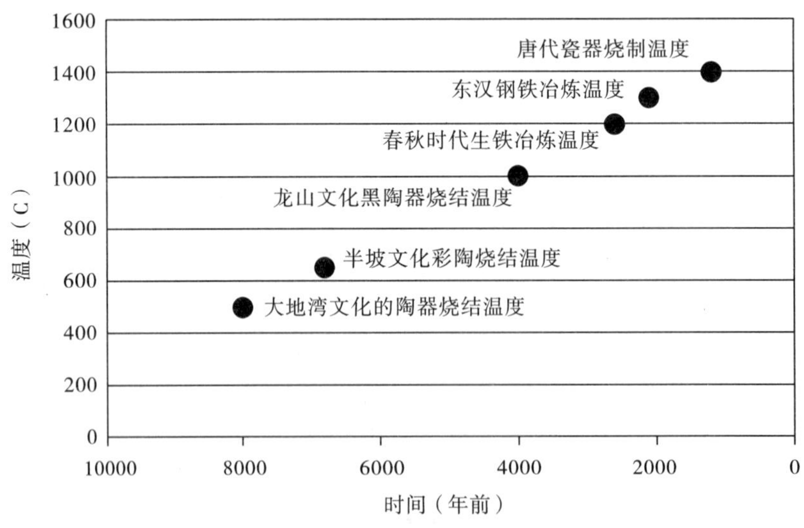

图37 高温炉窑烧结冶炼温度演变

技术成熟以及瓷器烧制技术成熟所需温度1300℃，煤开始被使用，花了近800年。再过400年，到了唐代，炉窑温度达到了1400℃以上。

这是一条追求燃烧技术不断进步、提高对火的利用程度的漫漫长路。我们不知道这条路走得快还是慢，我们只知道中国始终走在世界的最前面。

从春秋战国起中国就掌握了鼓风送氧、燃料组合、热处理技术；从汉代起开始利用煤，唐代起就在冶炼中大量使用煤，宋代部分地区已经开采天然气。而欧洲直到中世纪，木柴还几乎是唯一燃料，这就无法达到液体铁冶炼的高温1300℃。在这段时间里，除了中国之外，没有一个国家掌握高温炉窑燃烧技术。

10. 开启西方工业革命的技术基础

美国当代历史学家斯塔夫里阿诺斯在《全球通史》中指出："唐宋以后，除了继续出口丝绸之外，还输出轮式碾磨机、水力轮式碾磨机、鼓风机械、拉式纺机、手摇纺机、独轮小车、航海技术、车式碾磨机、耕具胸带、车轴车軏、石弓、风筝、活动连环转筒、深孔钻法、铸铁、卡丹式悬架、圆拱桥技术、铁索桥技术、运河闸闸门、航海制图法、船尾舵、火药火枪火炮、磁罗盘、航海罗盘、纸与造纸术、雕版印刷、活版印刷、活字印刷、瓷器和制瓷工艺等。另外还有活塞风箱、叶片式旋转风选机（用于筛选粮食或矿石）。而中国只从外国进口螺钉、液体压力泵、曲轴、钟表装置等四种技术和一些供贵族们享乐的珍宝异石"。

英国历史学家约翰·霍布森在《西方文明的东方起源》中写道："工业大师是中国，而不是英国。中国'工业奇迹'的发生有1500多年历史，并在宋朝大变革时期达到了顶峰——这比英国进入工业化阶段早了约600年。……正是中国许多技术和思想上的重大成就的传播，才极大地促进了西方的兴起。"

从古代直到欧洲工业革命开始，中国一直是各种技术和先进设备的输

出国。

中国的铸铁生产技术直到13世纪，才随同火药一起传到西欧。长期以来，欧洲一直将木炭作为冶铁的唯一燃料，随着冶铁业的迅速发展，欧洲各地的森林资源很快就消耗殆尽。虽然英国并不缺少铁矿石，但为了保护日益减少的森林资源，伊丽莎白时代不得不限制高炉数量。木材资源的枯竭，致使英国冶铁业日渐步入穷途末路。1720年，英国总共只剩下60座高炉，不得不从国外进口大量的生铁。1750年，英国有80%的铁来自森林资源丰富的瑞典。18世纪末期，英国的森林覆盖率下降到5%到10%。在森林资源同样稀缺的中国，很久以前就已经用煤来作为冶铁的燃料。随着煤炭开始在英国使用，才使英国率先从木器时代进入钢铁时代。1845年，美国企业家凯利从中国请来4位冶金专家到肯塔基城传授中国炼钢技术。

1852年，该技术又扩散到英国，使钢铁大王贝塞麦于1856年在转炉中直接由生铁脱碳成钢。以前要几个星期才能炼成10吨钢，现在只需要十几分钟时间。大批量生产优质钢在费用上与铸铁和锻铁一样廉价，而此前钢的费用几乎等于锻铁费用的5倍。短短数年之间，钢的价格下降了一半，而产量翻了几番，大量廉价的钢材被用来制造各种工业机器、运输机器和战争机器。英国迅速由一个钢铁进口国崛起，成为全球最大的钢铁出口国。1720年英国铁产量仅为2万吨，1800年达13万吨，到1850年英国每年可产250万吨，1865年，英国铁产量为482万吨，遥居世界第一。英国铁产量的迅速增长和价格下降，使铁便宜到足以用于一般的建设。铁很快就占领了木器主宰的传统领域，从桥梁、车辆、船舶到建筑，廉价的钢铁全面替代了已经枯竭的木材，建立在钢铁之上的工业时代全面来临。

19世纪中期，由法国人马丁和德国人西门子合作发明的平炉炼钢法，是以中国早期设备和原理为基础的。现代社会的钢铁技术，其实是和中国古代的炼钢技术一脉相承，有着明确的传承关系。西方人请中国技术人员传授炼钢技术，所谓的贝氏转炉、平炉，就是在中国技术基础上发展起来的。

由中国传入的炼制生铁和由生铁炼钢的技术，是欧洲钢铁工业发展的关键。由此，不难看到，中国的钢铁冶炼技术是欧洲工业革命开启的技术基础。

从以上十个方面，我们可以看到中国在燃烧技术和钢铁冶炼技术方面取得了如此了不起的成就，使得我们民族的社会生产力和经济发展在2000多年里一直走在世界的最前面，这是中华文明创造出的璀璨成就，其也促进了西方文明的发展。

十六、汉长安城遗址
同时代世界上最大最繁荣的城市

公元前 202 年，也就是秦国灭亡五年后，刘邦和项羽展开了长达四年的楚汉之争，在垓下之战打败了西楚霸王项羽。刘邦在汜水称帝，定国号汉，汉朝就此开始。

刘邦将秦国的兴乐宫重修，改名为长乐宫，并建成了未央宫。长安城周长 25.7 公里，面积 36 平方公里。宫殿区约占全城面积的 1/3。主要建筑是目前保存遗址的未央宫前殿。今天，北城墙和西城墙大部已夷为平地，惟东城墙保留较多。西城墙尚余一丈左右，城门前可见漕渠遗迹，此外，尚有未央宫、长乐宫、建章宫、太液池和承露殿遗址，可看出汉长安城内宫殿和街道的大体布局。西汉末年王莽篡权称帝，他的变革导致了大规模的农民起义，在战争中长安城被大火焚烧，成为一片废墟。

长安城最盛时城内人口近 30 万，也是当时世界上最大、最繁荣的城市。比同时代的罗马城大 3 倍。

汉朝，在老子无为而治思想指导下，进入中国的第二个盛世，闪出中华文明历程中第三束最耀眼的光芒。中华各民族的核心汉族在这一时期形成。

汉朝，分为“西汉”与“东汉”两个历史时期。西汉（公元前 206 年—公元 25 年）为汉高祖刘邦所建立，建都长安; 东汉（公元 25 年—公元 220 年）为汉光武帝刘秀所建立，建都洛阳。

汉高祖刘邦登基后，采取休养生息、无为而治的黄老（黄帝、老子）政策。鼓励生产，轻徭薄赋。对匈奴，汉朝采用和亲政策，以婚姻和财宝换取国

图 38 汉城长乐宫临华殿遗址

家和平。于是，汉朝初期并没有什么战事，百姓得以休养生息。达到了“政不出房户，天下晏然”的效果。汉文帝刘恒和他的儿子汉景帝在位期间，继续采取黄老学说的无为而治，治愈战争创伤，不断积蓄国力。这段时期，匈奴虽然几次入寇中原，但大多数时间里，处于相对和平的状态。这一时期史称文景之治，中国进入了第二个盛世时代。

景帝死后，其子刘彻，汉武帝即位，汉武帝采取了一系列改革措施，锐意进取，使得汉朝的政治、经济、军事变得更为强大。在这期间，汉朝先后出现了卫青、霍去病等天才将领，终于击败匈奴单于，使得“漠南无王庭”。又吞灭南越国，征服朝鲜，使中国成为亚洲，世界第一大帝国。汉武帝两次派张骞出使西域，开辟了丝绸之路，东西方的经济贸易和文明交流由此开始。与此同时，汉武帝发动的多年战争导致国力衰弱，前朝的积累被挥霍殆尽。为此，晚年发表了著名的轮台之诏，希望不再穷兵黩武，也挽救了汉朝。武帝死后，汉昭帝遵循武帝晚年的政策，对内休养生息，以至于百姓安居乐业，四海清平。汉宣帝治国摒弃不切实际的儒学，采取道法结合的治国方针。经过了昭宣二帝的休养生息，国家经济明显恢复，是汉朝最强盛的时期。宣帝死后，西汉开始走向衰败。到公元 8 年，王莽逼迫汉平帝孺子婴退位，建立新朝，西汉灭亡。

正是因为汉朝的强盛，外族开始称呼中国人为“汉人”，“汉”从此成为伟大的中国华夏民族的名字。中华各民族的核心汉族在这一时期形成。

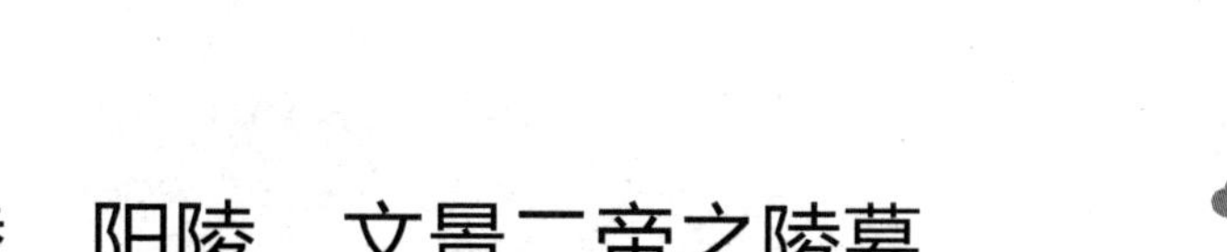

十七、灞陵 阳陵 文景二帝之陵墓

1. 霸陵

霸陵是汉文帝刘恒的陵墓。霸陵因灞河得名，位于白鹿原东北角。霸陵依山凿挖墓室，无封土可寻。史料文献对霸陵的记载也很少，所以，只能根据仅有的记载来推测霸陵的具体位置和内部结构。霸陵是中国历史上第一个依山凿穴为玄宫的帝陵，对六朝及唐代依山为陵的建制影响极大。

汉文帝和他儿子汉景帝开创了“文景之治”，在皇帝中，历史对他的评价还算高的；仁德、勤俭、圣明。据记载，在中国历史上影响深远的二十四孝故事里，汉文帝刘恒排第二，仅次于舜帝姚重华。汉文帝的母亲患了重病，一病就是三年，卧床不起。刘恒亲自为母亲煎汤药，并且日夜守护在母亲的床前。每次看到母亲睡了，才趴在母亲床边睡一会儿。刘恒天天为母亲煎药，每次煎完，自己总先尝一尝，看看汤药苦不苦，烫不烫，自己觉得差不多了，才给母亲喝，尽了孝子的责任；汉文帝和窦皇后一生相扶相守，连后来窦皇后眼睛看不见了，他仍对她不离不弃，甚至废六宫，汉文帝先于薄太后和窦皇后而去，他要求将自己的陵墓照“顶妻背母”的方式安置方位，继续尽人子人妻的责任。

汉文帝最重要的改革是废除肉刑，改革刑制。改革的起因是缇萦救父。文帝十三年（公元前 167 年），齐太仓令淳于公犯了罪，应当受刑。汉代的肉刑主要由黥刑（脸上刺字）、劓刑（割去鼻子）和斩左右趾（砍去左足或右足）。淳于公因为做过官，所以要押解到长安去受刑。淳于公幼女

图 39 霸陵

缇萦非常悲痛，便随父到长安，上书文帝，说："臣妾愿意入官府为奴婢，来抵赎父罪。"文帝怜悯她的一片孝心，下令赦免了淳于公的肉刑，令其携女归家，并且下诏废除肉刑，改革刑制。

汉文帝坚持黄老之学说的"赏罚信"思想，主张严格执法，即使皇帝也只有"执道生法"的权力，而不得犯法。文帝即位不久，就废止了诽谤妖言之罪，使臣下能大胆提出不同的意见。文帝下诏废除并且声明："百官的错误和罪过，皇帝要负责。"

汉文帝的政绩不但得到了后人的赞誉，也得到了西汉末年赤眉军的尊崇，他们攻占长安后，西汉皇陵均被破坏，唯有汉文帝的霸陵得到了保护。

2. 汉阳陵

汉阳陵是汉景帝的陵墓。汉文帝和汉景帝这父子两人开创了汉代文景之治。

汉阳陵博物馆主要藏品有：着衣式武士俑、铠甲武士俑、行进中的铠甲武士俑、陶鸡、陶狗、陶山羊、陶绵羊、塑衣式彩绘跽坐女俑、塑衣式彩绘男立俑。帝陵东南有一方罗经石遗址。据研究推测，它可能为修建阳陵时标定水平、测量高度和标示方位之用，是目前世界上发现的最早的测量标石

图 40 汉阳陵博物馆

3. 文景之治

西汉初年，由于连年战争，经济萧条，到处都是一片荒凉的景象，人口下降。那时全国人口估算在 1500 万—1800 万之间。汉高祖及其后的汉文帝、汉景帝等，吸取秦灭亡的教训，减轻农民的劳役等负担，注重发展农业生产。文景时期，重视“以德化民”，社会比较安定，经济得到快速发展。史称“文景之治”，这与国家奉行老子“无为而治“指导思想有关。文景两代按老子的无为而治思想，采取了一系列促进生产发展的措施，使当时社会经济获得显著的发展。西汉初年，大侯封国不过万家，小的

五六百户；到了文景之世，流民还归田园，户口迅速繁息。列侯封国大者至三四万户，小的也户口倍增，而且比过去富实得多。农业的发展使粮价大大降低。

汉初至武帝即位的七十年间，连续依照“无为而治”治理国家，达到了盛世。国内政治安定，国富民强。只要不遇水旱之灾，百姓总是非常富足，国库里的粮食多得致腐烂而不可食，政府的库房有余财，京师的钱币连串钱的绳子都朽断了。

4.“无为而治”的争论

汉初期的主流思想是老庄学说，也叫做“黄老”学说，被认为是源于黄帝直到老子的哲学思想。老庄尊崇无为自然，主张按自然规律行事，所以对于休养生息的时代是非常适合的。经历过文帝和景帝两个朝代的窦太后，亲眼目睹了老子思想对汉初社会的贡献，倍加推崇黄老学说，《道德经》一度成为皇帝和太后家族子弟的必读著作。有一天，窦太后招来儒生辕固生谈读老子学说的体会。辕固生说：“这不过是下等仆人的言论罢了。”窦太后恼怒道：“它怎么能和管制犯人似的儒家诗书比呢？”太后非常生气，命人把辕固生关进野猪圈里，生死不管。景帝知道太后发怒了而辕固生直言并无罪过，景帝出于同情而借给辕固生一把锐利的刀。辕固生下到野猪圈内，一刺就正中野猪心，野猪便应手倒地。太后无语，没理由再治他的罪，只得作罢。

这个故事表明在汉初，对国家按儒家思想还是老子学说来治理有着许多的争论，以后的各个朝代都有过这样的争论，直到今天还有争论。

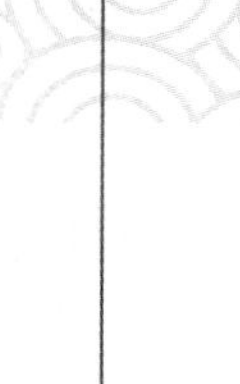

十八、茂陵　汉武帝墓、霍去病墓

茂陵

咸阳与兴平之间的五陵塬上，是汉武帝的陵墓——茂陵、霍去病墓及大型石刻群的西汉历史博物馆。汉朝最伟大的皇帝汉武帝和最伟大的将军霍去病一起长眠在茂陵。茂陵的建造，共历时五十三年，据史书记载，把全国每年赋税收入的三分之一，花费在陵墓的修建上。

1. 汉武帝

汉武帝刘彻（公元前 156 年—公元前 87 年），是汉朝的第五代皇帝。他 16 岁登基，在位五十四年。他的雄才大略、文治武功使汉朝成为当时世界上最强大的国家之一。汉武帝登基之初，加强中央集权，削弱诸侯的势力。他采用董仲舒的建议，“罢黜百家，独尊儒术”，使儒学成为了中国社会的统治思想。在经济方面，整顿财政，使财政权集于中央。由官府经营运输和贸易，大大增强了中央政府的经济实力。同时兴修水利，移民西北屯田，实行“代田法”。他确立了察举制度，是中国有系统选拔人才制度的开端。汉武帝进行了人类历史上第一次人口统计。汉武帝的治理使汉朝的人口和财富都激增。国库充盈。学术风气鼎盛，经济发展加快。国家的藏书非常丰富，各类图书有一万一千多册。要想做官必须经过国家举行的公开考试甄选。社会达到了鼎盛的时代。

图 41 汉武帝墓

汉武帝结束了前朝对匈奴的和亲政策，开始对匈作战，派卫青、霍去病征伐，解除匈奴威胁，保障了北方经济文化的发展。同时他派张骞出使西域，打通了丝绸之路，加强了对西域的统治，并发展了中西经济文化的交流。在他的统治时期中国疆土扩大了两倍，东至辽东及朝鲜南部，南至南海和越南东北部，西达玉门关，直达西域，北抵大漠。此时的汉帝国超过了同时期的罗马帝国，为世界第一大国。人们常把他与秦始皇相提并论。而他在位期间的战争与经济政策也造成人民的沉重负担。为满足自己的穷奢极欲，曾为求汗血宝马多次遣李广利远攻西域，大耗国力。晚年更迷信方术，追求长生不老，为财政增加了沉重的负担。由于连年战争及苛政，国民经济陷入困境，社会动荡不安，全国各地接连爆发农民起义。为此他颁下《轮台罪己诏》反省自己的施政错误。

2. 霍去病　古代最伟大的将领

严风吹霜海草凋，筋干精坚胡马骄。
汉家战士三十万，将军兼领霍嫖姚。
……

——李白

霍去病墓

霍去病（公元前 140 年—前 117 年），是中国古代最伟大的将领之一。他十八岁起领兵作战，二十四岁病逝，短暂的一生，六次率兵抗击匈奴，取得了全部的胜利，收复了河西走廊，为西汉王朝的强盛做出了卓越的贡献。汉武帝为纪念他生前河西大捷的战功，特地在茂陵离他的墓地不到一公里处（比皇后墓离他的墓更近），修建了一座象征祁连山的墓冢，让他最爱的将领永远长眠在他的身旁。

图 42 霍去病墓

图 43 卧马

图 44 马踏匈奴

霍去病墓前共有16件石刻，除了墓前的“马踏匈奴”和“跃马”两件国宝外，在霍去病墓东西两侧的石刻廊内，还陈列着不少石刻精品，这些石刻题材多样，雕刻手法十分简练，造型雄健遒劲，古拙粗犷，是中国迄今为止发现的时代最早、保存最为完整的大型圆雕工艺品，也是汉代石雕艺术的杰出代表，现在，这 16 件石刻中，国宝级的有 12 件，分别是：马踏匈奴、卧马、跃马、石人、人与熊、怪兽吃羊、野猪、伏虎、卧牛、卧象、蛙、蟾。

“马踏匈奴”为墓前石刻的主像，长 1.9 米，高 1.68 米，为灰白细砂石雕凿而成。石马昂首站立，尾长拖地，腹下雕手持弓箭匕首长须仰面挣扎的匈奴人形象，“马踏匈奴”石像，象征着他为国家立下的不朽功勋。千年之后，世人仍然怀念少年大将军霍去病的绝世风采，为他的精神和智勇而倾倒，为他那不恋奢华保家卫国的壮志而热血沸腾。

昔日的匈奴人早已随时光而彻底消失，尽管他们花费了几百年时间，迁移到欧洲，建立了阿提拉王国，征服过罗马帝国，然而他们没有文字，没有留下可以考证的任何东西，如果你想知道匈奴究竟是长啥样子，或许，这马踏匈奴中的匈奴人是你唯一可以依稀了解，观察到些许模样的雕像。

霍去病

霍去病出生在一个传奇性的家庭。他是平阳公主府的女奴卫少儿与平阳县小吏霍仲孺的儿子，这位小吏不敢承认自己跟公主的女奴私通，于是霍去病只能以私生子的身份降世。大约在霍去病刚满周岁的时候，他的姨母卫子夫进入了汉武帝的后宫，并且很快被封为夫人，仅次于皇后。霍去病的舅舅卫青也随即晋为侍中。

汉武帝时，边塞地区时常遭受匈奴人的侵扰。作为游牧民族的匈奴，烧杀掳掠无所不为。面对游牧民族的侵扰，在战国时代，赵、秦、燕国无力从根本上改变，胜利的时候极少，各国只能寄希望于修筑长城进行消极防御，而汉朝却以和亲以及大量的“陪嫁”财物买来暂时的相对平安。汉武帝在经济力量大增、国力强大之下，决心彻底解决匈奴的侵略。

公元前 123 年，霍去病 18 岁时，被汉武帝召为侍中。不久，汉武帝令他随卫青北击匈奴，参加漠南之战，战后封为骠姚校尉。在战场上，霍去病凭着过人的胆略，独自率8百骑兵，在茫茫大漠里远离主力，长途奔袭，斩敌二千余人，匈奴单于的两个叔父一个毙命一个被活捉。而霍去病等人全身而返。汉武帝立即将他封为“冠军侯”，赞叹他的勇冠三军。

（1）战神无敌

公元前121的春天，汉武帝以霍去病为骠骑将军，令其率领1万骑兵，反攻入侵河西（今甘肃武威、张掖、酒泉一带）的匈奴，决心以强有力的骑兵部队打通西域的道路，解除长安侧翼威胁。这就是河西大战。同年夏天，汉武帝决定乘胜追击，展开收复河西之战。汉武帝再次派遣霍去病并增以公孙敖，率骑兵数万由北地（在今甘肃环县东南）出发，向河西进攻；另以张骞、李广率骑兵万余，从右北平出发，进攻匈奴左贤王。霍去病和公孙敖由北地分道出发后，公孙敖由于迷失方向未能参加作战。而老将李广所部则被匈奴左贤王包围。霍去病按预订计划继续前进。他根据匈奴军飘忽不定、进锐退速的特点，决定避开敌军正面，而以迅速的行动楔入西北，绕到敌军侧翼，经居延泽（内蒙古额济纳旗东）向东南突击，在祁连山麓与浑邪王、休屠王的军队展开激战，获得大胜。单恒王、酋涂王等2500人投降，俘虏王子、相国、将军、都尉等百余人，共歼敌约3万余人。这次作战，霍去病以惊人的胆略，在无后方支援和其他部队配合的情况下，充分发挥骑兵作战的特点，突飞猛进，灵活机动，深入匈奴军侧后2000余里，消灭匈奴军于祁连山麓，取得了河西之战的重大胜利，也创造了我国古代骑兵作战的典型战例。

经此一役，匈奴不得不退到焉支山北，汉王朝收复了河西走廊。曾经为所欲为、使汉朝人家破人亡无数的匈奴终于也唱出了哀歌：“亡我祁连山，使我六畜不蕃息；失我焉支山，使我妇女无颜色。”汉王朝的版图上，从此多了武威、张掖、酒泉、敦煌，史称“河西四郡”，它是连接中原与

西域的最重要通道，具有极其重要的战略意义。只有控制了河西四郡，才能从匈奴手中夺得并控制西域，汉朝的版图借此才能一直扩张到帕米尔高原以西；中国与中亚、西亚、欧洲间的丝绸之路才能得以开辟；河西走廊从游牧区变成了农业区，大量的中原移民居住此地，隔绝了蒙古高原与青藏高原这两大游牧区，改变了对汉王朝不利的战略态势，同时这一地区的经济文化也得到了极大的发展。在此后一千多年里，这块土地一直在中国历史上扮演着重要的角色。

自此以后，汉军军威大振，而十九岁的霍去病更成了令匈奴人闻风丧胆的战神。真正使霍去病有如天神的事情是“河西受降”。两场河西大战后，匈奴单于想狠狠地处理一再败阵的浑邪王，消息走漏后浑邪王和休屠王便想要投降汉朝。汉武帝不知匈奴二王投降的真假，遂派霍去病前往黄河边受降。当霍去病率部渡过黄河的时候，果然匈奴降部中发生了哗变。面对这样的情形，霍去病竟然只带着数名亲兵就亲自冲进了匈奴营中，直面浑邪王，下令他诛杀哗变士卒。霍去病的气势不但镇住了浑邪王，同时也镇住了四万多名匈奴人，平定了哗变。

（2）封狼居胥

公元前119年，为了彻底消灭匈奴主力，汉武帝发起了规模空前的“漠北大战”。这时的汉武帝对霍去病的能力无比信任，在这场战争的战前策划中，原本安排了霍去病打单于，结果由于情报错误，这个对局变成了卫青的，霍去病没能遇上他最渴望的对手，而是碰上了左贤王部。然而这场大战成了霍去病的巅峰之作。在深入漠北寻找匈奴主力的过程中，霍去病率部奔袭两千多里，以一万五千兵将的损失，歼敌七万多人，俘虏匈奴王爷三人，以及将军相国当户都尉八十三人。霍去病一路追杀，来到了今蒙古肯特山一带。就在这里，霍去病暂作停顿，率大军进行了祭天地的典礼——祭天封礼于狼居胥山举行，祭地禅礼于姑衍山举行。这是一个仪式，也是一种宣言。封狼居胥之后，霍去病继续率军深入追击匈奴，一直打到翰海（今俄罗斯贝加尔湖），方才回兵。从长安出发，一直奔袭至贝加尔湖，在一个几乎完全陌生的环境里沿途大胜，这是怎样的成就！经此一役，“匈奴远遁，漠南无王庭”。霍去病和他的“封狼居胥”，从此成为中国历代兵家人生的最高追求，终生奋斗的梦想。而这一年的霍去病，年仅 22 岁。经过漠南、河西、漠北 3 场战役，匈奴之患基本解决。这次汉朝向北推进到沙漠边缘，而且占领了全部河西走廊与青海新疆部分地区，设立了西域都护府。汉人的生存空间第一次大规模伸展，几乎夺取了匈奴的全部边缘根据地。

在完成了这样不世的功勋之后，霍去病也登上了他人生的顶峰：大司马骠骑将军。然而仅仅过了两年，公元前 117 年，24 岁的骠骑将军霍去病因病去世了。

霍去病是军神，所有的士兵都向往成为他的部下，跟随他杀敌立功。他一生四次领兵出击匈奴，都以大胜回师，灭敌十一万，降敌四万，开疆拓土，战功比他的舅舅卫青还要壮观。对于整部世界军事史和中国史来说，霍去病是古代最伟大的将领。中国有众多的优秀军事家，然而在英国人编写的《世界著名军事家》里边，仅有两人入选，霍去病便是其中之一。

汉武帝对霍去病的死非常悲伤，谥封他为景桓侯。他调来铁甲军，列成阵沿长安一直排到茂陵霍去病墓地（约 50 公里）。他还下令将霍去病的坟墓修成祁连山的模样，彰显他力克匈奴的奇功。霍去病的坟墓离他的王陵不到一公里，他希望霍去病永远在他的身边。如果你去拜祭霍去病墓，站在墓顶，可以看到远处皇后的墓，而他就在武帝的近处长眠。

（3）匈奴未灭，何以家为？

霍去病生为奴子，长于绮罗，却从来不曾沉溺于富贵豪华，他将国家安危和建功立业放在第一位。汉武帝曾经为霍去病修建过一座豪华的府第，霍去病却拒绝收下，说:“匈奴未灭，何以家为? ”这短短的八个字，震撼人心，刻在历朝历代保家卫国将士们的心里。三国名将赵云、南宋抗金英雄岳飞都引用过霍去病的名言辞让皇上赐予的华屋美宅，将霍去病作为英雄的楷模。唐诗宋词中把卫霍、汉家大将、封狼居胥赋为诗句则比比皆是。

（4）酒泉的来历

河西之战期间，汉武帝特地从京城送来一坛美酒，霍去病没有独自享用，而是将酒倒入泉水中，让全军将士饮用，后来，此泉就称为酒泉，那个地方就是现在的甘肃省酒泉市。

（5）英雄永在

霍去病是汉武帝亲自培养、一手提拔起来的。霍去病具有一种天生俱来的大无畏的英雄气概，强烈的忠君报国精神和无敌的气势。霍去病正是因为具有为国忘家的至高的思想境界，才能够屡建奇功。霍去病少言多行，从不说空话。汉武帝曾经想亲自教他孙武兵法，他回答道:“打仗应该随机应变，而且时势易变，古代的兵法已不合适了。”他可以说是闪电战的创造者，匈奴人对其敬畏之极，称其为“苍狼”。

后人对霍去病将军的英雄气概和大无畏精神有着无限的仰慕和崇敬。霍去病抗击匈奴的战斗是汉民族战争史中最为荡气回肠的，他的胜利已不单是几次民族战争的完胜，更成为了一种精神象征的丰碑，整个汉民族为之骄傲，它鼓舞感召着一代一代的汉族儿女，他那句“匈奴未灭，何以家为！”的豪言壮语更让无数性情汉子血脉贲张。霍去病成为了古代士人与将领共同偶像，人们竞相歌咏他、崇敬他、热爱他，自古至今延绵千年。这位伟大的青年英雄，将永远闪光在中华民族的历史中。

千年之后，世人仍然遥想少年大将军霍去病的绝世风采，为他的精神和智勇而倾倒，为他那不恋奢华保家卫国的壮志而热血沸腾。大将军霍去

病走了，后人从没有间断对他的怀念，给予了他最高的评价。历年历代，人们用无数的文章，诗歌来缅怀他，歌颂他，仅仅在唐朝，连同李白，杜甫所写的诗篇就有 40 多首。

3. 阿提拉王国　匈奴西去欧洲的帝国

> 亚洲的游牧部落之所以能侵入罗马帝国和中世纪的欧洲，原因之一在于中国钢刀的优越。
>
> ——豪德里科（法国历史学家）

在我们的文明进程里，游牧民族和农耕民族的战争一直没有停止过，在无数的战争中，文明被摧残，民族被融合，文化在交互中发展。从西周末，匈奴侵入关中地区，杀死周幽王，西周随之灭亡，到秦始皇的长城抗击匈奴，再到汉武帝倾几十年国家聚集的力量基本驱赶走匈奴，不知演出了多少生死之剧。匈奴民族，在我们中华的历史里，扮演了极其重要的角色。

（1）匈奴

匈奴是古代生活在欧亚大陆的游牧民族，包括中国历史上的戎族与狄族。据中国史籍记载，他们是夏朝的遗民。从西周开始匈奴就威胁中原王朝，周幽王烽火戏诸侯后，犬戎部落攻陷镐京，西周灭亡，迫使平王东迁。公元前 3 世纪匈奴曾占领从里海到长城的广大地域，包括今蒙古的大部分。战国时匈奴多次侵扰赵国，胡服骑射就是赵武灵王学习匈奴的作战方式。赵将李牧曾大败匈奴。秦始皇命蒙恬北击匈奴，收河套，“却匈奴七百余里，胡人不敢南下而牧马”（《过秦论》）。真正与匈奴进行大规模战斗是在汉朝。汉武帝开始了对匈奴的大规模抗击，夺取当时富庶的河西走廊，再北击匈奴至今蒙古境内，匈奴退至西域（今新疆地区）。公元前 36 年，

中国副校尉陈汤在距长安西4000公里的现阿富汗境内的一次异常大胆的袭击中击杀郅支，并在西域设置行政机构。根据中国史籍记载，对北匈奴的最后一场战役，发生在公元91年，东汉和帝永元三年，“北（匈奴）单于复为右校尉耿夔所破，逃亡不知所在”（《后汉书·南匈奴列传》）。“逃亡不知所在”，这六个字是中国史籍对北匈奴的最后一次记载。从此北匈奴就从中国古书中消失。不知道逃向什么地方的北匈奴没有记下自己的历史，因为他们没有文字，缺乏与可以把他们的情况保留下来的任何文明大国的接触，所以整个世界都不清楚这段时间北匈奴去了哪里，干了些什么。过了280年，直到公元第4世纪末，在公元370—375年间，当他们的后裔渡过伏尔加河和顿河入侵欧洲时，这些匈奴人以及他们的首领巴拉米尔和阿提拉才再现于欧洲的历史上。在古罗马史籍记载中，公元374年左右，一支来自亚洲、从来没有见过的游牧部落，自东向西渡过伏尔加河和顿河，进入欧洲东部，并且带动、裹挟、逼迫许多其他野蛮民族一起向罗马帝国边界涌去，“一路扫荡破坏所遇到的一切”。公元5世纪，这些蛮族渡过多瑙河，进入罗马帝国东部地区。在欧洲重新崛起的匈奴，把整个欧洲搞得一塌糊涂，灭了东罗马，把日耳曼民族从丛林里拉出来，欧洲的秩序给颠翻了，公元476年，经历了蛮族长期沉重打击的西罗马帝国灭亡。匈奴直接导致了欧洲的民族大迁移，西方历史书称匈奴为“上帝之鞭”。

千百年来，人们一直在疑问：匈奴与第4，5世纪侵入欧洲的匈人是不是有着血缘关系或系同一民族？从史书中似乎找到了匈人即北匈奴的证据。关于匈人灭阿兰国，是匈人首次出现在欧洲历史典籍中，但这次战役在中国典籍中也有记录。《北史》中那段记录的是该国遣使节到北魏。匈奴灭其国“已三世矣”即75年，而遣使节到北魏为公元445年，正好为公元370年左右，与欧洲记录一致。从这点，可以佐证西去的匈奴就是出现在欧洲的匈人。

公元六世纪，北魏中期，经过五胡乱华和南北朝时期的残杀和各族融合后，南匈奴和其各分支在中国建立的“汉—前赵”、“北凉”、“大夏”等均在公元460年相继灭亡。南匈奴从历史中消失，作为匈奴这个民族，在中国就不存在了。在亚洲和欧洲的匈奴人则分别与当地各民族混合了起来，一个彪悍而勇敢的民族就此从世界上消失。

（2）匈奴西去

有一件事是汉武帝没有想到的，也是所有人都没有想到的，就是被汉朝赶走的匈奴，不得不向西迁移，在中亚的一些地方生养休息了二百多年后，进入了欧洲，把欧洲搞了个天翻地覆，他们在欧洲建立起长达80年的阿提拉帝国，把日耳曼人从丛林里赶出来，走进了欧洲舞台，灭了东罗马帝国，匈奴像一阵风刮来，又像一阵风消失，消失得如此的无踪无影，让考古学家，历史学家迷茫至极。他们没有文字，没有碑文之类，没有遗留的建筑，连人影儿也找不到了，整个的民族消失了。今天，只有那霍去病墓前的马踏匈奴石雕里的匈奴人是你可以了解到的唯一的模样。

图45 阿提拉像

在西方世界，每一个上过历史课的中学生都听说过阿提拉的故事，他的名气甚至比佛陀、孔子、秦始皇和成吉思汗还要大。这个来自中亚的游牧民族像迷一般地入侵了欧洲，并乘罗马帝国分裂之际迅速建立起了自己的强权，但很快又同样迷一般地消失在亚欧大陆的边缘处。

北匈奴在受到汉武帝到汉宣帝几十年连续打击下，在蒙古高原无法生存。从公元1世纪开始了漫长的西迁，在中亚广阔的地区迁徙，远走欧洲，

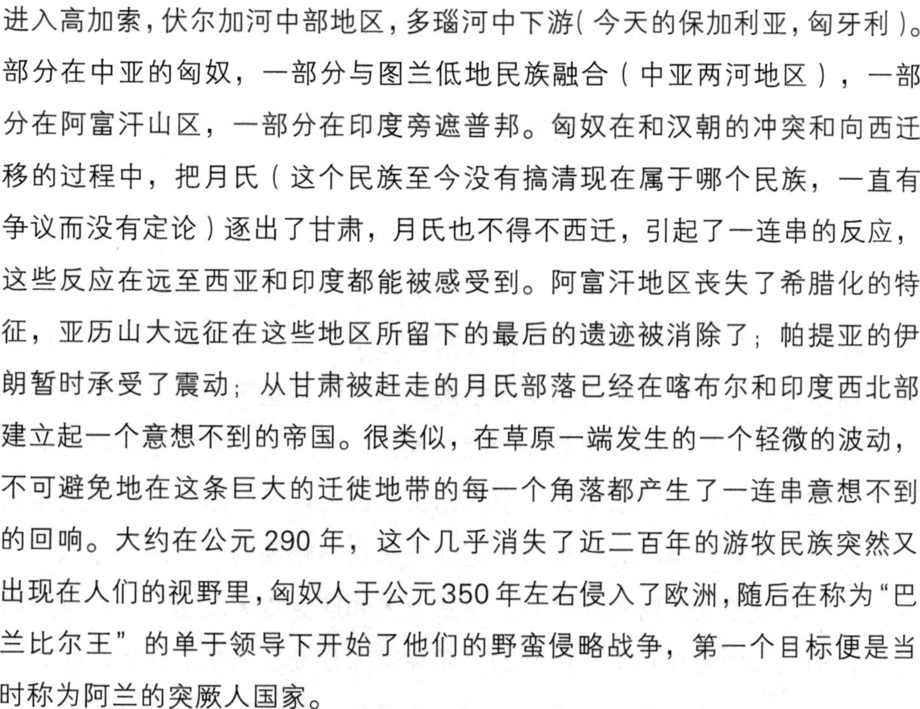

进入高加索，伏尔加河中部地区，多瑙河中下游（今天的保加利亚，匈牙利）。部分在中亚的匈奴，一部分与图兰低地民族融合（中亚两河地区），一部分在阿富汗山区，一部分在印度旁遮普邦。匈奴在和汉朝的冲突和向西迁移的过程中，把月氏（这个民族至今没有搞清现在属于哪个民族，一直有争议而没有定论）逐出了甘肃，月氏也不得不西迁，引起了一连串的反应，这些反应在远至西亚和印度都能被感受到。阿富汗地区丧失了希腊化的特征，亚历山大远征在这些地区所留下的最后的遗迹被消除了；帕提亚的伊朗暂时承受了震动；从甘肃被赶走的月氏部落已经在喀布尔和印度西北部建立起一个意想不到的帝国。很类似，在草原一端发生的一个轻微的波动，不可避免地在这条巨大的迁徙地带的每一个角落都产生了一连串意想不到的回响。大约在公元 290 年，这个几乎消失了近二百年的游牧民族突然又出现在人们的视野里，匈奴人于公元350年左右侵入了欧洲，随后在称为“巴兰比尔王”的单于领导下开始了他们的野蛮侵略战争，第一个目标便是当时称为阿兰的突厥人国家。

（3）阿兰国的灭亡

公元 350 年，当时的阿兰国堪称强国。阿兰王倾全国之兵与匈奴战于顿河沿岸，却遭惨败，阿兰王被杀，阿兰国灭亡，阿兰余部最终臣服于匈奴。匈奴在西方史书上第一次出现即伴随着阿兰国的灭亡，整个西方世界为之震动。灭亡阿兰国后，匈奴在顿河流域附近逗留了几年，然后在他们年迈的单于巴兰比尔的带领下继续开动他们极具毁灭性的侵略铁蹄，踏向西方。匈奴人的社会组织方式是军事部落联盟。他们长于征战，有着极强的作战机动性。他们善于骑射，善于佯作后退诱惑敌人，然后迂回包抄。他们可以根据远方马匹奔跑掀起的烟尘，判断敌方人数的多少。

（4）对日耳曼民族的侵略

匈奴人打败了阿兰人之后，就停留在顿河草原一带。在西边，面对匈奴人联盟的有两个日耳曼人的部落联盟：一个是第聂伯河以西至德涅斯河以东的东哥特人联盟，另一个是德涅斯河以西至喀尔巴阡山之间的西哥特人联盟。在西哥特人联盟的西南方，就是罗马帝国的领土。公元374年，匈奴联同被征服的阿兰人，侵入东哥特领土，拉开了中古时代欧洲史上持续了两百多年的民族大迁徙的序幕，曾被东哥特人征服的部落乘机造反，内乱以致东哥特人屡战屡败，东哥特人从没有见过骑马作战，从没有见过如此迅猛的攻势。在匈奴人排山倒海般的打击下，东哥特王由于无法保住家园而引咎自尽，他的臣民落花流水般地向西逃窜直至多瑙河边。这些惊恐万状的日耳曼蛮子为了寻找新的立足地，他们只能沿途打击所经过的西哥特人部落，把他们连根拔起，驱赶到更向西的地方。西哥特人在逃窜的同时又打击近邻的各日耳曼部落，这使得恐惧很快蔓延到了汪达尔人、苏维汇人、勃艮第人、阿拉曼尼人、法兰克人和萨克森人。这就像一种连锁反应，匈奴人的进攻几乎把所有的日尔曼部落搅动了起来。在罗马帝国时代，日耳曼人由于文化上的落后而被称为蛮族，他们受希腊罗马古典文化的影响很少，处于原始部落状态。这些“野蛮人”分成许多部族，有东哥特人、西哥特人、汪达尔人、法兰克人、盎格鲁人、撒克逊人等。这些日耳曼人在匈奴人驱赶下向南迁徙，进入罗马帝国境内。他们是以后的德国人、法国人、英国人的祖先。当时的日耳曼人住在森林里，他们基本上以打猎为生，穿兽皮，吃兽肉，住草棚，没有文字，没有礼仪。他们从来不洗浴，身材高大，碧眼白肤，头发金红，身体极壮，小孩子像动物一样粗放养育，妇女常干很重的体力活。日耳曼人的部落组织是原始军事部落联盟，首领同时也是最高军事长官。毫无疑问，匈奴人的军事能力超过了当时所有的日耳曼蛮族和罗马人。罗马史学家对此有着生动的描述：匈奴人作战时总要发出混乱的震天呐喊。他们有时会排成规则的纵列，而大多数情况下他们作战是毫无规矩的。匈奴人的作战机动性异乎寻常，他们会时而忽然间四散开来，时而极其迅速地集中到一起，形成一个松散的阵列。他们会在

原野上风驰电掣般地狂奔，以迅雷不及掩耳之势飞过敌人的营垒，使敌人在未得喘息之际就遭到了袭击。匈奴人优良的骑射技能使得他们能够远距离作战。近距搏斗时，他们根本不顾及自身的安全，而当敌人企图躲避他们的利剑时，他们就扔出一张网把敌人套住，使其动弹不得。在匈奴人的进攻下，东哥特人终于在公元375年投降。灭掉东哥特后，匈奴人继续向西，西哥特人以德聂斯特河为险，布兵防守，试图击杀匈奴军于渡河之中。匈奴军一边在河对岸作势佯攻，大部却从上游乘夜偷渡再回攻。这边西哥特人在河岸构筑工事备战正酣，却不料被拦腰一顿痛打，战败的西哥特人不得不向罗马帝国逃窜，数十万西哥特人马经罗马皇帝瓦伦斯的允许，越过多瑙河进入帝国境内的色雷斯避难。来避难的西哥特人数量非常之多，以至于负责统计人数的罗马官员根本无法计数，数到二十万以后就失去控制了。如此之多的西哥特人蜂拥而至，对罗马帝国来说无疑是一个不安的因素。匈奴人接着又征服了北方的各个日耳曼部落，夺取了匈牙利平原。由此，起自黑海至多瑙河以北的大片地土，尽入匈奴人之手。进入罗马的日耳曼人不断和罗马人产生冲突，公元378年，西哥特人在君士坦丁堡附近的阿德里亚堡大败前来镇压的罗马军队，皇帝瓦伦斯本人也被打死。后来罗马大将狄奥多西勉强镇压了这次起义，其代价是允许西哥特人以同盟者的资格居住在巴尔干半岛西部。狄奥多西后来成了罗马皇帝，罗马皇帝临终前将罗马分为东西二部，遗赠给他的两个儿子。这样，自公元395年开始，就有了两个独立的东西罗马帝国之分。西罗马首都仍然是罗马城，东罗马则建都于君士坦丁堡。日耳曼人是一些野性十足、不甘寂寞的人，他们也是真正的战士。像匈奴人一样，作为一个落后的蛮族，他们除了酗酒对于生活上的享受所知甚少。因此与罗马人相比，他们有很强的战斗力。日耳曼人被从森林里驱赶出来以后，不可能再回到他们过去习惯的生活方式，而变成了真正的强盗和征服者。他们肆行于罗马帝国的疆域，尤以西哥特人和汪达尔人为甚。西哥特人一直征战于高卢、意大利和西班牙的广大地区。

公元 396 年西哥特王阿拉里克攻陷雅典，大肆洗劫而去。公元 401 年西哥特人入侵意大利，焚掠罗马，使这座圣城第一次被攻陷。汪达尔人于 455 年再次攻入罗马。大肆洗劫破坏，损失异常惨重，糟蹋破坏文明成果的汪达尔主义由此而得名。在前后只有几十年的时间里，一些日耳曼人的王国相继在帝国境内建立了起来。西哥特人于 416 年占领并建国西班牙。法兰克人于 418 年占领了高卢，建立法兰克王国。汪达尔人于 429 年进入北非，于 439 年占领并建都于迦太基。这些日耳曼蛮族部落后来向罗马帝国展开了全线进攻，最终成为帝国的征服者。

在日耳曼人的这些征战中，匈奴人很少参与其中。在给予欧洲的第一次沉重打击之后，他们停留在多瑙河沿岸一带，以匈牙利平原一带为中心，在中欧地区建立了一个匈奴帝国。东哥特人在这期间被迫加入了匈奴人的联盟，使其力量得到加强。

（5）对东罗马帝国的进攻

公元 395 年冬，匈奴人攻入色雷斯，大掠而返。公元 400 年，匈奴人再次攻入色雷斯，并连年侵扰色雷斯。公元 431 年，东罗马帝国不得已，答应每年向匈奴交纳贡税，并允许他们在境内的几个城镇进行贸易。公元 436 年，阿提拉杀死与自己共同掌政的兄弟而大权独揽。他对南俄罗斯和波斯帝国发动了一系列的突袭。不久他将目光投向了拜占庭，逼使东罗马缴纳更多的贡税，并且不断插手西罗马帝国的外交事务。罗马自然无法满足这年年高升的贡税，匈奴人则以此为借口，于公元 441 年向拜占庭宣战，大肆洗劫巴尔干半岛，公元 442 年才被东罗马的阿斯帕尔将军阻截于色雷斯地区，被迫后撤。公元 443 年，匈奴攻到东罗马首都君士坦丁堡城外，东罗马全军覆没，不得已签城下之盟，与匈奴订立和约。

（6）阿提拉　匈奴帝国之王

匈奴人力量的决定性的崛起是自阿提拉（Attila，公元 406 年—453 年）

登基成为匈奴帝国之王以后。公元 433 年，27 岁的阿提拉与他的兄弟布来达一同从他们的叔父罗阿斯手中继承了帝国的王位。436 年，阿提拉无情地谋杀了他的胞兄，独自君临帝国。与他的前辈们相比，阿提拉更具有雄心壮志，更富于侵略性，而且才智极为超群。在历史上，阿提拉时期的匈奴帝国是匈奴史上的最后一章，也是最辉煌的一章。他使罗马人蒙羞，使日尔曼人丧胆，具有令西方人沮丧而无奈的强大力量，以至于他和他的匈奴铁骑都被称为“上帝之鞭”（Scourge of God）。关于阿提拉本人各方面的记载，西方史书上有过一些生动具体的描写。阿提拉年轻时作战勇猛，登基之后则更主要地是依靠他的头脑，而不是他的武功，完成了对北方的征服。他具有勃勃野心和高超的政治外交手腕，而且为人狡猾、残忍。作为匈奴王的阿提拉，他的步态和举止都显示出了一种其力量可傲居全人类之上的自负。据传说，他曾自称拥有战神之剑，所以当部下晋见时，如若正面直视他则必须同时后退，否则会烧坏自己的眼睛。他有一个凶猛地转动眼珠的习惯，好像他乐于欣赏受他惊吓的人的恐惧。阿提拉在生活上崇尚简朴，却能容忍部下的奢侈。他的臣民对他极其敬畏，在他外出巡查的时候，凡见到他必向其欢呼，以示服从；进出宫殿必有华盖迎送，逢宴会还有专为他谱写的赞歌。他甚至还有罗马人赠送的私人秘书。阿提拉的长相似乎令人不敢恭维。据记载，他身材矮胖，双肩很宽，短粗的脖子上长着一个硕大无比的头颅，有粗硬的黑发和稀疏的胡须，鼻子扁平，一双黑眼睛锐利而阴鸷。尽管这种描写似乎有些不太恭敬，但有一点毫无疑问，这肯定是一个东方人的形象。这说明经过三百多年的西迁后，匈奴人并没有被其他民族混血得失去了原来的体质特征。匈奴人作为一个在当时文化上较为落后的民族，野蛮的习俗与古朴、善良的民风是并存的。在衣、食、住等物质生活方面，匈奴人一般来说是富足的。他们有鲜食美酒，有好看的发式；贵族衣饰华丽，甚至有巨大的浴室。但他们只有村落，而没有城市。阿提拉的宫殿不过是一个木结构的建筑，四周围以木桩，顶端饰有尖塔。由于多年征战所涉及的地域极其广阔，匈奴人的部落里人种成分很复杂，匈奴语、哥特语和拉丁语，或者是这些语言的混合，在这里都能通行。在公元448年至450年间，匈奴帝国的版图到了盛极的地步：东起自咸海，西至大西洋海岸；南起自多瑙河，北至波罗的海。这广大区域一带的附属国，都有自己的国王和部落酋长，平日向阿提拉称臣纳贡，战时出兵参战。

对西罗马帝国的侵略

公元450年，阿提拉转而进攻西罗马帝国，他带着大约十万名战士渡过了莱茵河。在向前推进的一百英里内，匈奴军团洗劫了位于现今法国北部的大部分村庄。罗马将军阿提纽斯组织了一支高卢罗马军团以抵抗正在围困奥尔良城的阿提拉。在查隆丕尼的大决战中，阿提拉终于被打败。尽管匈奴人的战力没有被完全毁灭，这场战役被认为是历史上最具决定性意义的重大战役之一，它阻止了整个基督教的覆灭和游牧民族控制欧洲的严重后果。

匈奴帝国的消逝

公元453年，阿提拉在迎娶日耳曼公主的第二天被发现死于动脉破裂。在失去了强有力的领导人之后，匈奴人内部又出现内讧，诸子争立为王，贵族之间争权夺利，互相残杀，匈奴瓦解。日耳曼人乘机而起，把匈奴人赶回喀尔巴阡山以东。公元461年，阿提拉幼子邓直昔克企图重建霸权，在和东罗马交战时战败身亡。这是西方史书上对匈奴人活动的最后记载。曾经称雄一时的匈奴帝国最终由于汪达尔部落等新敌人的入侵而灭亡，从历史的长河中消逝不见了。

匈奴帝国崩溃不久，深受匈奴摧残以及匈奴引发的蛮族西迁影响的西罗马帝国也彻底走向了绝路，在匈奴帝国灭亡23年后，公元476年，日耳曼雇佣军攻占了罗马城，末代皇帝、6岁的罗慕洛被俘虏，西罗马帝国自此灭亡，欧洲封建时代由此开始。

帝国的余音

在当年匈奴人曾经统治过的土地上，人们仍然敬仰和怀念阿提拉的英

雄气概。至今在匈牙利和土耳其，阿提拉仍然是男孩子们喜欢用的名字，甚至有人自称是阿提拉的后代。

悠悠两千年，转眼已是沧海桑田。如今站在内蒙古这片辽阔的土地上，匈奴的马蹄声已经湮没在滚滚的历史尘埃之中。但时间带走的是历史的过往，留下来的却是刻骨铭心、永难遗忘的记忆。

近代的匈牙利诗人裴多菲曾写道：

我的遥远的祖先啊，
你们怎样在那遥远的年代里；
从东方，那太阳最初升起的地方，
迁徙到里海、黑海岸边，
到最后，在多瑙河畔找到，
一块水草肥美的地方，
从而建立起我们的城邦。

很多匈牙利学者都认为这个国家与匈奴后裔有着密切的关系，认为这两个民族系出同源的最主要证据是北匈奴西迁和三百年后在欧洲出现的匈奴人时间上的吻合。如果出现在欧洲的匈人不是从亚洲跑过来的匈奴，那么匈奴人又是谁呢？尽管是几千年前的事，可是一个如此强大的民族不可能平地拔起吧。无论在哪国的历史里，除了匈奴，都没有记载和匈奴人哪怕是有一点点相关的民族。匈奴人在短短80年里建立起前所未有的庞大帝国，几乎所有欧洲的蛮族人，都臣服于他们的旗下。但他们的帝国是短命的。他们的帝国很快被瓦解后，甚至整个民族也消失在欧洲的历史和文化当中。匈奴人促成了欧洲民族大迁移，他们把丛林里的日耳曼人推上了历史舞台，并与后者一起摧毁了罗马人的时代。罗马帝国消失后，多元化的封建国家政治开始了，一个几乎延续至今的欧洲国家的主要划分格局形成了。

十九、杜陵 汉宣帝墓 汉朝最强盛的年代

西汉最强盛的年代是从汉武帝一直延续到汉宣帝年代。汉武帝的丰功伟业是建立在其父亲和爷爷两代 70 多年打下的政治和经济基础上的。但是为了成就那些伟业，举国上下付出了惨重代价，可以说是民不聊生。虽然汉武帝对外积极开拓，但很多问题没有彻底解决。汉宣帝在汉武帝的开拓基础上，将未尽的遗留问题彻底解决。汉宣帝时期政治最为清明，吏治卓越。当时粮食价格最为低廉，商业兴旺，经济极其繁荣；军事强大，设置西域都护府，将西域很多地区纳入汉朝版图；匈奴王呼韩邪单于向汉朝称臣，一劳永逸地解决了汉匈问题，从此汉匈之间的和平维持了数十年。所以有史家说，宣帝统治时期是汉朝武力最强盛、经济最繁荣的时候。

“明犯强汉者，虽远必诛”成了国家强大的特征。诏求故剑，南园遗爱；见证了汉宣帝与一位贫女的至深爱情，旷古绝今。

杜陵位于西安市南郊三兆村南，是汉宣帝刘询的陵墓。

刘询，原名刘病已，是汉武帝和卫子夫的曾孙。公元前 91 年，“巫蛊之祸”爆发，刘病已的曾祖母卫子夫、祖父卫太子刘据、祖母史良娣、父亲史皇孙刘进、母亲王翁须均因此被杀，刚刚出生数月的刘病已也被投入大牢。由于他还是个婴儿，廷尉监邴吉在狱中保住了他的生命。后来遇到大赦，刘病已遇赦出狱，结束了五年的牢狱生活。

出狱后的刘病已被邴吉送至祖母史良娣的娘家。史家怜其孤苦，对其照顾甚厚。武帝后来下诏，将刘病已恢复宗室身份，收养于掖庭。掖庭令

图 46 汉宣帝墓

张贺原是刘据的部下，他对刘病已极好，年幼时，张贺亲自教其诗书，后来自己出钱请名儒东海澓中翁教授。刘病已聪颖好学，不久即通晓儒家经典。当他长大时，张贺把他当皇孙看待，想把自己的女儿嫁给刘病已，可当他把自己的想法告诉当时为右将军的弟弟张安世时，张安世很生气地说："这个皇孙是被皇上杀掉的卫太子的后代，能够像平民一样生活就很不错了，千万不敢把女儿嫁给他"。于是张贺只好选他的部下许广汉的女儿许平君。刘病已与许平君婚后感情很好，不久生下了儿子刘奭，也就是后来的汉元帝。

公元前 74 年，昌邑王刘贺被废后，霍光等大臣将他从民间迎入宫中，先封为阳武侯，于同年 7 月继位，时年十七岁。他是一位在即位前就受过牢狱之苦的皇帝。由于刘询幼年遭遇变故，长期生活在民间，因此对百姓的疾苦和吏治得失有所了解。他在位期间，励精图治，任用贤能，减轻人民负担，恢复和发展农业生产。并重视管好官员，认为治国之道应以"霸道"、"王道"杂治，反对专任儒术。汉宣帝也把"无为而治"，法制建设的学识都采用在国家管理中，他着重采用的是法制，没有如汉武帝那样独尊儒术。对外部，汉宣帝联合乌孙打败匈奴，平定西域。汉宣帝刘询的雄才大略，文治武功一点也不比汉武帝差，使一度国力衰退的西汉王朝又兴盛起来。在以制定庙号、谥号极其严格著称的西汉历史中，中宗宣帝刘询是四位拥有正式庙号的皇帝之一（另三位是太祖高帝刘邦、太宗文帝刘恒、世宗武帝刘彻，皆是一代英主），可见其功德之高。有史家说，宣帝统治时期是汉朝武力最强盛、经济最繁荣的时候。

1. 明犯强汉者，虽远必诛

汉宣帝即位第二年(公元前72年),发兵铁骑16万余,分五路攻打匈奴,这是汉朝465年间规模最大的一次对外骑兵出征。同时，派遣校尉常惠前往乌孙,联合乌孙骑兵5万余,与汉军东西并进,形成一个巨大的钳形攻势,夹击匈奴，汉军大胜。北匈奴单于被陈汤斩杀于康居，发出“明犯强汉者，虽远必诛！”的时代特征。这一时期，西域各国纷纷脱离匈奴归附汉朝，中原与西域的交往逐渐频繁。公元前60年，统治西域的日逐王先贤掸带着数万人投降汉朝。公元前51年，匈奴王呼韩邪单于亲至五原塞上俯首称臣，成为汉朝的附属国，这是汉武帝做梦都想做而没有做到的。公元前61年，击败西羌，羌人归顺。公元前60年，在乌垒城（今新疆轮台东北），设立西域都护府，监护西域诸城郭国，使天山南北这一广袤地区正式归属于西汉中央政权。

2. 诏求故剑

刘询与许平君于公元前75年成婚,第二年生下后来成为汉元帝的刘奭,同年刘弗陵驾崩，刘询被拥戴为皇帝，许平君进宫为婕妤。当时几乎所有人都在霍光家族的威逼下要求让霍成君当皇后，连上官太皇太后（霍光的外孙女，刘弗陵的皇后）也如此主张。刘询没有忘记与自己患难与共的许

平君，他下了一道“寻故剑”的诏书，说要寻寒微时的一把故剑。朝臣们明白刘询的意思，便见风转舵，联合奏请立许平君为后。

3. 南园遗爱

霍光的妻子霍显一心想让女儿成君作皇后。公元前 71 年，许平君再度怀孕，生下一个女儿，霍显命御用女医淳于衍在滋补汤药中加入附子，让许平君在坐月子时服用。许平君服用后不久毒发逝世。汉宣帝非常悲痛，追封她为“恭哀皇后”，葬于杜陵南园（也称少陵），紧挨着他的墓。

诏求故剑，南园遗爱；见证的是一位帝王和一位平民女子的至深爱情，旷古绝今。贫贱不相离，富贵亦相知，故剑情深，那道最浪漫的诏书，表明了情有多深；南园遗爱，那个少陵墓留下了永恒的爱。与唐明皇和杨贵妃的爱情故事相比，少了什么？多了什么？你应该知道的。

二十、张骞，伟大的丝绸之路开拓者

张骞墓

秦岭南麓，汉中城固县博望镇的博望村，那里就是伟大的丝绸之路开拓者—张骞的故里和墓地。

张骞从长安出发的时候，世界的东方与西方还相互隔绝，汉武帝开通通往西域各国的道路的最初想法只是为了征讨匈奴，开拓大汉疆域。而张骞沟通了东西方的联系。他把中国丝绸带到了西方，把西方的物产、珍宝和黄金带回了长安。丝绸之路，一条由开拓者张骞走在最前面的万里通途，

图 47 张骞墓

把中国和遥远的西方世界连在了一起。

1. 凿空西域的使者

张骞在建元年间被任命为郎官（相当于皇帝的警卫人员）。当时汉朝和匈奴战争不断，汉武帝即位不久，从来降的匈奴人口中得知，在敦煌、祁连一带曾住着一个游牧民族大月氏（月氏究竟相当于现在的什么民族，众说纷纭，至今没有定论），中国古书上称“禺氏”。秦汉之际，月氏的势力强大起来，攻占邻国乌孙的土地，同匈奴发生冲突。汉初，月氏国多次被匈奴冒顿单于所打败，国势日衰。到老上单于为匈奴王时，月氏国被匈奴彻底征服。月氏人经过这次国难以后，被迫西迁到现今新疆西北伊犁一带，赶走原来的“塞人”，重新建立了国家。但他们不忘故土，时刻准备对匈奴复仇，并很想有人相助，共击匈奴。汉武帝根据这一情况，遂决定联合大月氏，共同夹击匈奴。于是下令选拔人才，出使西域。张骞通西域前，天山南路诸国也已被匈奴所征服，并设“僮仆都尉”，常驻焉耆，南路诸国实际已成为匈奴的一个重要补给线，控制着那里的三十多万各族人。葱岭以西，当时有大宛、乌孙、大月氏、康居、大夏诸国。由于距匈奴较远，尚未直接沦为匈奴的属国。但在张骞出使之前，东方的汉朝和西方的罗马对它们都还没有什么影响。故匈奴成了唯一有影响的强大力量，他们或多或少也间接地受制于匈奴。当汉武帝下达诏令后，年轻的张骞挺身应募，进行空前的探险。

公元前 139 年（武帝建元二年），张骞奉命率领一百多人，从陇西（今甘肃临洮）出发。一个归顺的“胡人”堂邑氏的家奴堂邑父，自愿充当张骞的向导和翻译。他们西行进入河西走廊。这一地区自月氏人西迁后，已完全为匈奴人所控制。正当张骞一行匆匆穿过河西走廊时，不幸碰上匈奴的骑兵队，全部被抓获。匈奴的右部诸王将立即把张骞等人押送到匈奴王庭（今内蒙古呼和浩特附近），见当时的军臣单于（老上单于之子）。军

臣单于得知张骞欲出使月氏后，对张骞说：月氏在我的北方，你们怎么可以通过我们的地区去出使月氏？张骞一行被扣留和软禁起来。匈奴单于为软化、拉拢张骞，打消其出使月氏的念头，进行了种种威逼利诱，还给张骞娶了匈奴的女子为妻，生了孩子。但这没有动摇为汉朝通使月氏的意志和决心。张骞等人在匈奴一直留居了十年之久。至元光六年（公元前129年），敌人的监视渐渐有所松弛。一天，张骞趁匈奴人的不备，果断地离开妻儿，带领其随从，逃出了匈奴王庭。幸运的是，在匈奴的十年留居，使张骞等人详细了解了通往西域的道路，并学会了匈奴人的语言，他们穿上胡服，很难被匈奴人查获。因而他们较顺利地穿过了匈奴人的控制区。但在留居匈奴期间，西域的形势已发生了变化。月氏的敌国乌孙，在匈奴支持和唆使下，西攻月氏。月氏人被迫又从伊犁河流域，继续西迁，进入咸海附近的妫水地区，征服大夏，在新的土地上另建家园。张骞了解到这一情况后，没有向西北伊犁河流域进发，而是折向西南，进入焉耆，再溯塔里木河西行，过库车、疏勒等地，翻越葱岭（帕米尔高原），直达大宛（今苏联费尔干纳盆地）。路上经过了数十日的跋涉。这是一次极为艰苦的行军。大戈壁滩上，飞沙走石，热浪滚滚；葱岭高耸入云，冰雪皑皑，寒风刺骨。沿途人烟稀少，水源奇缺。加之匆匆出逃，物资准备又不足。张骞一行，风餐露宿，备尝艰辛。干粮吃尽了，就靠善射的堂邑父射杀禽兽聊以充饥。不少随从或因饥渴倒毙途中，或葬身黄沙、冰窟。张骞到大宛后，向大宛国王说明了自己出使月氏的使命和沿途种种遭遇，希望大宛能派人相送，并表示今后如能返回汉朝，一定奏明汉皇，重重酬谢。大宛王本来就风闻东方汉朝的富庶，很想与汉朝通使往来，但苦于匈奴的阻碍，未能实现。汉使的意外到来，使他非常高兴。张骞的一席话，更使他动心。于是满口答应了张骞的要求，热情款待后，派了向导和译员，将张骞等人送到康居（今苏联乌兹别克和塔吉克境内）。康居王又遣人将他们送至大月氏。不料，这时大月氏人，由于新的国土十分肥沃，物产丰富，并且距匈奴和乌孙很远，外敌寇扰的危险已大大减少，改变了态度。当张骞向他们提出建议时，他们已无意向匈奴复仇了。加之，他们又以为汉朝离月氏太远，如果联合攻击匈奴，遇到危险恐难以相助。张骞等人在月氏逗留了一年多，但始终未能说服月氏人与汉朝联盟，夹击匈奴。在此期间，张骞曾越过妫水南下，抵达大夏的蓝氏城（今阿富汗的汗瓦齐拉巴德）。元朔元年（公元前 128 年），只得动身返国。归途中，张骞为避开匈奴控制区，改变了行军路线。计划通过青海羌人地区，以免匈奴人的阻留。于是重越葱岭后，他们不走来时沿塔里木盆地北部的“北道”，而改道沿塔里木盆地南部，循昆仑山北麓的“南道”。从莎车，经和田、鄯善，进入羌人地区。但出乎意料，羌人也已沦为匈奴的附庸，张骞等人再次被匈奴骑兵所俘，又扣留了一年多。公元前 126 年初，军臣单于死了，其弟左谷蠡王自立为单于，进攻军臣单于的太子于单。于单失败逃汉。张骞便趁匈奴内乱之机，带着自己的匈奴族妻子和堂邑父，逃回长安。这是张骞第一次出使西域。共历十三年。出发时是一百多人，回来时仅剩下张骞和堂邑父二人！

张骞第一次出使西域，经过和了解了新疆的各小国和中亚的大宛、康居、大月氏和大夏诸国，而且从这些地方又初步了解到乌孙（巴尔喀什湖以南和伊犁河流域）、奄蔡（里海、咸海以北）、安息（即波斯，今伊朗）、条支（又称大食，今伊拉克一带）、身毒（又名天竺，即印度）等国的许多情况。回长安后，张骞将其见闻，向汉武帝作了详细报告，对葱岭东面、中亚、西亚，以至安息、印度诸国的位置、特产、人口、城市、兵力等，都作了说明。这个报告的基本内容为司马迁在《史记·大宛传》中保存下来。这是我国和世界上对于这些地区第一次最翔实可靠的记载，在这记载之前，这些地方是没有任何历史记载的。这个记载至今仍是世界上研究上述地区和国家的古地理和历史的最珍贵的资料。

汉武帝对张骞这次出使西域的成果，非常满意，特封张骞为太中大夫，授堂邑父为“奉使君”，以表彰他们的功绩。

2. 探索新路　开发西南

张骞在大夏时，看到中国邛山（今四川荥经）的竹杖和蜀地的细布在市场上出售，很觉奇怪。一问商人，得知是从身毒（今印度）买来的。身毒在大夏东南数千里，那里的百姓骑像打仗，临近大海。在此以前，汉代的君臣还根本不知道，在中国的西南方有一个身毒国的存在。大夏国远离汉朝一万余里，位于中国的西南方，而身毒国又位于大夏国东南几千里，竟有蜀地产物，可见离蜀地不远。他估计从蜀走身毒到大夏，一定是快捷路径，又可免匈奴的阻击。他建议武帝打通西南夷道。武帝采纳了他的建议，命打开西南通道。但各路使者为昆明夷所阻，未能如愿。而经滇国、夜郎等使者在滇一带活动，取得成效，为武帝经略西南夷奠定了基础。至元鼎元年（公元前 111 年），汉王朝正式设置牂柯、越侥、沈黎、汶山、武都等五郡，以后又置益州、交趾等郡，基本上完成了对西南地区的开拓。

3. 抗击匈奴　从军封侯

探险西南的前一年，张骞曾直接参加了对匈奴的战争。元朔六年（公元前 123 年）二月和四月，大将军卫青，两次出兵进攻匈奴。汉武帝命张骞以校尉，随大将军出击漠北。张骞发挥他熟悉匈奴军队特点，具有沙漠行军经验和丰富地理知识的优势，为汉朝军队做向导，指点行军路线和扎营布阵的方案。由于他“知水草处，军得以不乏”，保证了战争的胜利。事后论功行赏，汉武帝封张骞为“博望侯”，赞扬他的功绩。

4. 二次出使西域

公元前 119 年，张骞复劝武帝联合乌孙（今伊犁河流域），武帝命张骞为中郎将，率三百人，马六百匹，牛羊金帛万数，浩浩荡荡第二次出使西域。

此时匈奴势力已被逐出河西走廊，道路畅通。他到达乌孙后，请乌孙东返故地。乌孙王年老，不能做主，大臣都惧怕匈奴，又认为汉朝太远，不想移徙。张骞派遣副使分别赴大宛、康居、大月氏、安息、身毒、于阗、扜弥（今新疆于田克里雅河东）等国展开外交活动，足迹遍及中亚、西南亚各地，最远的使者到达地中海沿岸的罗马帝国和北非。元鼎二年（公元前115），乌孙王配备了翻译和向导，护送张骞回国，同行的还有数十名乌孙使者，这是西域人第一次到中原。乌孙王送给汉武帝数十匹好马，深得武帝欢心。武帝任命张骞为大行，负责接待各国使者和宾客。第二年，张骞去世。从此以后，汉和西域诸国建立了友好关系。双方使者不断往来，一年多则十几次，少则五六次，都用「博望侯」的名义，以取信于各国。乌孙国见汉朝军威远播，财力雄厚，遂重视与汉朝关系，要求和亲。武帝以江都王刘建之女细君公主远嫁乌孙王昆莫；细君死后，武帝又把解忧公主嫁给乌孙王岑陬，两国长期通婚友好。

史书上把张骞的首次西行誉为“凿空”即空前的探险。这是历史上中国政府派往西域的第一个使团，走出了丝绸之路的第一步。相传葡萄、苜蓿、石榴、胡桃、胡麻等物皆为张骞从西域传入中原。

二十一、丝绸之路 沟通东西方文明发展之路

1. 丝绸之路的开拓

在远古时期，虽然人类面对着难以想象的天然艰险的挑战，但是欧亚大陆东西之间并非像许多人想象中那样地隔绝。在尼罗河流域、两河流域、印度河流域和黄河流域之北的草原上，存在着一条由许多不连贯的小规模贸易路线大体衔接而成的草原之路。这一点已经被沿路诸多的考古发现所证实。这条路就是最早的丝绸之路的雏形。

在商代帝王武丁王妃坟茔的考古中，人们发现了产自新疆的软玉。这说明在公元前 13 世纪左右，商代商人就已经出入塔克拉玛干沙漠边缘，购买产自新疆地区的和田玉石，那时或是更早，中国就已经开始和西域乃至更远的地区进行商贸往来。依照晋人郭璞在《穆天子传》中的记载，公元前 963 年周穆王曾携带丝绸、金银等贵重物品西行至里海沿岸，并将和田玉带回中国。虽然这种说法的真实性还没有定论，但是目前在丝绸之路沿线的考古中，确实出土了部分在这一时期的丝绸制品。随着公元前 5 世纪左右河西走廊的开辟，带动了中国对西方的商贸交流，西域地区诸如鄯善、龟兹等国家纷纷在这一时期逐渐出现。这种小规模的贸易交流说明在汉朝以前东西方之间已有贸易交流。青金石是在早期丝绸之路上占有重要地位的商品之一，如今也是一种重要的宝石。产自今阿富汗巴达克山的青金石早在公元前 31 世纪就开始出现在中国、印度、埃及，这意味着中亚地区的商旅贸易开始的时间要比这一地区部分国家的诞生还要早些。随着游牧民族的不断强盛，不断的争斗，使原始的文化贸易交流仅存于局部地区或某些地区之间。

自从张骞通西域以后，中国和中亚及欧洲的商业往来迅速增加。通过这条贯穿亚欧的大道，中国的丝织品、铁器和其他货物，源源不断地输向中东和欧洲，因此，希腊和罗马人称中国为“赛里斯”国，称中国人为“赛里斯”人。所谓“赛里斯”即“丝绸”之意。

1877年，德国地理学家李希霍芬将张骞开辟的这条东西大道誉为“丝绸之路”后，即被广泛接受。后来，德国人胡特森在多年研究的基础上，撰写成专著《丝路》。从此，丝绸之路这一称谓得到世界的承认。

自从张骞二次出使西域以后，汉朝和西域的交往从此日趋频繁。公元前60年，西汉设立西域都护，总管西域事务。以汉朝在西域设立官员为标志，丝绸之路开始进入繁荣的时代。公元73年，东汉派班超出使西域，他帮助西域各国摆脱了匈奴的控制，被东汉任命为西域都护，他在西域经营30年，加强了西域与内地的联系。班超曾派甘英出使大秦（罗马帝国），甘英到达波斯湾。公元166年，大秦使臣来到洛阳，这是欧洲国家同我国的首次直接交往。

丝绸之路一般可分为三段，而每一段又都可分为北中南三条线路。

东段：从长安到玉门关、阳关。

中段：从玉门关、阳关以西至葱岭（今帕米尔高原）。

西段：从葱岭往西经过中亚、西亚直到欧洲。（唐代开辟）。

三线均从长安或洛阳出发，到武威、张掖汇合，再沿河西走廊至敦煌。

东段

东段为长安至武威、张掖、酒泉、敦煌。

北线：从泾川、固原、靖远至武威，路线最短，但沿途缺水、补给不易。

南线：从凤翔、天水、陇西、临夏、乐都、西宁至张掖，补给方便，但路途漫长。

中线：从泾川转往平凉、会宁、兰州至武威，距离和补给均属适中。

中段

中段是西域境内的各条线路，它们随绿洲、沙漠的变化而时有变迁。三线在中途尤其是安西四镇多有分岔和支路。

南线(又称于阗道)：东起阳关，沿塔克拉玛干沙漠南缘，经鄯善、和田、莎车等至葱岭(帕米尔高原)。

中线：起自玉门关，沿塔克拉玛干沙漠北缘，经罗布泊(吐鲁番、焉耆、库车、阿克苏、喀什到费尔干纳盆地。

北线：起自安西(瓜州)，经哈密、、伊宁(伊犁)，直到碎叶。

西段

自葱岭以西直到欧洲的都是丝绸之路的西段，它的北中南三线分别与中段的三线相接对应。其中经里海到君士坦丁堡的路线是在唐朝中期开辟。

北线：沿咸海、里海、黑海的北岸，经过碎叶、怛罗斯、阿斯特拉罕等地到伊斯坦布尔(君士坦丁堡)。

中线：自喀什起，走费尔干纳盆地、撒马尔罕、布哈拉等到伊朗，与南线汇合。

南线：起自帕米尔山，可由克什米尔进入巴基斯坦和印度，阿富汗，伊朗，伊拉克，叙利亚，土耳其等前往欧洲。

路线简略：长安—河西走廊—新疆境内—安息(古波斯)—西亚—大秦(古罗马)。

2. 丝绸之路的发展

张骞第一次出使西域各国后，通过丝路的交流与贸易在印度、东南亚、斯里兰卡、中国、中东、非洲和欧洲之间迅速发展。无数新奇的商品、技术与思想源源不断地来到欧亚非三洲的各个国家。大陆之间的贸易沟通变

得规则、有序。罗马人很快就加入到这条商道中，从1世纪起罗马人开始狂热的迷恋着从帕提亚（伊朗）人手中转手取得的中国丝绸。当时的罗马人相信丝绸是从树上摘下来的。“赛利斯人（中国人）以从他们的树林中获取这种毛织品而闻名于世。他们将从树上摘下的丝绸浸泡在水中，再将白色的树叶一一梳落。丝绸的生产需要非常多的劳动，而它们又来自于地球的另一方，这令罗马的少女们可以身着半透明的丝衣在大街上炫耀。”那时，丝绸成为罗马人狂热追求的对象。古罗马的市场上丝绸的价格曾上扬至每磅约12两黄金的天价。造成罗马帝国黄金大量外流。这迫使元老院断然制定法令禁止人们穿着丝衣，而理由除了黄金外流以外则是丝织品被认为是不道德的。“我所看到的丝绸衣服，如果它的材质不能遮掩人的躯体，也不能令人显得庄重，这也能叫做衣服？……少女们没有注意到她们放荡的举止，以至于人们可以透过她身上轻薄的丝衣看到她的身躯，丈夫、亲朋好友们对女性身体的了解还不如那些外面人所知道得多”。

不仅仅是罗马人对来自东方的神奇丝绸感兴趣。史料记载着，克利奥帕特拉，埃及历史上著名的艳后曾经穿着丝绸外衣接见使节，并酷爱丝绸制品。

公元97年，东汉将军班超在重新建立起汉朝在中亚地区的主导地位后，派甘英携带大量丝织品到达条支（可能是今日土耳其的安条克），而当时安条克以南正是埃及和安息争夺的国土。因而中国与埃及最早的官方沟通应当就是在这一时期。《后汉书》记载了公元166年罗马使节通过丝绸之路来到中国，并在中国建立了大使馆的纪录。

在东汉以后，由于内患的不断增加，自汉哀帝以后的政府放弃了对西域的控制，令西域内部纷争不断，为防止西域的动乱波及本国，经常关闭玉门关，这些因素最终导致丝路东段天山北南路的交通陷入半通半停。

在7世纪到12世纪期间，也即是隋，唐和宋代，丝绸之路得到再度繁荣。在唐代，唐朝政府借击破突厥的时机，一举控制西域各国，并设立安西四镇作为中国政府控制西域的机构，新修了玉门关，再度开放沿途各关隘。并打通了天山北路的丝路分线，将西线打通至中亚。与汉朝时期的丝路不同，唐控制了丝路上的西域和中亚的一些地区，并建立了稳定而有效的统治秩序。西域小国林立的历史基本结束，这样一来丝绸之路显得更为畅通。不仅是阿拉伯的商人，印度也开始成为丝路东段上重要的一份子。往来于丝绸之路的人们也不再仅仅是商人和士兵，为寻求信仰理念和文化交流的人们也逐渐出现在这一时期。中国大量先进的技术通过各种方式传播到其他国家，并接纳相当数量的遣唐使及留学生，让他们学习中国文化。同时佛教、景教各自迎来了在中国广泛传播的机会，一时间唐朝人在文化方面得到了极大的满足。

丝路商贸活动的直接结果是大大激发了唐人的消费欲望，商贸往来带给人们物质上的满足，也带来了不同的商品来源地域带给人们的精神差异的影响。丝路商贸活动可谓奇货可点、令人眼花缭乱，从外奴、艺人、歌舞伎到家畜、野兽，从皮毛植物、香料、颜料到金银珠宝矿石金属，从器具牙角到武器书籍乐器，几乎应有尽有。而外来工艺、宗教、风俗等的随商品进入更是不胜枚举。这一切都成了唐人尤其是唐时高门大户的消费对象与消费时尚。

受到这条复兴了的贸易路线巨大影响的国家还有日本。8 世纪日本遣唐使节把很多西域文物带到日本首都奈良。这些古代文物现在在奈良正仓院保存了下来。所以，奈良正仓院被称为丝绸之路的终点。日本最大的宗教佛教也是通过丝绸之路传来的。1988 年奈良县政府在奈良市举行大规模的丝绸之路博览会。日本最大的电视台 NHK 曾从中国到欧洲以实地拍摄方式制作丝绸之路节目。

经过安史之乱后的唐朝开始衰落，西藏吐蕃越过昆仑山北进，侵占了西域的大部；唐以后中国经济中心逐渐南移，成都和泉州也因此逐渐成为南方经济大城。当指南针和其他先进的科技运用于航海上时，海上丝绸之

路迎来了它的繁荣时代。到了南宋时期，南宋政府已经无法控制整个西北。而南方丝绸之路与海上丝路的开辟，逐渐取代了西北丝路。

丝绸之路的开辟，使西方人认为中国乃至东亚是一个物产丰盈的富裕地区。各国国王及贵族曾一度以穿着用腓尼基红染过的中国丝绸，家中使用瓷器为富有荣耀的象征。当青金石流传到印度后，被那里的佛教徒供奉为佛教七宝之一。而葡萄、核桃、胡萝卜、胡椒、胡豆、菠菜（又称为波斯菜）、黄瓜（汉时称胡瓜）、石榴等的传播丰富了东亚人的日常饮食。西域特产的葡萄酒经过历史的发展融入到中国的传统酒文化当中。商队从中国主要运出铁器、金器、银器、镜子和其他豪华制品。运往中国的是稀有动物和鸟类、植物、皮货、药材、香料、珠宝首饰。造纸术的西传给欧洲及中亚带来了一次巨大的变革。

从公元前一世纪开始，佛教、拜火教、摩尼教和景教陆续随着丝绸之路来到中国，并沿着丝绸之路的分支，传播到韩国、日本与其他亚洲国家。

二十二、太史祠　司马迁墓

> 由孔子编辑的《书经》，一世纪后问世，批评、解释的书陆续出现、从《四书》与更为生动的《左传》，到魏王墓里发现的（竹书纪年》，中国的历史传记发展得很快，最后出现了旷世巨著司马迁的《史记》。
>
> ——威尔·杜兰（美国最著名的通俗哲学史家、历史学家）

司马迁祠墓坐落在韩城市南 10 公里芝川镇的韩奕坡悬崖上，始建于 1700 年前的西晋永嘉 4 年。

1. 司马迁　世界最伟大的历史学家

据传，司马迁家自尧舜开始到周朝，都是世代相传的历史学家和天文学家。司马迁的父亲司马谈做了汉武帝的太史令，负责办理皇室图书和汇集史料，研究天文历法。司马迁十岁那年，随父亲来到京师长安，跟随儒学大师孔安国学习《尚书》，董仲舒学习《春秋》。司马迁的父亲司马谈最大的愿望是编写一部通史。他的父亲做太史令之后，就开始搜集阅读史料，为修史做准备。但是司马谈感到自己年事已高，要独立地修成一部史著，无论是时间、还是精力都不够，所以司马谈寄厚望于他的儿子司马迁，希望他能够早日参与其事，最终实现这样一个宏愿。

司马迁二十岁时，心中充满着探求知识的欲望，进行了为期两年多的一次全国的漫游，周游名山大川，考察古迹，汇集遗闻，足迹踏遍半个中国，

图 48 司马迁祠墓

这使司马迁了解到许多历史人物的遗闻轶事以及许多地方的民情风俗和经济生活，获得了许多第一手材料，为撰写《史记》打好了基础。

元封元年（公元前 110 年），汉武帝举行大规模的巡行封禅，司马迁的父亲司马谈是史官，本应从行，但病死在洛阳。司马迁接受了父亲的遗志，赶到泰山，参加封禅，随后沿着东海，绕道长城塞外回到长安。元封三年（公元前 108 年），司马迁 38 岁时，正式做了太史令，有机会阅览汉朝宫廷所藏的全部图书、档案以及各种史料，他一边整理史料，一边参加修改历书。等到太初元年（公元前 104 年），我国第一部历书《太初历》完成，他就动手编写《史记》。

汉武帝天汉二年（公元前 99 年），司马迁因为替李陵辩护，而被关入监狱，并处以宫刑（当时叫腐刑）。司徒迁的肉体和精力遭到难以忍受的摧残，他本想一死，但想到自己肩负的重任，说："人固有一死，或重于泰山，或轻于鸿毛"。为了完成《史记》的写作，司马迁忍辱负重，苟且偷生。太始元年（公元前 96 年）汉武帝改元大赦天下。这时司马迁 50 岁，出狱后当了中书令，成为皇帝身边的秘书，看似荣耀，但这一官职，只有宦官才能充当。司马迁与命运抗争着，终于超越了自我，把血与泪全部凝结在《史记》之中，他专心致志写他的书。直到征和二年（公元前91年）全书完成，共得130篇，52.6万字。

2.《史记》，古代历史的旷世巨著

司马迁继承了父志，继续编纂他父子已经开始着手记黄帝至汉武帝的历史。他无意于创造什么美丽的风格，而只是期求把记事记得完整。全书共52.6万个字，一字一字地刻在竹简上。司马迁把他的一生献于这本书。

——威尔·杜兰（美国最著名的通俗哲学史家、历史学家）

在中国的文学中，最受到重视的是历史的作品，而其写作的风格也是最受欢迎。世上没有一国能比得上中国有这么多的历史学家，也没有一国的历史作品能比得上中国的那么多。中国在早期的宫廷里，即置有史官，每天逐日记下国家的大小事，从古到现在，中国这种史学的作品，就量来说.实在浩瀚无比，没有别的国家可以相比。

《史记》是司马迁撰写的一部纪传体史书，原名《太史公记》。是中国历史上第一部纪传体通史，被列为二十四史之首。该书记载了上自上古传说中的黄帝时代，下至汉武帝元狩元年（公元前122年）间共3000多年的历史，是中国古代最著名的古典典籍之一，与后来的《汉书》、《后汉书》、《三国志》合称“前四史”。

《史记》全书包括十二本纪（记历代帝王政绩）、三十世家（记诸侯国和汉代诸侯）、七十列传（记重要人物的言行事迹，主要叙人臣，其中最后一篇为自序）、十表（大事年表）、八书（记各种典章制度记礼），共130篇，52.65万字。

司马迁对历史史实，既不溢美，也不苛求，按照历史的本来面貌撰写历史。对于先秦的法家和秦代的暴政，从感情上司马迁是愤恨的，但他做到了不因憎而增其恶。相反，对法家的改革和秦代统一中国的历史作用，他都予以充分的肯定。正因为司马迁的实录精神，才使《史记》以信史闻名于世，成为“中国史学之父”。

二十三、蔡伦　造纸技术的发明人

秦岭南麓的洋县龙亭镇，就是中华民族“四大发明”之一造纸技术的发明人蔡伦长眠之地，也是蔡伦的封地，汉安帝封其为龙亭侯。蔡伦生于东汉永平四年（公元61年），14岁入宫为宦官。一生在内廷为官，身居列侯。同时他推动了手工业工艺的发展，被称为东汉时期的科学家。

蔡伦　造纸技术的发明人

在蔡伦之前，人们都是把字写在或刻在竹片上，再编成册，那种用来写字的丝绸叫做纸。丝绸很贵而竹简又太笨重，并且不便于人们使用。缺

图 49 蔡伦墓祠

乏适当的书写材料是文明进步的极大障碍。学者需要用车随行带上在我们看来是可怜的几本书。可想而知，用写在竹片上的文件来掌管政务，是何等的艰难。

蔡伦早年和他手下一个叫张纸的宦官到白水县槐沟河为张父祝寿，发现小孩子们用木杆挑着水面上的沤变物嬉闹，当他看到那沤变物一离开水面，迅即变干，用手摩擦，质地柔韧轻薄，可用来书写文字，第二天回到宫中，又用黑色颜料在每块沤变物上写了一个字，让皇帝察看，皇帝甚为高兴，就派蔡伦重返槐沟河，借居张纸家，到处拣麻、布、棉絮、树皮等一类沤物，挖池沤制，经打浆、搅混、沉淀、反复试验，终于制造出了理想的书写材料，因为这个创造是在张纸的家乡发现的，就把这种书写物起名叫“纸”，俗称“纸张”，至今这一带还有蔡伦当年造纸的遗址。皇帝夸赞他的才能，从此都采用他造的纸，称为“蔡侯纸”。

蔡伦不仅发明了造纸术，还促进了纸的生产和大规模用纸高潮，使纸本书籍成为传播文化的最有力工具。他向汉和帝刘肇献纸的公元 105 年那一年，遂定为纸的诞生年份。蔡伦这一发明，成为中国古代四大发明之一，深刻地影响着世界历史的进程。对人类文明作出了巨大的贡献。美国人麦克·哈特在《影响人类历史进程的 100 名人排行榜》中，将蔡伦排在第七位。

公元二世纪，纸在中国就有了广泛的使用，不到几百年时间中国人就向亚洲其他一些地区出口纸。在很长的时期里，他们对造纸技术保密。公元 751 年唐朝在哈萨克境内打了败仗，有些中国造纸工人被阿拉伯人俘虏，后来阿拉伯大食国知道了这个情况以后，就把这批人专门弄到他们的手头，让这些人去搞造纸，不久撒马尔罕和巴格达都有了造纸业。造纸技术逐渐传遍了整个阿拉伯世界。12 世纪欧洲人从阿拉伯人那里学到造纸技术。纸的使用逐渐广泛起来，15 世纪时，欧洲人谷腾堡利用印刷术印出了第一部《圣经》。1466 年，第一个印刷厂在意大利出现，这种便于文化传播的技术很快遍及整个欧洲。

二十四、五丈原　诸葛亮最后的战场

东汉末年，魏蜀吴三国中原逐鹿，期间蜀魏相争，在秦岭的南北两面进行了最后的较量，诸葛亮在六出祁山，北伐曹操时所写的前出师表不知道激励了多少有志青年，去报效国家，报效民族。诸葛亮在国家财力，人力远不及魏国的情况下，他尽了最大也是最后的努力，完全做到“鞠躬尽瘁，死而后已”。他最后死于秦岭北麓的五丈原，长眠于汉中的定军山。诸葛亮是千古名臣，中国人智慧的化身，

图 50 五丈原

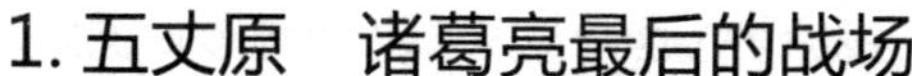

1. 五丈原　诸葛亮最后的战场

五丈原位于西安西面 140 公里秦岭北坡的岐山县南 20 公里处的一个高 50 余米的塬，面积约 12 平方公里，是三国时诸葛亮最后一个战场。五丈原南依棋盘山，北临渭河，东西两面为河流冲刷出的深沟，形势险要。

公元 227 年，屯兵汉中的诸葛亮以《出师表》上书，开始了悲壮的五次北伐战争。这是主动的进攻，也是无奈的防御。公元 234 年，诸葛亮再次率兵由汉中出发，走褒斜栈道，穿过秦岭，进驻五丈原。诸葛亮先屯田练兵，待机伐魏。魏将司马懿深知诸葛亮神机妙算，在渭河北岸固守，不敢贸然出兵。双方在五丈原相持百天不战，诸葛亮不得不引诱魏兵入葫芦沟作战，并放火烧断谷口，欲大败魏将司马懿，未料一场大雨，魏军死里逃生。诸葛亮不禁仰天长叹："谋事在人，成事在天。"在这最后的一战后，同年秋天，诸葛亮因病死于军中。当司马懿后来进兵到诸葛亮指挥作战的地方时，看到蜀军阵地之险要，惊叹道："天下奇才也。"后人为了纪念诸葛亮，在这里修建了纪念寺庙。

当年诸葛亮屯田的地方，人称"诸葛田"。当年诸葛亮设军帐指挥作战的地方还留有半米高的城墙残迹，南北长约 250 米、东西宽近 100 米。当地群众给这个小城堡起名"豁落城"。在五丈原的土中，陆续找出不少做饭用的"诸葛锅"，铁锅上铸有汉代隶书文字。

2. 定军山　诸葛亮墓

诸葛亮墓，在汉中勉县定军山脚下。诸葛亮五次出兵攻魏，争夺中原。建兴十二年，病死于五丈原军中，后葬于定军山。武侯墓区，岗峦起伏，山环水抱。墓区内的建筑，多是明、清两代一所三院建筑。大殿院中，有历代歌颂诸葛亮的诗词和复修墓庙记文的石碑。大殿龛上，端坐着诸葛亮的塑像，纶巾，羽扇，鹤氅，方据，神态庄严。关兴、张苞，侍立左右。

墓在大殿之后，墓前有一小亭，内竖石碑一通，上刻“汉诸葛忠武侯之墓”。这是最早的一座武侯祠。魏将钟会伐蜀时也到庙拜祭诸葛亮，命令军士不可在其墓左右伐樵。到后来，多个地方都有修建武侯祠纪念诸葛亮。

图 51 诸葛亮墓

3. 诸葛亮　中国人智慧的化身

当刘备在南阳三顾茅庐，请出了诸葛亮，去扶助他安邦定国。在此后的岁月里，诸葛亮的所作所为，证明了他无疑是中国历史上空前的、最伟大的谋略家。诸葛亮一开始扶助刘备，就在《隆中对》提出了刘备政权长期战略外交规划，出谋划策。等到他开始独掌蜀汉军政大权以后，则以“法”为根本，到后来在朝内作八务、七戒、六恐、五惧训诫各臣，而朝外亦民风朴实，赏罚分明，突出法制的作用，在中国古代极为罕见。他鼓励其他朝臣以集思广益的态度进谏，又敢于认错，在第一次北伐时，因误用与他最为亲密的马谡而失败，后上表自责，自贬降官，将马谡处死。《三国志》的作者陈寿的父亲因马谡兵败连坐被罚剃发，但是他对诸葛亮的评价却是“尽忠益时者虽仇必赏，犯法怠慢者虽亲必罚”。诸葛亮忠于主君，备受后世推崇。在受刘备托孤后，他一直对刘禅尽心尽力，做事都亲力亲为，《出师表》中表明了自己的心迹，直至最后病死军中。诸葛亮大权独揽十余年，但是既不敛财，也不谋任何私利或名位，一直只以兴复汉室为任。另一位托孤重臣李严曾写信给诸葛亮，希望他受赐九锡，但诸葛亮拒绝，表示不能为汉室收复中原就不算有功。诸葛亮曾上表说自己没有多余财产，只有八百株桑树、十五顷田地，而自己穿的都是朝廷给的，自己没有一点多余的财产。果然，诸葛亮直至死也是如此，甚至在临死前，也吩咐下葬时挖一个洞，只要棺木能放进去便够，自己只需穿平常的服装，不要其他陪葬物。诸葛亮死后三十年，他的长子诸葛瞻、长孙诸葛尚一起在保卫国家的战争中战死沙场。

诸葛亮在技术发明上亦有灵巧的构想，曾发明损益连弩（诸葛弩）、木牛流马、孔明灯等。诸葛亮推演兵法，作的八阵图，直至唐代名将李靖仍十分推崇。

由于《三国演义》夸大了诸葛亮的军事指挥方面的才能，现代经常有人质疑诸葛亮军事能力的观点。作为蜀汉十多年间的最高军事指挥和前线决策者，除平定南方叛乱以外，诸葛亮以不足曹魏五分之一的人口和兵力（蜀国人口为 94 万，兵 10 万，魏国人口 440 万。三国时的全国总人口只有 767 万），不但长期进攻曹魏使其基本不敢入侵本国，反而占得了魏国阴平、武都两个郡。他的能力大小，谁都可以判断了。

诸葛亮千百年以来，已经成为中国人智慧的化身，受到人民世世代代的崇敬和膜拜。

二十五、与汉朝同时代的遗址

1. 长陵　汉高祖陵墓

长陵，是汉高祖刘邦的陵墓，在咸阳市渭城区窑店乡三义村北，距西安市区 20 公里。

公元前 209 年，陈胜在大泽乡起义。刘邦在沛县起兵响应，号称沛公。他与项羽起义军一起消灭了秦王朝。在楚汉战争取得胜利后，刘邦即皇位，是为汉高祖，定都长安。公元前 195 年病逝，终年 61 岁。

《晋书 · 阮籍传》说阮籍是三国时代的名士，处在曹操死后的魏明帝时代，与嵇康、刘伶等七人为友，常集于竹林之下肆意酣畅，世称竹林七贤。

图 52 汉高祖刘邦陵墓

一次，阮籍经过河南荥阳的广武。广武地势险峻，分东、西两城，相距约四百米，中间横梗着一道深涧。当年楚汉相争的时候，这里曾是刘邦、项羽激战的战场，至今还有当时激战时留下的遗迹。阮籍登高远眺，山河依旧，而人事全非，不由得大伤情怀，发出感慨："时无英雄，使竖子成名！"说完，落下了眼泪，然后悲伤地离去。不知道他如果登上长陵，又有何感叹？

时无英雄，谁是英雄？在阮籍眼中刘邦原先只是个亭长，小小的村官，本身没有啥本事，不会武功，没有智谋，没有出众之处，却居然得了天下。而项羽，出身于将门，力可拔山兮，常被众人贯以英雄的名号，实际只是个不懂战略，目光短浅的残暴武夫。如果阮籍站在长陵之顶，俯视关中大地的点点墓茔，回顾大汉江山的鼎盛辉煌，再听听刘邦大风歌的回音，英雄不问出处，那么他的那种竖子成名的感叹会是不一样的。

2. 张良庙

张良庙位于秦岭之中，在宝鸡至汉中的紫柏山东南脚下。张良在汉朝建立后，隐居于此。后人仰慕他"明哲保身"的策略和"功成不居"的风格，在此建庙奉祠。因他曾封"留侯"，故名"留侯祠"，俗称"张良庙"。张良庙有 6 大院，150 余间殿宇，院院相连，亭阁星罗。庙内现存摩崖石碑 100 多块，木匾 50 多面，木、石刻对联 30 多副。

运筹帷幄之中、决胜千里之外

张良是韩国人。秦灭韩时，张良尚有家僮三百人。他倾全部家财寻求刺客，企图暗杀秦始皇，为韩报仇。后乘始皇东游之机，与刺客在博浪沙（今河南原阳东南）狙击未遂。于是变更姓名，亡匿下邳（今江苏睢宁西北），曾从圯上老人学《太公兵法》。陈胜、吴广起义后，张良聚众响应，不久归属刘邦，此后成为刘邦的重要谋士。他协助刘邦制订作战方略，提出许多重要建议。这些建议对刘邦夺取楚汉战争的胜利和建立西汉王朝起了决定性作用。刘邦进据咸阳时，很想留居宫中；张良说刚入秦就想贪图安乐，

图 53 张良庙

这是“助桀为虐”。刘邦听了，立即还军霸上，因此得到秦民的拥护。项羽进入关中后，刘、项之间关系紧张，大有一触即发之势。张良劝刘邦在鸿门宴上卑辞言和，保存实力，并疏通项羽的叔父项伯，使刘邦得以脱身。汉二年（公元前 205），刘邦在彭城一战中遭到惨败，张良又建议刘邦争取英布、彭越起兵反楚，从而奠定了日后对项羽实行战略包围的基础。楚汉相持于荥阳、成皋时，刘邦为了摆脱困境，曾一度想采纳郦食其的建议，复立六国之后，以牵制项羽。张良力陈其弊。刘邦遂改变主意，这对楚汉战争以及此后的形势有重大影响。刘邦即帝位后，封张良为留侯。

《史记》记载，刘邦平定天下之后，曾经得意洋洋地讲：“我之所以有今天，得益于三个人：运筹帷幄之中、决胜千里之外的张良，镇守国家、安抚百姓的萧何，战必胜、攻必取的韩信。这三位都是人杰，为我所用，所以得了天下。”张良、萧何与韩信，在汉初分别被封为留侯、酂侯、淮阴侯，被委以重任。但没有几年，刘邦就不再信任这些旧臣。西汉十一年（公元前 196 年），吕后和萧何诱韩信至长乐宫的钟室 以谋反罪名杀之，诛灭三族；两年后，相国萧何获罪下狱。唯有留侯张良淡泊名利，做了深山

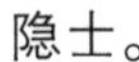

隐士。

3. 穿越秦岭的栈道

> 栈道是中国古代继长城、大运河之后的第三大古建筑。
>
> ——茅以升（中国土木工程学家、桥梁专家、工程教育家）

“明修栈道，暗度陈仓”，讲的是楚汉相争时的故事，非常著名。故事说的是：公元前 206 年在汉中的刘邦听从大将韩信的计谋，派少数人修栈道，以转移镇守关中西部雍王章邯的注意力，暗地里沿着西边艰险的陈仓道（即秦栈），北出大散关，攻占了陈仓城，进军咸阳。

栈道是我国古代在峭岩陡壁上凿孔架桥连阁而成的一种通道，也是兵家攻守的交通要道，路途险恶，工程艰巨。川陕之间的栈道始建于战国时代，拓展于秦汉两代。秦岭深处，崇山峻岭，水流湍急，树密草深，开凿极为困难。当时开凿山石不是用铁器或火药，而是原始的“火焚水激”法。先用火烧石面，待石温很高时突然用凉水激冲，热石受冷裂开。遇到大石塞路，则用大锤敲碎；遇到峭壁悬崖，则在崖壁上凿孔，架横木，上复木板，用钉固定；遇到危险沟涧，用石栏保护。楼阁的建造，大多是在崖壁上凿成 30 公分见方、50 公分深的孔洞，洞中插木柱、石柱，远望如空中悬阁。另外，还有“逢水架桥”的桥道。为水中埋没木柱，木柱底端牢牢插入预先凿成的石基孔洞中，上设梁木，再铺木板，即“梁柱桥”。在汉中博物馆中可以看到北魏王远的《石门铭》，它如实地记述了昔日栈道的建造。由于古代战火焚烧和 2000 年的蚀毁，如今的古栈道仅仅留下峭岩陡壁上的凿孔。

为了连接四川和陕西的交通，穿越秦岭和巴山，有好几条栈道：

子午道，北口在长安县，叫子口；南口在洋县，叫午口，全长 420 公

图 54 栈道

里。鸿门宴后，刘邦被项羽贬到巴蜀地带做汉王，就是沿子午道返回汉中。途中他听张良的主意，烧了走后的栈道，以防止项羽南侵，又可使项羽不疑心刘邦北上。

褒斜道，南口在汉中以北的褒谷，北口在眉县的斜谷，通称褒斜谷，全长 470 公里。

秦岭，巴山里还有别的栈道；党骆道，陈仓道，连云道，祁山道，荔枝道，米仓道，金牛道。其中的金牛道，北起陕南勉县，南至四川巴中大剑关口。此道川北广元到陕南宁强一段十分险峻。诗人李白感慨的“蜀道难，难于上青天”，就是指的这一段。

两千多年来，历经战火焚烧和自然蚀毁，古栈道上只留下斑斑痕迹和难忘的往事。西周时期，“周幽王烽火戏诸侯”为博一笑的褒姒即是汉中褒河古栈道附近的褒国的一名“美女”，只是不知道，那时她是沿着怎样的栈道，穿越秦岭，来到西周都城丰镐。

“明修栈道，暗度陈仓”成就了汉高祖刘邦的伟大业绩。三国争雄，诸葛亮在秦岭南边，沿着栈道进兵汉中，六出祁山，在群山之中表现出他的鞠躬尽瘁的精神。诸葛亮最后一战的 420 年后，李白从四川沿着栈道来到长安，感叹路途的艰难，留下了蜀道之难，难于上青天的叹息！又过了几年，秦岭里充满智慧与杀戮的山涧古道散发出了唐明皇的柔情和杨贵妃娇媚的气味；“长安回望绣城堆，山顶千门次第开；一骑红尘妃子笑，无人知是荔枝来”，有一条栈道就干脆被改名为“荔枝道”，从四川到长安，不过三日，运来的荔枝犹鲜如初。

栈道千年，历经风雨，陈年旧事、历史传说不计其数，如今，走过栈道，那些远去的古人依然会缭绕在你身边，仿佛可以听到他们的脚步声和长啸低吟的回音；褒姒、刘邦、韩信、张良、张骞、蔡伦、诸葛亮、李白……

二十六、大明宫国家遗址公园

"无疑的，中国的文化是世界最进步的。当时，它是世界上最强大、最开明、最进步、统治最好的一个帝国"。

——威尔·杜兰（美国最著名的通俗哲学史家、历史学家）

唐长安城遗址　同时代世界最大的城市

唐长安城，它兴建于隋朝，称之为大兴城，唐朝改名为长安城，这是隋唐两朝的首都，是我国历史上规模最为宏伟壮观的都城，也是当时世界上规模最大的城市。城市面积达 84 平方公里，比同时期的罗马帝国都城君士坦丁堡大 7 倍。长安城由外郭城、宫城和皇城三部分组成，最多时人口超过 100 万。

长安城有三座主要的宫殿，分别是太极宫、大明宫和兴庆宫。太极宫，是隋朝和初唐时期的皇帝居所和朝会之地。大明宫位于太极宫东北方的龙首塬高地上，是一座相对独立的城堡，可俯瞰整座长安城。从唐高宗开始的历代皇帝都在这里居住和处理朝政。兴庆宫位于外郭城的东部，原是唐玄宗早年任临淄王时的藩邸，后改名为兴庆宫。称为"南内"。唐玄宗和杨贵妃长期在此居住。兴庆宫位于现在的西安交通大学北面。唐末兴庆宫毁于战火，1958 年遗址改造为兴庆公园，并兴建了阿倍仲麻吕纪念碑等。

东市和西市是唐长安城的经济活动中心，也是当时全国贸易中心，还

图 55 大明宫遗址公园一角

是中外各国进行经济交流活动的重要场所。这里商贾云集，贸易极为繁荣。东市分布在今天的西安交通大学以西、西安铁路局以北的地方，其街宽都近 30 米。今天西安交通大学校园尚有部分建在东市和市东街道之遗址上。东市由于靠近皇宫，周围坊里多皇室贵族和达官显贵第宅，故市场经营的商品，多上等奢侈品，以满足皇室贵族和达官显贵的需要。西市则距皇宫较远，周围多平民百姓住宅，市场经营的商品，多是衣、烛、饼、药等日常生活品。西市商业较东市繁荣，是长安城的主要工商业区和经济活动中心，因此又被称之为“金市”。西市距离唐长安丝绸之路起点开远门较近，周围坊里居住有不少外商，从而成为一个国际性的贸易市场。大道上时常挤满了波斯人、印度人、犹太人，亚美尼亚人及高丽、百济、新罗、日本等各国各地区的商人、使节和雇佣军。其中尤以中亚与波斯（今伊朗）、大食（今阿拉伯）的“胡商”最多，他们多侨居于西市或西市附近一些坊里。这些外国的客商以带来的香料、药物卖给中国官僚，再从中国买回珠宝、丝织品和瓷器等。因此，西市中有许多外国商人开设的店铺，如波斯邸、

珠宝店、货栈、酒肆等。其中有西域姑娘为之歌舞侍酒的胡姬酒肆，时有少年光顾。故李白《少年行》就有“五陵少年金市东”，“笑入胡姬酒肆中”的诗句。

唐长安城在当时也影响了邻近国家和地区的都城建设。渤海国上京龙泉府就是效仿了长安的规划。日本国的平城京、平安京、腾原京、难波京以及长岗京不仅形制和布局模仿长安，就连一些宫殿、城门、街道的名字也是袭用了长安城的相应名称。

今天，在唐长安城的大明宫原地建立起了大明宫遗址公园，成为西安的“城市中央公园”，重现大唐王朝的荣耀光彩。遗址公园也是国际古遗址理事会确定的具有世界意义的重大遗址保护工程，

大唐帝国　中国第三个盛世

唐朝（公元618年—907年），是中国历史上最强盛的时代之一，也是当时世界上最强大的国家。李渊于公元618年建立唐朝，以西安为首都。其鼎盛时期，统治势力达到中亚的沙漠地带。唐朝的国力在唐玄宗开元年间中期达到顶点，发生于天宝十四年（公元755年）的安史之乱是唐朝历史的分水岭，随后，唐朝走向衰落，唐末中央政府实际权力被梁王朱全忠控制，首都迁往洛阳，公元907年朱全忠逼唐哀帝禅位，唐朝遂亡，开始了五代十国时期。唐历经21位皇帝（含武则天），共289年。

自商周以来，文明的发展过程中出现过三次盛世。第一盛世是西周，是思想和文化的盛世，第二次盛世是西汉，第三次盛世就是唐代。

从世界的同一时代来看，唐帝国也是最重要、最强盛的国家。欧洲的封建强国主要有法兰克王国和拜占庭王国，但就封建社会的发展阶段而言，它们都远远落后于唐朝，西欧的封建城市尚未出现。东罗马帝国除查士丁尼时期的短暂强盛外，社会发展进程很快就为阿拉伯国家的入侵所打断。西方继起的强国是横跨亚、非、欧三大洲的阿拉伯国家，但其迟至8世纪

时才逐渐形成封建制。东方重要的国家有印度和日本。印度戒日王重新统一次大陆前后才开始确立了封建制。他死后，次大陆随即分崩离析，割据局面一直延续到12世纪末。日本的“大化改新”尽量模仿唐朝的制度，由奴隶制向封建制过渡。唐朝在它那个时代，远远走在世界前面。

二十七、昭陵　唐太宗墓地

1. 昭陵

礼泉县城东北的九嵕山，是唐朝第二代皇帝李世民的陵墓，昭陵。昭陵依九嵕山峰，凿山建陵，开创了唐代封建帝王依山为陵的先例。是关中“唐十八陵”中规模最大的一座。昭陵陵园周长 60 公里，占地面积 200 平方公里，共有陪葬墓 180 余座，主要有长孙无忌、程咬金、魏征、温彦博、段志玄、高士廉、房玄龄、孔颖达、李靖、尉迟敬德、长乐公主、长孙皇后、韦贵妃等墓，还有少数民族将领阿史那社尔等 15 人之墓。是世界最大的皇

图 56 九嵕山昭陵

家陵园。昭陵陵园建设持续了 107 年之久，地上地下遗存了大量的文物。五代军阀温韬盗掘昭陵记载有“从埏道下见宫室制度，宏丽不异人间”。可以想象出这个“山下宫殿”内部的宏丽情景。根据文献记载，昭陵建筑时，在南面山腰凿深 75 丈为地宫，墓道前后有石门 5 重；墓室内设东西两厢，列置许多石函，内装随葬品。

昭陵的地下宫遗址还没有挖掘。上世纪 70 年代，考古工作者先后发掘了徐懋功、尉迟敬德、程咬金、张士贵、郑仁泰、长乐公主、韦贵妃等 40 余座陪葬墓，遂建成了昭陵博物馆。

2. 昭陵博物馆

博物馆位于昭陵陵园中心的李绩（徐懋功）墓前，在礼泉县烟霞镇。是一座遗址型博物馆。博物馆馆藏文物 8000 余件，陈列室共集中展示昭陵陵园近 40 座陪葬墓出土的精品文物 400 余件（组）。有昭陵独有的彩绘釉陶和绚丽多彩的唐三彩。张士贵墓出土的贴金彩绘文武官俑被定为国宝级文物。唐墓壁画陈列室展出诸多陪葬墓出土的大量壁画，有婀娜多姿的侍女，翩翩起舞的乐伎，神态各异的给使，还有贵夫人乘牛车出行的场面。这些都是唐代政治、外交、文化和军事活动的真实再现。昭陵碑林共收集昭陵六骏碑、唐太宗像碑、昭陵图碑等 60 余通，其中有 22 通为国家一级文物。

3. 唐太宗　中国最伟大的皇帝

唐太宗李世民在位 23 年，由于唐太宗能任人廉明，知人善用，虚心纳谏，重用魏徵等诤臣；并采取了一些以农为本，厉行节约，休养生息，文教复兴，完善科举制度等政策，使得社会出现了安定的局面。当时年号为“贞观”，人们把他统治的这一段时期称为“贞观之治”。

4. 贞观之治　无为而治

唐太宗吸取隋朝灭亡的原因，非常重视老百姓的生活。他强调以民为本，常说：“民，水也；君，舟也。水能载舟，亦能覆舟。”太宗即位之初，下令轻徭薄赋，让老百姓休养生息。唐太宗爱惜民力，从不轻易征发徭役。他还下令合并州县，革除“民少吏多”的弊病，有利于减轻人民负担。

由于历年的战争，贞观初年，全国人口从隋朝时的 4600 多万减少到 1800 多万。田地开垦量不到隋代的三分之一。到了贞观八、九年间，牛马遍野，百姓丰衣足食，夜不闭户，道不拾遗，出现了一片欣欣向荣的升平景象。到了贞观之治后，唐朝人口就达到 3714 万。

唐太宗十分注重人才的选拔，曾先后 5 次颁布求贤诏令，并增加科举考试的科目，扩大应试的范围和人数，贞观年间涌现出了大量的优秀人才，可谓是“人才济济，文武兼备”。唐太宗重用人才，唯才是任。铁面无私，依法办事成了贞观之治的基本特色。他曾说：“国家法律不是帝王一家之法，是天下都要共同遵守的法律，因此一切都要以法为准。”法律制定出来后，唐太宗以身作则，带头守法，维护法律的划一和稳定。贞观年间法制情况很好，犯法的人少了，被判死刑的更少。据记载贞观三年，全国判处死刑的囚犯只有 29 人。贞观五年，死刑犯增至 290 人。这一年的岁末，李世民准许他们回家办理后事，明年秋天再回来就死（古时秋天行刑）。次年九月，290 个囚犯全部回还，无一逃亡。那时政治清明，官吏各司其职，人民安居乐业，犯罪率也就非常少。

贞观年间也是中国历史上唯一没有贪污的年代，这也许是李世民最值得称道的政绩。皇帝以身作则，官员一心为公，吏佐各安本分，滥用职权和贪污渎职的现象达到了历史上的最低点。唐太宗主要是以身示范和制定一套尽可能完善的政治体制来预防贪污。相比之下，明朝的朱元璋对贪污的处罚最为严酷，贪官一律处以剥皮的惨刑，可是明朝的贪官之多在历史上也属罕见。可见防范贪污主要取决于一套完善的制度，光靠事后的打击

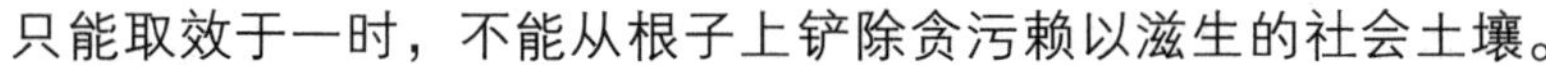

只能取效于一时，不能从根子上铲除贪污赖以滋生的社会土壤。

贞观年间，除了接受大批外国移民外，还接收一批又一批外国留学生来中国学习先进文化，仅日本的官派的公费留学生就接收了七批，每批都有几百人。民间自费留学生则远远超过此数。唐朝赴日本的使节和僧人中，最有影响的是鉴真，曾六次东渡日本，在日本传播唐朝文化。这些日本留学生学成归国后，在日本进行了第一次现代化运动——“大化改新”，也就是中国化运动，上至典章制度，下至服饰风俗，全部仿效当时的贞观王朝，他们以唐朝的制度为模式，进行政治改革，还参照汉字创制了日本文字，在社会生活中至今都保留唐朝人的某些风尚。使处于原始部落状态的日本民族凭空跃进了一千年。

二十八、乾陵　唐高宗和武则天陵墓

乾陵是女皇帝武则天与其夫唐高宗李治的合葬地。

唐高宗李治（公元 628 年—683 年）是唐太宗李世民的第九子。唐高宗即位后，执行贞观遗规，社会政治清明，经济繁荣，人民安居乐业。李治病逝于东都洛阳，享年 56 岁，在位 34 年。

乾陵历经 1300 多年的风雨沧桑，地面的宏丽建筑已荡然无存，唯陵园内城朱雀门外司马道两侧沿主轴线列置的 120 余件精美绝伦的大型石刻群，让人感受到盛唐时代风格。令人瞩目的是墓前两通石碑，西边的一通是唐高宗的金字“述圣纪”碑，它是女皇武则天为高宗歌功颂德而立的纪念碑，武则天亲自撰文，中宗李显书，笔画初刻填以金屑，现今个别字的

图 57 乾陵

金迹尚在。东侧一通是武则天的无字碑，碑身雕有八条互相缠绕的螭龙，左右两侧各四条。碑身用一块完整的巨石雕成，两侧各线刻高 4.1 米的“升龙图”。无字碑上本来没有文字，可是被历代游客填了不少字。从北宋到明末的 500 多年间有“往来登眺者题咏诗篇刊其上”，计 39 人 42 段。其中无字碑阳面正中的“大金皇弟都统经略朗君行记”题刻是用被称为“二十世纪之谜”的罕见的契丹文字镌刻的，史料价值比较珍贵。

乾陵是目前唯一未被盗掘的唐代帝王陵墓。据乾陵《述圣纪》碑记载，唐高宗临终遗言，要求将他生前所珍爱的书籍、字画等全部埋入陵中。武则天营建乾陵的目的是为了报答唐高宗的知遇之恩，陪葬入乾陵的稀世珍宝不计其数。这是一个满藏无价瑰宝的地宫。

女皇武则天　无字碑

武则天的墓碑上没有一个字。这个无字的碑引起了后人的无限好奇和猜想。如果你了解了武则天的生涯，也许你就明白，她的墓碑只能是无字的。

武则天，在中国漫长的男权社会里，是唯一一个以皇帝之名统治中国长达 16 年的女皇帝，可谓空前绝后。

武则天 14 岁时，唐太宗李世民听说她美丽聪明，便召入宫中，立为才人，赐号“武媚娘”。入宫后，武则天以独特的气质脱颖而出，给唐太宗留下深刻印象。皇宫中有一匹烈马，无人能够驾驭。武则天主动请缨，对唐太宗说：“妾能制之，然须三物，一铁鞭，二铁挝，三匕首。铁鞭击之不服，则以挝挝其首，又不服，则以匕首断其喉。”其刚性气质令久经沙场的唐太宗刮目相看。唐太宗病重，太子李治每日入侍，武则天开始与太子接触，结下了炽热的恋情。唐太宗病逝后，武则天被迫到感业寺当尼姑。当唐高宗到感业寺行香的时候，武则天想尽办法与之相见，两人旧情重燃，均流下眼泪。王皇后得知这一消息，主动建议皇上将武则天召进宫中，武则天由此重入皇宫。

武则天进宫后，迅速以拉拢威胁等手段，建立起由大量太监宫女组成的网络，展开争夺皇后宝座的激烈斗争。为达到目的，她不仅以亲手杀死女儿为代价诋毁王皇后的名誉，而且诬告王皇后用巫术害人，不择手段地排挤了王皇后和萧淑妃。武则天成为皇后那天，就把王皇后、萧淑妃打入冷宫。后来，当她得知皇上见过二人并答应好好处置二人时，武则天还没等唐高宗有所行动，便派人将王皇后、萧淑妃各打一百杖，然后断去她们的手足，投入酒瓮中，令二人在极端痛苦的状态中挣扎数日才死。

在入主中宫的斗争中，武则天也开始了与长孙无忌等权臣的较量。长孙无忌被杀后，先前由长孙无忌提议而立为太子的皇长子李忠被废，代之以武则天年方 4 岁的儿子李弘。武则天得到了唐高宗的专宠，唐高宗一共有 12 个子女，后面的 6 个都是武则天所生。可见，其他妃嫔再无法得到皇帝的幸御。公元 660 年，唐高宗 33 岁时，因脑子毛病，头晕，眼睛看不清，将朝廷的一些事情交给武则天处理，唐高宗对武则天的处理非常满意，于是委以政事。公元 666 年正月，李治与武后同登泰山封禅，谒祀孔子，形成了“二圣”并尊的局面。武则天大开科举之门，广选官吏，培植自己的力量。在她首创的殿试中亲自当主考官。她所提出的建言十二事：劝课农桑，薄赋徭，禁浮巧，省功费力役，广言路，杜谗口等等，都是深得人心。她还主持修撰《姓氏录》，提高了武氏的地位，也拉拢了中下层官吏。武则天的权力网不断扩大增强，实际上掌控了朝廷的实权。这并不是唐高宗的初衷，他有点后悔，图谋收回大权，借有人告发武则天在宫内行巫蛊之术为由，密令宰相上官仪草诏废后。岂知武则天的耳目遍布皇宫，当她得知消息后，马上找到皇帝，软硬兼施，诉说自己的冤屈。唐高宗见事已泄露，强行废后反而不好，于是把上官仪当做替罪羊，让武则天将其满门抄斩。

公元 675 年，年仅 24 岁的皇太子李弘奏请释放萧淑妃的女儿，得罪了武则天，不几天突然去世，时人认为是被武则天毒死的。唐高宗很受刺激，病情更加严重，打算逊位于武则天，终因朝臣的强烈反对而作罢。接着，武则天的次子李贤被立为太子。李贤很想有所作为，迅速地发展自己的势力，并冲击着武则天。在权力斗争中，武则天是不会屈从任何人的，即便是自己的亲生儿子。所以，母子之间发生剧烈的矛盾，以致李贤怀疑自己并非武则天的亲生儿子。武则天为此大怒，随便找了个借口，便把李贤贬为平民百姓。然后，她将第三子李哲立为新太子。

公元683年，唐高宗病逝于洛阳宫，这一年，武则天60岁。按照唐高宗遗嘱，太子李哲即位，成为唐中宗。武则天被尊为皇太后，继续执掌着朝政大权。唐中宗年轻气盛，不顾法度地破格提升皇后韦氏之父韦玄贞，当裴炎提出反对意见时，唐中宗大怒："我就是将天下交付给玄贞，又有何不可！"裴炎忧惧，赶紧报告武则天。武则天雷厉风行地召集百官，当即下达太后令，将唐中宗废为庐陵王，转而立幼子李旦为皇帝，即唐睿宗。

武则天为了做一个女皇帝，将已被废为平民的二儿子李贤逼死，后来又将李贤的儿子——即自己的亲孙子李守义、李光顺活活鞭杀。将废为庐陵王的三儿子李哲完全软禁起来，使其没有人身自由。将已经即位的皇帝李旦安置在别殿，不让他参与任何政事。为了试探这个小儿子，武则天还假意要归政于皇帝，但李旦畏惧之心非常严重，根本不敢应承。这样，武则天对最后所立的皇帝还是比较满意的。

对自己的亲生儿子尚且如此，对李氏皇族的其他子孙及大臣们就更加无情了。对于唐高宗的另外几位儿子：皇庶子泽王李上金与许王李素节，一个被缢，一个因恐惧而自缢。故《资治通鉴》在武则天建立大周前一个月叙述神皇杀宗室十二人时，遂特别点明："唐朝宗室已经被杀完了！"

武则天一方面大开告密之门，重用酷吏，制造出千奇百怪的残酷刑罚，使持有异议的大臣屡屡遭受非人折磨而死，恐怖气息笼罩了整个朝廷！另一方面又大开诱惑之门，以高官厚禄吸引并破格录用大量失势和没有背景的士人，使他们为己所用。武则天以极其残酷无情的手段，开拓一条通往皇帝的道路。她的性格中凸显出魔鬼一般的冲天邪气。酷吏最横行的时候，是在武则天当皇帝之前。而在武则天受“圣神皇帝”尊号之后，为了笼络和稳定人心，她开始杀酷吏以安天下。

四大酷吏均死于自己的主子之手，进一步显示了武则天娴熟狠辣的权术。她将自己主使的冤假错案也放置在这几个人头上，这样，武则天很轻松地把自己摆脱出来，而大臣们也将所有的罪恶推到了已死的酷吏身上。历史的玄妙在于它的变幻莫测上。

怎样才能让世人接受女皇帝？无论如何，这是一个世俗根本无法接纳的想法。然而，中国封建文化中有着最为丰厚的“神化”土壤，无论是统治者还是民众，都似乎愿意把某一个人神化，以便大家都跟从他，如此便出现了最高的专权者皇帝。中国古代民众的宗教信仰远远比不了西方国家，而对神化的皇帝却有最高的尊崇与迷信。武则天及其部属利用了这一种意识，将“造神论”发挥到了极限。公元 690 年，侍御史汲人傅游艺率关中百姓九百余人诣阙上表，请改国号为周，赐皇帝姓武。武则天假意不答应，但升了傅游艺的官。于是百官及帝室宗戚、远近百姓、四夷酋长、沙门、道士合六万余人，都仿照傅游艺的举动，上表请武则天改国号。就连皇帝本人也被迫上表，说自己不愿意再姓李了，请求改为母亲的武姓。武则天三番五次推辞后，最终接受了皇帝和群臣的请求，废了睿宗，自称圣神皇帝，改国号为周，定东都洛阳为神都，史称“武周”，武则天成为中国历史上唯一一位女皇帝，这时她 67 岁。

武则天当朝期间，一直为她的皇位继承人问题而头疼。就像她既要创立自己的武氏王朝，又不能不承认自己的王朝获之于唐朝，自己的夫君乃是唐高宗，所以在供奉武氏神庙的同时，又不得不供奉李氏皇族一样，她的内心始终充满了矛盾。在武则天生命最后的岁月里，当病魔一次次降临之后，她也明白自己不是无所不能的。历史的趋势无法改变，终于，公元 705 年，即神龙元年正月，在武则天又一次病重时，宰相张柬之、崔玄[illegible]等发动了政变，史称神龙革命。武则天被变相地软禁起来，她被迫传位于太子，

并移宫于上阳宫。虽然她的儿子——新皇帝仍然率群臣请安，并尊奉她为则天大圣皇帝，然而武则天做梦也没有想到自己会从最高的权力座位上被拽下来。这是对她最致命的打击。这一年的 12 月，82 岁的她离开了人世。

现在没有人知道武则天是不是像佛教的禅宗那样顿悟到所有的权力和富贵都是虚空的，16 年的“圣神皇帝”也不过是过眼烟云；还是被逼无奈。她在临终遗嘱中说：放弃国号周和皇帝称号，不再做皇帝而要重新当李唐的皇后，指定自己要与先皇合葬，进李家祖庙。她也善意地宽恕了以前的政敌。由于这一遗嘱，武则天的灵柩在儿子中宗皇帝的亲自护送下返回长安，与唐高宗合葬于乾陵。从此，她进入了李唐的太庙，受到李氏子孙的尊礼。

再回到无字碑，李家子孙和武则天能在碑上写什么呢？她的一生的努力是不择手段，为了坐上皇帝这个宝座，然而在最后，她失去了这个宝座。她对李家，包括自己的亲子欠下深深的罪孽，她背叛了李家。墓碑上能叙述她的整个生涯吗？如果不写这段历史，那么还能写什么呢？什么也不能写，也无法写。对她来说，没有一个字的墓碑是最适合她的。但在她统治的近 50 年间，社会政治、经济和文化得到了蓬勃发展，对大唐有着承上启下的丰功伟绩。

二十九、泰陵　唐玄宗墓地

> 黄鹤一去不复返，白云千载空悠悠。
>
> ——崔颢（唐朝诗人）

泰陵凿于金粟山之内，以山为陵，山腹中建造墓室，四周绕陵筑墙。

泰陵是唐玄宗李隆基的墓地，李隆基是唐朝第七个皇帝。开元十七年（公元729年），李隆基拜谒其父亲墓地桥陵到金粟山，见此山有龙盘凤息之势，谓左右曰："吾千秋后，宜葬此地。"随着岁月的流逝，战火频起，泰陵曾遭受过多次破坏和洗劫，尤其是朱温篡唐期间，华原节度使温韬盗挖了全

图58 泰陵

部唐陵，取所藏珍宝。浩劫不仅使宏伟的地面建筑荡然无存，而且还祸及玄宗遗骸。北宋宋太祖，下诏修葺泰陵，玄宗遗骸重新安葬。

1. 开元盛世　最繁荣最强大的朝代

“它是人类有史以来，最光辉灿烂的一个时代。唐朝最鼎盛的一个时代就是唐明皇的时代……他是一位全才的皇帝，既善于诗词，也精于武功……他开始统治的时候，像是一位清教徒，关闭了丝织工厂，禁止宫女穿戴珠饰；但在结束时，像是一位享乐主义者，他享受着每一种艺术和奢侈，最后好好的王位断送在杨贵妃的笑靥上。

——威尔·杜兰（美国最著名的通俗哲学史家、历史学家）

唐玄宗是中国历史上最具传奇色彩的皇帝之一，“开元之治”，他把唐王朝推上昌盛的巅峰；而“天宝之乱”，他又把唐王朝置于几近灭亡的深渊；一折“长生殿”，使他流传千古；一曲“长恨歌”，又使他遗恨终生，实在是可赞、可恨、可歌、可叹！

贞观之治时，唐朝百废待兴，经济开始繁荣，但还谈不上有多强盛。从唐朝建立到唐玄宗登基，在经历了 95 年的无为而治后，经济空前繁荣，开元之治是唐玄宗统治前期所出现的盛世，史称“开元盛世”共 29 年。唐玄宗前期政治比较清明，任用贤能，经济迅速发展，提倡文教，使得天下大治。唐玄宗于这段时间提倡节俭，规定三品以下的大臣，以及内宫后妃以下者，不得配戴金玉制作的饰物，并且遣散宫女，以节省开支。他又下令全国各地均不得开采珠玉及制造锦绣，一改武则天以来后宫的奢靡之风。他并命令清查全国的逃亡户口及籍外田地，共查得八十多万户，大幅增加唐朝的税收及兵力来源。

在农业方面，兴修大型水利工程，提高农耕技术，茶叶生产的发展使

得唐朝出现了世界上第一部茶叶专著《茶经》。饮茶之风开始在唐朝盛兴。出现了新的农业工具——曲辕犁，筒车，使得农业产量大幅提高。手工业得到全面发展，丝织品种繁多，工艺高超。世界工艺珍品：越窑青瓷、邢窑白瓷、唐三彩相继而出。很快唐朝的财政变得丰裕，而且全国的粮仓充实，致使物价十分便宜。

在那个时代，以胖为美成了艺术的特征，而这个特征是在最先进的铁器农具被广泛使用、粮食产量大增、食品极其丰裕基础上形成的。

世界贸易中心

唐朝时，长安是世界贸易中心。在这方面，史书多有记载：当时，通往周边民族地区和域外的主要有七条交通干道，通向四面八方，包括通往西域，穿越帕米尔高原和天山的各个山口，到达中亚、南亚与西亚，最远到达欧洲，即著名的陆路“丝绸之路”。在扩展对外交通干道的同时，唐朝还在沿途遍设驿所。据《唐六典》记载，当时天下共设水驿、陆驿（交通接待站）1639 所。这些可与周边民族及远域实现交通的干道，不仅有利于政治外交往来与军事调兵运输，而且还便利了经济贸易交流和商旅通行。许多国家的商人、使节、僧侣与留学生，大量涌入唐朝境内，长安城里接待外国使者、宾客的机构鸿胪寺就拥有外国人四千多。外国人进入中国，还可以从政当官。来自阿拉伯帝国和日本的侨民就有不少在中国担任官职的，有的还担任部长级高级官员。

在长安西市有来自中亚、西亚的许多胡商摆摊经商，移居长安的周边少数民族，如突厥人进入长安的就有上万家。大量外国人、外族人长期在唐朝生活，与汉族杂居，或娶妻生子，入籍唐朝，带来了外国文化，边地风俗。从衣食娱乐，到宗教信仰，都对唐朝社会产生了深远影响。在丝绸之路沿线，在长安、洛阳、广州、扬州等地都有大量的外国人、外族人居住。新兴的商业城市——广州市的外国侨民就有 20 多万人。胡商、胡店、胡饼、

胡姬等名称正是当时的现实反映。大城市有专门接待胡商的邸店和住坊，有单独为胡人居住的蕃坊。朝廷为规范胡商的经营，专门为胡商立法，在沿海重要港口城市设置市舶司，专门掌管对外贸易。各大都市，胡商人数虽无较确切数字，但数量是很可观的。外商运进中国行销的商品种类主要是珠宝、玉石、香料、稀有珍奇动物、药材、马匹以及土特产品，运出的主要是中国的丝绸。唐中期以后，瓷器逐渐成为对外出口的大宗商品，海运的发展也为运输瓷器这类质重易损的商品提供了便利条件。因此，有人将海上丝绸之路又称为“瓷器之路”。在朝鲜、日本、东南亚、南亚、西亚、非洲都出土了大量唐代和五代的瓷器。

据苏莱曼《中国印度见闻录》记载，唐末在广州从事贸易活动的外国人有一个时期竟达 12 万人以上，他们带着香料、药物和珠宝，换取中国的丝织品、瓷器等物。“海上丝绸之路”同时期兴起。《新唐书·阎立德传》记载，唐贞观时阎立德在洪州造“浮海大航五百艘”。当时世界出名的商业城市，有一半以上集中在唐帝国。除了沿海的胶州、广州、明州、福州外，还有内陆的洪州（江西南昌）、扬州、益州（成都）和西北的沙州（甘肃敦煌）、凉州（甘肃武威）。首都长安和陪都洛阳则是世界性的大都会。

还有很多外商是以朝贡使团的名义从事商业活动的。唐朝对朝贡使团有很多优待政策和措施，如根据路程远近给付资粮，安排住宿，馈赠赠物（往往超过原进贡物品的价值），允许入市交易。邀请参加皇帝举办的“宴集”。据今人统计，与唐发生联系的国家和地区有 300 多个，包括周边少数民族政权、与唐有藩属关系的国家和独立政权，甚至极其遥远“绝域”的国家。很多地区和中央的关系是以朝贡的方式联系的。据统计，南亚、中亚与西亚来唐使团共 343 次，每团少则数人，多者可达数百人。

大唐盛世时唐朝的疆域东至朝鲜半岛，西达中亚咸海，南到越南顺化一带，北方疆域至贝加尔湖，总面积达 1251 万平方公里。学者们综合各方面史料推测，公元 8 世纪中叶，唐朝全国实际人口超过 7000 万。而在同一时间，欧洲，东法兰克福王国从塞纳河到莱茵河之间的人口是200—300万。北非的人口是300万。在农业经济为主的时代，人口就是生产力。唐玄宗时期人口繁盛，反映了当时中国总的经济实力远远超过世界各国。

开元年间，国家图书馆的藏书达到八万多卷。玄宗就曾亲自为《孝经》、《老子》、《金刚经》作注。所谓三夷教，即祆教、景教、摩尼教，也在唐朝得到传播。正是这样一个开放的社会，使唐朝在社会风气上显得雍容大度，李白充满自信的诗句“天生我材必有用，千金散尽还复来”，就是那个时代特征的写照。

唐玄宗统治后期，他渐渐贪图享乐，宠爱杨贵妃，不理政事。他还任用奸臣，造成朝政混乱，导致以边将安禄山和史思明为首的叛乱。历史上称之为“安史之乱”。安史之乱是唐朝由盛而衰的转折点。安史之乱仅仅6年，唐朝人口就从5288万减少到只有1699万。唐朝从此日渐衰落。

2. 无为而治　中国盛世的思想

从公元前202年汉高祖建立汉朝到公元前135年窦太后去世汉武帝执政之初，以67年时间实行无为而治，再确切一点来说，到公元前110年，汉武帝泰山封禅，达到他的执政巅峰，是92年时间，汉朝成为当时世界上最强大的国家。

唐朝用了98年时间（公元618年唐建立至公元716年唐玄宗执政之初）的无为而治，使得唐朝成为世界上最强大的国家。无为而治思想在中国历史上两度造就了当时世界上最繁荣强大的国家。

西汉初年，经过秦末农民战争和楚汉争霸，民生凋敝，生产力遭受极大的破坏。为了恢复生产，安定民心，从刘邦开始的西汉四代君王均采取“轻徭役　薄赋税”的政策，对内让百姓休养生息，恢复生产，对外则韬光养晦，睦邻友好，奉行“无为而治”的思想，为民意的凝聚、经济的复苏奠定了基础，并出现了“文景之治”的繁荣景象。宰相萧何、曹参在治国时，就按老子学说治理国家；按社会规律办事，按民众要求去办事，不干扰民众。惠帝元年，曹参为齐国宰相，为了治理国家，他重金请来对黄老之术有很深造诣的胶西盖公，盖公对他说：治理国家要达到清静无为，民众就安定了。曹参就按这个思想去治国，结果齐国很快就强盛起来了。经历过文帝和景帝两个朝代的窦太后，亲眼目睹了道家思想对汉初社会的贡献，倍加推崇黄老学说，《道德经》一度成为皇帝和太后家族子弟的必读著作。而儒家学者受到了冷落。正是这 67 年的无为而治，为汉武帝进行和匈奴的战争打下了经济、物资和人力的基础，也为汉朝的繁荣强盛打下了基础。

汉武帝死后，汉宣帝采取道法结合的治国方针：加强官员考核，大力整饬吏治，重拳惩治贪腐，奉行为政宽简，抑制土地兼并，减轻百姓负担，国家经济明显恢复，使汉朝达到了最强盛繁荣的境地。

唐朝开国之初，李渊为了抬高门第，神化统治，认老子为先祖，规定道、儒、佛，道为先。《老子》一书受到空前的尊崇，令天下人都去学习《老子》，这种情况和汉初的文景之治是相似的。国家的治理以老子的无为而治为指导思想，所以，和汉朝初期一样，社会文明发展迅速，经济成就巨大。

唐太宗的贞观之治本质上就是无为而治。唐玄宗把《老子》一书尊为《道德真经》，让年轻人学习，把《道德真经》作为贡举策试的经典之一。唐玄宗还为《道德经》作注。这本《御注道德经》是中国第一个皇帝注本。唐玄宗注好后，命令天下官员、民众，必须家藏一册，以行政命令推广《老子》，《老子》一书第一次受到全国的重视。

唐玄宗执政期间，禁修一般寺庙，开元二年就还俗一万二千人。但却建造规模宏大的“太清宫”（房屋数百间），供奉老子。他还下诏，让精研黄老的学士到京城对策，优者授以官职。洛阳人独孤及通晓玄经，以一篇策文举高第，被授予华阴县尉。开元中，唐玄宗效仿李世民也集聚了“十八学士”，其中康子元、敬会真都是因为是易经、老子和庄子的学者而被接纳。唐玄宗治国的许多思想都可以在《道德经》中找到渊源。他于公元 735 年、

755年两度对《道德经》注疏，宗旨是“取之于真，不崇其教，理国之要，可不然乎。”他从务实出发，寻求治国之道，他执政期间，改革弊政，以民为本，做了一些实事，正是老子“圣人无常心，以百姓之心为心”、“贵以贱为本，高以下为基”的体现。唐玄宗采纳了老子的治理国家的一些重要观点，他尚能纳谏，执法公正，不护亲朋等，都不是偶然的。但他年过半百之后，却忘掉了老子《道德经》对他的启迪，以为功成业就，怠于政事，贪图享受，迷恋酒色，把大权交给口蜜腹剑的李林甫，于是江河日下，引发安史之乱，国家走向衰落。

《老子》在明代、清代也受到关注，但是没有受到汉唐时期那样的尊崇，明太祖、清世祖虽然都为《老子》亲自作了注，但他们只是阐发自己的政治主张，没有把老子的基本思想作为国家管理的主导思想。很遗憾，明清也就没有出现如汉唐那样大的盛世。

从汉唐的盛世可以看到，无为而治可以释放出一个民族最大的创造力和热情。儒家的学说是为社会规划出人们生活，活动的框框，规定了伦理道德的标准，人们只能按祖先的行为法则行事，不要超出祖先的规定。无为而治则是按社会本身的自然规律去办，尽量减少人为的干预，释放人的创造力。要明白，人类的创造力是无限的！

3. 唐代的艺术

唐代雕塑

唐代雕塑艺术达到了中国雕塑史上的顶峰。唐代雕塑大量使用传统的铲地、镂雕与圆雕，用阴刻表现细部与绘画线描一样，用繁密的细线与短阴线表现装饰衣纹、阴阳凹凸面等等。动物丰满健壮，活泼和谐，生活气息浓郁。人物形象善歌善舞、吹拉弹奏各种乐器，场面欢快；构图新颖，雕刻工艺精巧，注重整体造型的准确，又在细节刻划上下功夫，具有丰满健壮，雍容大度，浪漫豪放的时代气息。

盛唐雕塑风格体现出了民族个性。中国佛教造像早期大多以印度人的形象出现的，魏晋南北朝以前中国在佛教造像上几乎没有自己的东西，都是以印度人的形象作为佛教造像。自从北齐画家曹仲达在不改变外来佛教基本面貌的前提下，将外国人的形象改造成中国人的样子开始，雕塑风格发生了急剧的变化。仅仅一二百年的时间，从云冈石窟到龙门石窟，雕塑很快形成了自己民族的独特风格。龙门石窟最大一个窟的菩萨造像是东方人的模样，据说是按武则天的原貌铸造的。

唐代敦煌莫高窟是佛教雕塑规模最大的地方，据说盛唐时莫高窟开凿数量多达 1000 余窟。现在我们到莫高窟可以看到的唐代雕塑也占所有雕塑的三分之一。从敦煌飞天的发展可以看出唐代雕塑艺术的越来越民族化。比如敦煌北魏飞天形体玲珑，在石窟上空势如飞鹤，但线条粗犷愚钝。而到了隋朝，飞天基本上都是头戴宝冠，上半身半裸，身上披彩带，虽然飞天的肤色，已经由红变黑，但可以看出姿态多样，绕窟飞翔最典型的是天女散花型。到了唐代飞天已经将外来艺术形式巧妙的融入自己民族的风格，形成自己艺术上独特的风格，飞天飞绕在洞窟周围犹如在天空飞翔，有的

图 59 独角兽

脚踏祥云，如同从天而降；也继承隋朝天女散花式样，手托花盘，将花瓣洒向天空。她们的衣裙朝一个方向有动感，显得那么轻盈、美丽动人。与前代相比风格更加民族化。唐代的唐三彩俑人雕塑可说是反映了当时典型的百姓生活，达到了中国古代写实人物雕塑艺术的高峰。唐三彩雕塑中对人物、动物的造型可以说已经达到了相当高的水平，唐三彩表现各种动态的骆驼、牛、马、羊等等动物和仕女、普通百姓甚至胡人，雕塑者了解掌握动物人物的结构比例，赋予创作的雕塑作品更高的精神气质。例如唐代青瓷·《胡人头像》是这类雕塑作品中形象最为生动传神的。头像中的胡人脸呈方形，头戴高帽，帽上有花纹，双眼深陷，眼瞪得很大，鼻子也是经过夸张处理的，大而且高。鼻左右是两端向上翘起的胡子，胡子用细浅刻画。下颌胡须浓密，而且呈卷曲状，与嘴一起，整个头像造型夸张，但又有严格的写实手法。将西方的写实、细节，融入中国的雕塑作品中，融以自己的元素，从而体现唐代雕塑艺术的包容性。

英国历史学家威尔斯在他著名的《世界简史》中说：当西方人的心灵为神学所缠迷而处于蒙昧黑暗中的时候，中国人的思想却是开放的，兼收并蓄而好探求的。

绘画

唐代的画家以自己对自然的热爱表达其真挚的感情，摆脱古典主义的束缚，道教曾给予他们启示，佛教也加强了他们这种感觉。道教说，人与自然在生活当中是一体的。诚如诗人发现逃避都市竞争的最好出处是自然，以及哲学家在自然里寻求道德的典范和人生的指引。画家也在悠悠的溪旁沉思，在深山中忘掉自己。中国人把自然看作最高的神，不仅在宗教上崇拜自然，在哲学上、文学上和艺术上，亦崇拜自然。从老子的道德经里就可以证明这点。中国的在山水绘画里所表现的崇尚自然，热爱自然的浪漫主义要比欧洲文艺复兴所表现出的浪漫主义要早了一千多年。从唐开始以

来的这些画作成为了人类最杰出的表现之一。

经过历史的变迁，流传至今的唐代绘画已屈指可数。名家的绘画作品中，公认的真迹不到 10 件。但由于后人的临摹与仿造，仍有一定数量能代表唐代绘画风格的作品流传下来。唐代最伟大的画家，同时，也是国际上公认的最伟大的画家是吴道子。他的画风超乎各宗派之上。吴道子的画就如其名。老庄（老子和庄子）的哲学思想，似乎很自然地从吴道子的画笔上流露到线条和色彩之中。

如同中国的宗教里，形成了儒教和佛道教两派一样，在中国的绘画里，也分成两派，分别代表西方人所谓的古典派和浪漫派；北方的画家严格的遵守古代端庄的古典画风，而南方的画家则重色彩，强调感情和想象的形式。北方一派努力达至精确的模仿形象和清晰的线条；南方一派反对这些限制，轻视纯写实，而企图把事物仅当做精神上的经验的要素和音乐上的心境的音调。在唐玄宗宫廷里画画的李思训，在宦海浮沉及孤独的流放生涯中，开创了北方画风，为北宗一派之祖。他曾首创中国山水画，力求写实。南方的一派则自然地对艺术发出革新，王维是这一派的始祖。在他那印象派的风格上，一幅山水画只不过是心境的一种象征。王维不但善画，也工诗，他希望借画表现诗，将这两种艺术融合为一；苏轼称赞王维的画和诗："诗中有画，画中有诗。"这几乎可以应用在所有的中国诗画中。据说，董其昌曾用尽一生去追求这位天才画家王维的神韵。

中国画不论在方法或哪一方面的应用上，几乎完全与西方的不同。中国画从来不在画布上作画；一般在纸上、丝织品上画画，偶尔，也作壁画，由于这种材料的脆弱，不易保存作品，在唐和唐以前只是在绘画的历史上，留下一段回忆和纪录而已，真品几乎无法保留下来。中国绘画有一种薄和轻的风味；大部分是水彩画，缺少欧洲油画中那种强烈而易引起美感的色彩。绘画被看做书法的一支，或是一种漂亮的书法，至少中国最早期的绘画形式是这样。

三十、华清池

春寒赐浴华清池，温泉水滑洗凝脂。

——白居易

我们不得不专门来诉说华清池，因为在这里发生过太多的故事。来到骊山脚下，多少遥远的往事就会涌上心头，仰望骊山上的烽火台，历史的沧桑历历在目。

1. 骊山　华清池

骊山位于西安临潼区城南，属于秦岭山脉，山势逶迤，树木葱茏，远望宛如一匹苍黛色的骏马而得名。山上有烽火台。历史上“烽火戏诸侯，一笑失天下”的典故就发生在这里。

华清池

据历史记载，这里的温泉大约发现在3000年前的西周时代。相传周幽王在此建骊宫，秦始皇时改为“骊山汤”，汉武帝时扩建为离宫，唐太宗营建宫殿取名“汤泉宫”，唐玄宗再次扩建取名华清宫，又称华清池。唐代华清池是帝王妃嫔游宴的行宫，每年十月到此，年终返回。唐天宝六年（公元747年）扩建后，玄宗每年携带杨贵妃到此过冬沐浴，在此赏景。据记载，唐玄宗从开元二年（714年）到天宝十四年（755年）的41年时间里，先后来此达36次之多。白居易《长恨歌》就写道：“春寒赐浴华清池，温泉

水滑洗凝脂”。

图 60 华清池

图 61 华清池外雕像

2. 唐玄宗和杨贵妃　可歌可叹的故事

杨贵妃

唐玄宗的女儿咸宜公主在洛阳举行婚礼，杨玉环也应邀参加。咸宜公主之胞弟寿王李瑁对杨玉环一见钟情，唐玄宗在武惠妃的要求下当年就下诏册立她为寿王妃。婚后，两人甜美异常。后来，唐玄宗宠爱的武惠妃病逝，玄宗因此郁郁寡欢。在心腹宦官高力士的引荐下，唐玄宗把目光投向了和武惠妃相似的儿媳杨玉环。开元二十八年十月，与李瑁成亲五载的杨玉环离开寿王府，来到骊山，此时她才 22 岁，玄宗则 56 岁，玄宗先令她出家为女道士，为自己的母亲窦太后荐福，并赐道号“太真”。天宝四年，唐玄宗把韦昭训的女儿册立为寿王妃后，遂册立杨玉环为贵妃，玄宗自废掉王皇后就再未立后，因此杨贵妃就相当于皇后。

杨贵妃除了姿色超群，更令玄宗神魂颠倒的是她高超的音乐舞蹈艺术修养。史书说她“善歌舞，通音律”，而唐玄宗具有天才的音乐才华，这就难怪他会将她视为自己的至宝了。唐玄宗 6 岁能歌舞，他精于多种乐器演奏，如琵琶、横笛等，羯鼓的演奏技艺尤为高超。他对唐代的音乐制度做了多次重大改革：他设立梨园（当时的音乐学校，他自己亲自当校长），扩充教坊，培养了许多优秀的音乐艺人；吸收和容纳外来音乐，提倡俗乐，造成了前所未有的唐乐气派。在那个时代，就世界音乐范围而言，李隆基堪称是一位少有的作曲大师。唐玄宗熟悉音律，对曲乐、舞蹈都颇有研究，不少贵族子弟在梨园都曾受过他的训练。唐玄宗曾组建过“宫廷乐队”，选拔子弟 300 人，宫女数百人，亲自为他们作指导。对于这样很有才情的“艺术”帝王，精通音律的杨贵妃自然显得格外有魅力。据说有一次，唐玄宗用本土的乐器配合西域传来的 5 种乐器开了一场演奏会。当时贵妃怀抱琵琶，玄宗手持羯鼓，轻歌曼舞，昼夜不息。杨贵妃还是个击磬高手，她演奏技巧高超，多新意，那些梨园弟子远比不上她。唐玄宗最得意的作品是《霓

裳羽衣曲》，是唐朝大曲中的法曲精品，唐歌舞的集大成之作。直到现在，它仍无愧于音乐舞蹈史上的一颗璀璨的明珠。杨贵妃以自己的妩媚和过人的音乐才华受到唐玄宗的百般宠爱，虽曾因妒而触怒玄宗，以致两次被送出宫，但最终玄宗还是难以割舍她。杨贵妃是四川人，喜欢吃荔枝，于是专门派人从南方运荔枝来长安。杜牧《过华清宫》的诗写道：

长安回望绣城堆，山顶千门次第开。
一骑红尘妃子笑，无人知是荔枝来。

天宝十五年安禄山起兵造反，沉迷于酒色歌舞之中的唐玄宗仓皇南逃。途经马嵬坡，六军将士认为杨家祸国殃民，不肯前行，说是因为杨国忠（贵妃之堂兄）通于胡人，而致有安禄山之反，玄宗为息军心，乃杀杨国忠，贵妃亦被缢死于路祠。安史之乱与杨贵妃无关，但她成了唐玄宗的替罪羔羊。贵妃死时才 38 岁。

这位以胖为美的杨贵妃，是能歌善舞的美人、是最幸福的女人、同时也是最不幸的女人。现在，在兴平市有杨贵妃墓，墓侧有李商隐、白居易、林则徐等历代诗碑。

长恨歌

唐宪宗元和元年（公元 806 年）十二月，白居易任陕西周至县县尉时，与友人陈鸿、王质夫同游仙游寺，谈起 50 多年前的“天宝遗事”（唐玄宗和杨贵妃的故事），让三人不胜感慨。他们唯恐这一憾人往事，随时间而消没。便根据王质夫的提议，白居易写了这篇《长恨歌》，陈鸿写了传奇小说《长恨歌传》。在这首长篇叙事诗里，作者以叙事和抒情结合的手法，叙述了唐玄宗、杨贵妃在安史之乱中的爱情悲剧。借着历史的一点影子，根据当时人们的传说，街坊的歌唱，从中演化出一个回旋曲折、宛转动人的故事。

……

回眸一笑百媚生，六宫粉黛无颜色。

春寒赐浴华清池，温泉水滑洗凝脂。

……

骊宫高处入青云，仙乐风飘处处闻。

缓歌谩舞凝丝竹，尽日君王看不足。

……

在天愿作比翼鸟，在地愿为连理枝。

天长地久有时尽，此恨绵绵无绝期。

《长恨歌》是一首千古绝唱的诗篇，一千多年来一直在历代读者的心中泛起情感的阵阵涟漪。

三十一、秦岭里的辋川

1. 辋川　诗人王维隐居之地

辋川在蓝田南边，是秦岭北麓一条风光秀丽的川道。这里青山逶迤、峰峦叠嶂。辋川在历史上不仅为“秦楚之要冲，三辅之屏障”，而且是达官贵人、文士骚客心醉神驰的风景胜地，素有“终南之秀钟蓝田，茁其英者为辋川”之誉。如今，一切已随时光流逝而去。那里只有一棵据说是王维亲手种植的银杏树依然青翠。

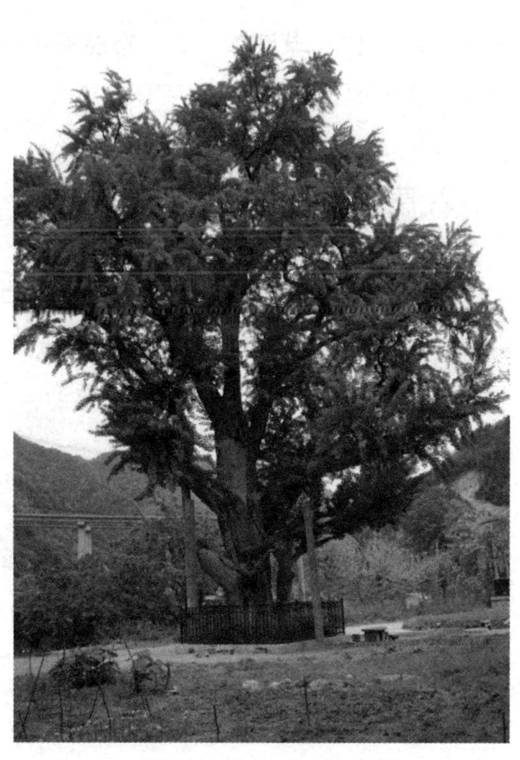

图 62　王维手植的银杏树

开元二十九年，王维四十岁左右(公元701年—761年)，在辋川买下了宋之问的“蓝田别墅”，前后居住了将近十四年。辋川山川的钟灵毓秀，孕育、陶冶了王维的诗情画意。辋川的山水，有孟城坳、华子冈、文杏馆、斤竹岭、鹿柴、竹里馆等二十景。一次王维与诗人裴迪以二十景为题，一景一绝句，各得二十首，各汇成一卷《辋川集》。王维集中的“空山不见人，但闻人语响。返景入深林，复照青苔上。（《鹿柴》）”、“独坐幽篁里，弹琴复长啸。深林人不知，明月来相照。（《竹里馆》）”等诗千百年来脍炙人口。王维信佛教，晚年把他的辋川别业，改作了清源寺。他自己动手，在寺墙上画了辋川二十景。《历代名画记》中记：“清源寺壁上画辋川，笔力雄壮。”指的当是王维此图。《辋川图》卷可能是后人据此摹画而成。

王维以“诗中有画，画中有诗”著称于世的。他倡导“画道之中，水墨为上”，然而他的青绿重彩也画得非常出色。他曾师法“国朝第一”的山水画家李思训。《辋川图》现藏日本圣福寺。后人认为那是唐代摹本。虽有争议，但我们今日还是可以藉此领略盛唐时期青绿重彩山水画的风采。

王维的山水诗没有李白上下千年、纵横万里的狂放，但有清静和淡雅的气质和对山水和人之间和谐的感悟。王维的诗表现出人跟自然这种和谐的关系。一种人跟自然，心、物能够达到和谐的融合，这恰恰表达了老子的天人合一的哲学思想。

2. 唐诗　世界文化艺术的一个顶峰

唐代是中国古典诗歌的顶峰，也是世界文化艺术的一个顶峰。唐代诗歌创作繁荣，题材丰富、风格多样、流派众多。

（1）诗的世界

保留到今天的唐诗有五万四千余首。可以考证的唐诗作者有三千七百多人。我们从中可以看到当时诗歌繁荣的景象。尽管离现在已有一千多年了，但无数诗篇还是广为流传，深入在我们的生活中。

唐代是一个人人会作诗的年代，几乎每一位读过书的人，无不会朗朗诵诗，诗风最鼎盛。唐代的诗人特别多。王维、李白、杜甫、白居易是世界闻名的伟大诗人，除他们之外，还有其他无数的诗人，像满天的星斗一般。

这些诗人，今天知名的还有 1895 人。唐诗的题材非常广泛。从自然现象、政治动态、劳动生活、社会风习，直到个人感受，都逃不过诗人敏锐的目光，成为他们写作的题材。在创作方法上，既有现实主义的流派，也有浪漫主义的流派，而许多伟大的作品，则又是这两种创作方法相结合的典范，形成了我国古典诗歌的优秀传统。

唐诗可以在短短的几行间，道出一番哲理，带有韵味，而意境无穷。诗的本质是画，唐诗让你感觉诗中有画。唐代的诗句里富有一种微妙启示而神秘的魅力。它会让你产生自然的感情流露，美妙的遐想，心灵里达到宁静、愉快、伤感、启示等的境界。哲学的理性充满在大多数的诗句里，融合了启示性和简洁性。而透过诗句所描述的画，企图揭示所看不见的某种更深一层的东西。它是暗示，不是疑问；是含蓄，而不是明言。只有了解了那个环境，才能够体会出诗中的真意。古时候的人认为诗的最高境界，是只可意会，不可言传。唐诗是在平静和简洁中含有无限的优雅。它以宁静的古典的方法，来表示出强烈的感情，达到浪漫主义那种无穷无尽的美。唐诗那优美的表现、温柔而适度的感情，以及那朴实而简洁的诗句里又包涵了最深邃的思想。

说起唐诗，就不得不说起李白和杜甫，唐代最伟大的诗人。

（2）李白　伟大的浪漫主义诗人

李白是个伟大的浪漫主义诗人，他的生涯和他的轶事常被人们提起。李白到了 10 岁，他已念完了所有的《四书五经》，并已能作出诗句了。12 岁那年，他到山间去过着山林的生活，而且隐居好几年 . 他身体强壮，曾习武术，他曾自夸：“虽然身高不及七尺，但力足以抵万人。”他用酒来解愁，成为竹溪六逸之一。他从不为三餐发愁，就靠着歌咏作诗来糊口。

天宝三年（公元 744 年）的夏天，李白到了东都洛阳。在这里，他遇到正在蹭蹬不遇的杜甫。中国文学史上最伟大的两位诗人见面了。此时，李白已名扬全国，而杜甫风华正茂，却困守洛阳。李白比杜甫年长十一岁，但他并没有以自己的才名在杜甫面前倨傲；而杜甫，也没有在李白面前一味低头称颂。两人以平等的身份，建立了深厚的友情。在洛阳时，他们约好下次在梁宋（今开封商丘一带）会面，访道求仙。同年秋天，两人如约到了梁宋，在此抒怀遣兴，借古评今。他们还在这里遇到了诗人高适，高适此时也还没有禄位。然而，三人各有大志，理想相同。三人畅游甚欢，评文论诗，纵谈天下大势，都为国家的隐患而担忧。这时的李杜都值壮年，此次两人在创作上的切磋对他们今后产生了积极影响。天宝四年（公元745年）秋天，李白与杜甫在东鲁第三次会见。短短一年多的时间，他们两次相约，三次会见，知交之情不断加深。他们一道寻访隐士高人，也偕同去齐州拜访过当时驰名天下的文章家、书法家李邕。他们彼此赠诗，形影不离，有如亲手足。人人都喜爱他们，因为他们有如圣人，说起话来有骨气，对贫人，对帝王都一样表示友善。最后，他们到了长安；朝臣贺知章非常喜爱李白的诗，他把一些金饰卖掉，就把这些钱花来与李白饮酒。杜甫曾这样的描写李白：

李白斗酒诗百篇，长安市上酒家眠。
天子呼来不上船，自称臣是酒中仙。

与唐玄宗在一起的时候，也是他最为快乐的时候，唐玄宗曾因他作歌赞美杨贵妃，而当面赏他礼物。有一次唐玄宗在沉香亭举行了一次牡丹宴，请了李白与会，作诗赞颂杨贵妃。李白虽来了，但已酩酊大醉，不能作诗，侍者在他那可爱的脸上，泼了一盆冷水，李白一清醒，写成清平调词三首，把杨贵妃比作牡丹：

云想衣裳花想容，春风拂槛露华浓。
若非群玉山头见，会向瑶台月下逢。

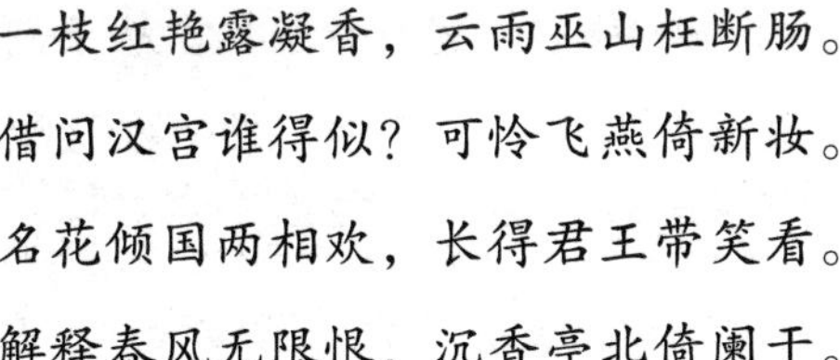

一枝红艳露凝香，云雨巫山枉断肠。
借问汉宫谁得似？可怜飞燕倚新妆。
名花倾国两相欢，长得君王带笑看。
解释春风无限恨，沉香亭北倚阑干。

哪个女人不会被他的这一赞美而感到兴奋呢？但是杨贵妃却认为这位诗人是故意在讽刺她；在她的怂恿下，唐玄宗对李白也生了疑心，他送给李白一袋金子后，就叫他离开王宫。从此，李白又到处流浪，与酒相伴。在长安，加入八仙之游。他同意刘伶的看法，出门必带两名仆从，一位提酒，一位带铲。当他有一天倒下去的时候，就用铲子来埋他自己。刘伶说：“人生如浮萍”。李白说：“美酒三百杯，就可清醒头脑，驱走忧愁”。

安禄山的造反，攻陷长安，唐玄宗的逃亡，杨贵妃的死亡，都使得李白尝到了人间的悲剧。他喃喃自语：“战争无休止”他想到了那些夫婿去出征的可怜妇女。

唐玄宗和杨贵妃死了，李白唱出江上吟；以江上的遨游起兴，表现诗人对功名富贵及庸俗低调的社会现实的淡漠，显露出诗人对自由、理想的人生境界的追求和宽阔胸襟。

江上吟

木兰之枻沙棠舟，玉箫金管坐两头。
美酒尊中置千斛，载妓随波任去留。
仙人有待乘黄鹤，海客无心随白鸥。
屈平词赋悬日月，楚王台榭空山丘。
兴酣落笔摇五岳，诗成笑傲凌沧洲。
功名富贵若长在，汉水亦应西北流。

李白的晚景很潦倒，原因之一是他有傲气，从不向人屈身求怜。在这战乱的时代里，他发现没有帝王愿收容他，便欣然接受做永王磷的幕僚。但永王磷却图谋不轨，擅自领军叛乱，等到永王磷被平，李白也因而下狱治罪。最后，郭子仪平定安史之乱，并设法营救李白，愿以官爵代为赎罪。李白终而被判流放夜郎。然而，李白在流放夜郎的途中，却奉到大赦的命令。他真高兴极了，立即沿江而上，返回故乡。3 年之后，李白因贫病交迫而亡。

李白的诗具有“笔落惊风雨，诗成泣鬼神”的艺术魅力，这也是他的诗歌最鲜明的艺术特色。作为一个浪漫主义诗人，他的诗歌的内容和形式达到了完美的统一。感情的表达具有一种上下五千年、排山倒海的气势。他入京求官未成时，“仰天大笑出门去，我辈岂是蓬蒿人！”想念长安时，“狂风吹我心，西挂咸阳树。”这样一些诗句都是极富感染力的。极度的夸张、贴切的比喻和惊人的幻想，让人感到的却是高度的真实。李白诗中常将想象、夸张、比喻、拟人等手法综合运用，从而造成神奇异采、瑰丽动人的意境，给人以豪迈奔放、飘逸若仙的韵致。

李白，凭那留给后世人九百多首诗篇，使他成为中国最伟大的诗人。一位文艺批评家这样的赞叹道：“李白是泰山之顶，高于千万山陵之上；李白是万丈光芒的太阳，亿万的星辰都为之黯然失色。”

（3）杜甫　伟大的现实主义诗人

杜甫是一位现实主义诗人。他忧国忧民，人格高尚，一生写诗 1500 多首，被后世尊称为“诗圣”。他的思想核心是儒家思想。他有“致君尧舜上，再使风俗淳”的宏伟抱负。他热爱生活，热爱人民，热爱祖国的大好河山。他嫉恶如仇，对朝廷的腐败、社会生活中的黑暗现象都给予批评和揭露。三十五岁以前读书与游历。十年壮游期间，他饱览了祖国的名山大川，不仅充实了他的生活，也开阔了他的视野和心胸，使他早期诗歌也带有相当浓厚的浪漫主义色彩。天宝年间到长安，仕途无门，困顿了十年，才获得

右卫率府胄曹参军的小职。安史之乱开始，他流亡颠沛，竟为叛军所俘；脱险后，授官左拾遗。这时，兵灾饥饿肆虐整个中国时，他的笔就转向了战乱，道尽战祸的悲惨：

兵车行

……

生女犹得嫁比邻，生男埋没随百草。

君不见，青海头，古来白骨无人收。

新鬼烦冤旧鬼哭，天阴雨湿声啾啾。

公元759年，他弃官西行，最后到四川，定居成都，一度在剑南节度使严武幕中任检校工部员外郎，故又有杜工部之称。这位严将军很赏识他，把他升为工部员外郎，而不幸严将军不久即逝世。这一下他又陷入无依无靠的窘境。他自己形容他的处境是：“痴儿不知父子礼，叫怒索饭啼门东。”他的那间草茅屋顶也被风刮得破损不堪，甚至那些顽童，还当着他的面，把他的草席抢走，他只有眼睁睁地看着被他们带走，因为他已老迈体弱不可支。晚年举家东迁，途中留滞夔州三年，受到当地官员的照顾。而在这三年里，他的生活依然很困苦，身体也非常不好。有一天，五十六岁的他独自登上夔州白帝城外的高台，登高临眺，百感交集。望中所见，激起意中所触；萧瑟的秋江景色，引发了他身世飘零的感慨，渗入了他老病孤愁的悲哀。于是，写下了被誉为“古今七言律第一”的旷世之作。

登高

风急天高猿啸哀，渚清沙白鸟飞回。

无边落木萧萧下，不尽长江滚滚来。

万里悲秋常作客，百年多病独登台。

艰难苦恨繁霜鬓，潦倒新停浊酒杯。

59 岁那年，他去登衡山，游岳祠，突发洪水，几天吃不上饭。幸亏被县令发现，以舟楫相迎，并请他吃牛肉和白酒．杜甫因多年未尝到这样的佳肴美酒，便大吃大喝一顿。在席间，他曾起身试着咏诗，但他终于疲惫的倒了下去，次日就死去。

杜甫写的诗很多是传颂千古的名篇，比如“三吏”和“三别”；《石壕吏》《新安吏》和《潼关吏》，《新婚别》《无家别》和《垂老别》。杜甫的诗篇流传数量是唐诗里最多最广泛的，对后世影响深远。

唐诗达到了诗歌的顶峰，唐诗也向世界表明汉语是最能丰富，清楚表达自然，情感的语言。读一首现在的孩子们都知道的贾岛的《寻隐者不遇》：

松下问童子，
言师采药去，
只在此山中，
云深不知处。

还有比它更简洁的诗吗？一共 20 个字，表达了一幅美丽的山林意境画，表达了客访接待的情景，让人产生美妙无尽的遐想。世界上还有哪种语言可以只用二十个字就可以表达这样一种美丽的意境和情景呢？恐怕只有汉语才可以办到。

以拜伦为代表的英国诗，以普希金为代表的俄罗斯的诗和以海涅为代表的德国诗，在对自然，情感，思想，精神以及社会、时代等方面的表现上都无法和唐诗相提并论。唐诗是世界文化的一个艺术顶峰，我们要在这里挑选几首最好的最有代表性的唐诗，都是件非常困难的事。因为好的实在太多。在这些唐诗里，千古绝句比比皆是。

杜甫的《登高》，无边落木萧萧下，不尽长江滚滚来。是孤愁还是激昂?

白居易的《赋得古原草送别》，野火烧不尽，春风吹又生。是生命的顽强，是永远的希望。

王之涣《凉州歌》，羌笛何须怨杨柳，春风不度玉门关。是凄怨还是无奈?

杜牧的《江南春》，南朝四百八十寺，多少楼台烟雨中。是美，还是美!

刘禹锡的《酬乐天扬州初逢席上见赠》，沉舟侧畔千帆过，病树前头万木春。人生永远有希望。

王勃的《送杜少府之任蜀州》，海内存知己，天涯若比邻。是永恒的友情!

李白的《将进酒》，天生我材必有用，千金散尽还复来。是豪迈，还有豪爽。

崔颢的《黄鹤楼》，黄鹤一去不复返，白云千载空悠悠。是人世的哲理!

白居易的《琵琶行》同是天涯沦落人，相逢何必曾相识!是无奈，更是留恋。

李白的《行路难》，长风破浪会有时，直挂云帆济沧海。是气魄，更是理想!

了解一下唐诗在日本的情况，也可以知道唐诗的魅力。

（4）唐诗在日本

从唐诗传播到日本开始，学习、欣赏唐诗就成为日本各个时代文人们的基本教养之一。即使到了现代，日本仍然把唐诗作为学校教育的重要课程，并为此花了很大的工夫。在日本的教科书中，收录了脍炙人口的唐诗《静夜思》、《枫桥夜泊》、《春晓》等。可贵的是，日本学校至今仍在教学生吟读唐诗。而中国早就取消了唐诗吟读教育，只有一些大学的中文系教师，还保留着吟诗的能力。日本的大学入学考试国语即语文考试题里有一道汉文题，占总分的百分之二十五，汉文题就有可能是唐诗题。现在日本的高中国语教育经过多次改革，虽然汉语部分已经少了许多，一些大学的招生考试也不再出汉文问题，但是一流大学的考试还是保留了汉语试题。在日

本的大学入学考试的国语试题里，如果有唐诗试题的话，一般会先将唐诗列出，然后提出问题。日本大学考试模拟题中的汉语测试部分大概是这样的。试题是从株式会社河合出版的《完美题集国语Ⅰ、Ⅱ》中摘选出来的。你也可以试一下，看能不能全答对。

下面的五言律诗是盛唐诗人王维晚春一日在别墅里接待几个客人时的作品，阅读此诗后回答后面的问题。

松菊荒三径，图书共五车。
烹葵邀上客，看竹到贫家。
鹊乳先春草，莺啼过落花。
自怜黄发暮，一倍惜年华。

问1：第二句“图书共五车”是藏书丰富的意思。另外还有形容藏书丰富的成语，从以下的成语中选一个。

（1）温故知新　（2）汗牛充栋　（3）曲学阿世

（4）金科玉条　（5）多士济济　（6）多岐亡羊

问2：诗的第二联（第三、四句）讲的是什么？从下面的（1）～（6）里选出最恰当的选项。另外，第四句是说曾有一个风流倜傥的人以为如果有好看的竹子的话，即便是不认识的人家也可以进去观赏，这是指哪个典故？

（1）用烹葵来招待的是上等的客人。想看竹子就随便进去的是贫穷的人家。

（2）不能用烹葵招待客人的贫穷人家里，来了想要看竹子的尊贵客人。

（3）请吃招待上等客人的食物，请客人欣赏在贫穷人家里看不到的漂亮竹子。

（4）虽然在如此贫穷的家里不能用像样的饭菜招待宾客，但是有竹子可供欣赏。

（5）正用自己做的饭菜招待宾客时，客人却说要看竹子到不认识的贫家去了。

（6）烹葵招待尊贵的客人，然后请客人欣赏相对贫穷人家过于奢侈的竹子。

问3：下列（1）~（8）词汇里的“过”字与第六句“莺啼过落花”里的“过”字用法相同的是哪个和哪个？选出两个最恰当的词汇。

（1）过客　（2）过激　（3）过失　（4）过信

（5）过分　（6）过大　（7）罪过　（8）经过

问4：第四联（第七、八句）所咏诵的作者心情是下面（1）~（6）的哪一种？选出最恰当的一个。

（1）伤心感叹自己白发的同时，更加惋惜已过的春天。

（2）看到已逝的春光，更加感伤白发苍苍的自己的境遇。

（3）春天还会再来，但我的青春已经不会重复，想到这点更加伤感。

（4）白发苍苍的我已很可怜，但已逝的春天景色更加让人惋惜。

（5）晚春黄昏时，已到人生黄昏时的我更加感到伤感。

（6）即将走到人生尽头的我更加期盼来年的春天。

即便是中国人，如果对唐诗和古文没有一定了解的话，上面的问题恐怕也不容易全回答对。由此也不难推测日本高中生平时学习唐诗的内容和深度。

在日本稍大一点的书店仍能买到《唐诗选》和其他有关唐诗的书籍。日本的电视节目里经常有《唐诗之旅》的连续节目，每次都会朗诵一首唐诗，并通过画面介绍与这首唐诗有关的名胜古迹和风土人情。大量的日本游客来中国旅游的一个重要原因就是他们想踏访曾经在汉诗、特别是唐诗里学过的地方，其中最著名的就有杜甫草堂，姑苏城的寒山寺。日本的旅行社长期组织“唐诗之旅”旅行团，请研究唐诗的学者担任顾问，边学习唐诗边旅游。在今天的日本，即使成人中有人不知道《静夜思》、《春望》、《长

恨歌》等诗篇，但是不知道李白、杜甫、白居易的人恐怕还真不多。除了日本，再也找不到仍然如此熟知唐诗的国家了。

对日本汉文学乃至日本古代文学影响最大的中国诗人，应该是白居易。白居易的诗一经传入，便迅速流传开来，深受当时日本文人的喜爱。据《日本国见在书目》记载，当时传到日本的有《白氏文集》（70卷），《白氏长庆集》（29卷）。根据日本学者金子彦二郎著《平安时代文学与白氏文集》统计，在平安文士大江维时编辑的《千载佳句》中，共收中日诗人诗歌1110首，白居易一人之作品即占了535首，几乎占半数。另据川口久雄统计，在藤原公任编纂的诗集《和汉朗咏集》中，共收录588首诗，其中白居易的诗就达139首之多。当时在日本凡谈及汉诗文者，言必称《文选》和《白氏长庆集》。据《江谈抄》记述，当时和白居易同时代的日本五十二代嵯峨天皇对《白氏文集》最是钟爱，相传他在最先得到白氏文集时曾秘藏偷读，视为珍宝。后来他要考验臣子有没有学问，就故意把白居易的诗念错，考考这个臣子熟不熟白居易的诗句，若是熟，就代表这个臣子很强。一次嵯峨天皇在召见臣下小野篁时，赋汉诗曰："闭阁惟闻朝暮鼓，登楼遥望往来船。"小野篁奏曰："圣作甚佳，惟'遥'改'空'更妙也。"天皇感慨道："此乃白乐天句，'遥'本作'空'，仅使卿耳，卿之诗思已同乐天矣。"可见小野篁对白诗的熟记已达到背诵如流的程度，因此他也有"日本白乐天"之称。据丸山清子著《源氏物语与白氏文集》统计，《源氏物语》中引用中国古典文学典籍185处，其中白诗达106处之多。当时白居易还在世。在日本，白居易是最受欢迎的唐代诗人。

说起唐诗，自然要说说写出唐诗的语言，汉语。

3. 汉语　世界上最强大的语言

汉字是世界上最古老的文字，它来源于商代的甲骨文。距今约3600多年的历史。古代文字大约有4500多个单字，而如今可识者只有1/3。它的

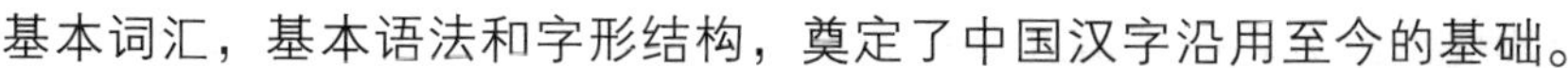

基本词汇，基本语法和字形结构，奠定了中国汉字沿用至今的基础。

中国的语言文字不同于世界上任何一个国家，中文没有字母，不要拼字。每一个字可以做名词、动词、形容词或副词，这要依它的上下文和语调而定。因为中国的语言只有 400 到 800 个单音语，而这些单音语必须要表现 4 万个字，那么每一个语有 4 到 9 个音调。因此，根据其音调的不同，其意义也就有所不同。由于表现的形态和上下文可以增加这些音调，可以使每一个音调有好几种用法。世界上没有任何一种语言一开始就这样的复杂，这样的精微。甲骨文字，本质上是与今天所用的一样。所以，世界上除了有一部分到现在仍说古埃及语的埃及土人外，中国人是在讲世界最古老语言的民族，而且中国的语言也是分布最广的一种语言。汉字里大约有 214 个部首，它们是构成几乎现在所有单字的元素。现在的单字已变成极端复杂的符号，这是由于原先的象形文字再加上其他的形式进去，以便能特定出意义来，通常是用声音来表示。日和月并起来表示“明，；口和鸟并起来，表示“鸣”。屋下面加头猪，就是家。这种文字只表现意思，不表现声音。最显明的好处是，韩国人、日本人与中国人一样，很容易地了解其意义，而成为东方的一种国际文字。中国方言之多，达到彼此都不能互通声息，每一个的念法各地不一，而其文字则全国上下统一。两千年前用这种文字写成的中国文学，虽然我们不能确知这些古代的作家怎么读，怎么说这些文字，但到今大，只要识字的人，都可以看得懂。中国的文化就是中国文字的象征；它在变化和成长中保持着统一，它的深邃的保守主义，以及它的举世无双的连续性，给予这个世界强烈的印象。这种书写的系统是一种极为高度智慧的成就。在几百个部首加上 1500 个显著的符号，即可包罗整个世界的事物、活动和性质，在它们的完整形式下，它们可以代表在文学和生活中的所有思想。

中国的方言不下数百种，在南方，相隔几十里，说话彼此就听不懂。但是，文字是一样的。几千年来，中国经历了好几次民族分裂，异族入侵，融合，

统一，中华民族始终能够团聚在一起，语言，这方块字作为粘合剂，团结剂，起了最关键的作用。汉字的特有的结构，使别的任何文字无法入侵。要么，你放弃你原来的语言。要想不用汉字，那是根本做不到的事。历史已经几次证明了这一点。如果文化上不能征服，别的就更不要谈了。几千年的繁衍，汉字，汉语包含的思想，知识，文化已经浩瀚无边，全世界没有一种语言可以和它相提并论。欧洲的文字是按字母拼写，少许的变化就可以产生出一种语言，在拉丁语系基础上，在欧洲变出了几十种文字及语言，英文，法文，德文，在词，音，义上相通的很多。语言的不同，就产生出民族的差异。就会有不同的国家。可是，你能改变汉语吗？想都不要想！

我们今天使用着汉字，汉语，一千年后，一万年以后仍然会使用它。因为，这种语言，世界上还没有别的语言可以入侵它，改变它。这种语言可以表达整个世界的事物、活动和思想，是世界上最强大的语言。

4. 日本的《汉字能力检定》

在日本，有一种“汉检”考试，“汉检”是“汉字能力检定”的略称，主持这个考试的组织全称为“财团法人日本汉字能力检定协会”，属“公益法人”，归文部省管辖。这家协会建于 1992 年，据该协会网页介绍，协会宗旨是“普及汉字文化”。每年 12 月 12 日，该协会还从全国募集“今年的汉字”，要求应募者以一汉字概括当年日本、世界政治、社会状况。当选汉字在京都清水寺公布。这个活动吸引媒体眼球，也让“汉检”在日本家喻户晓。

“汉检”考试分 12 级，最低为 10 级，最高为 1 级，其中还设了两个“准级”，一是“准 2 级”，一是“准 1 级”。最低的 10 级，相当小学 1 年级水平，只考 80 个汉字。最高的“1 级”，则需掌握 6000 汉字，还有相当数量成语、典故。这属“大学水平”，不过，拿到 1 级的大学生乃凤毛麟角。于是，“汉检”协会便在 1 级下，再加一“准 1 级”，把考试汉字数量减

去一半，即 3000 字。

“汉检”上世纪 90 年代创立之后，“汉检”发展速度引人瞩目，这些年，“汉检”协会赚得金银满钵，据说一年纯利达 20 亿日元。有人说，这家协会充分利用日本国民钟爱汉字以及“资格”信仰的心理。2007 年考生曾达 270 余万。2010 年度，共有 232 万人报名参试。据“汉检”协会网页说，迄今为止参试的最小年龄仅 3 岁，而最大则达 101 岁。这些年日本各种教育机构流行以“汉检”成绩评价考生。据了解，日本有 479 所大学 973 个学院把“汉检”等级作为入学评价标准。例如早稻田大学、庆应大学、筑波大学等日本名门大学，都将考生拥有的“汉检”证书级别作为“人物评价”、“能力评价”的重要指标。此外，还有很多大学出钱让在校生参加“汉检”考试。因为，这不但与学生的学习能力有关，而且还有利于毕业就业。

“汉检”为何获得日本社会如此青睐？日本汉字学家铃木修次在《汉字》中说，汉字有“凝缩性”、“含蓄性”两大优点。假如完全用平假名或片假名写文章，日语不但无法速读，还会失去美感。当然，日本人完全可用平假名、片假名写文章，但看一个人的文化教养，认识多少汉字是一个重要指标。以前有个叫麻生太郎的首相，因认识汉字太少，让国民很生气。这说明，日本国民衡量政治家的水平，很看重汉字教养。我们看到，日本国会辩论，那些大人物不但出口成章，而且常用四字成语。其实，在日语演说中如加入四字成语，能让演说铿锵有力。

三十二、大慈恩寺　唐僧玄奘的寺庙

大慈恩寺　法相唯识宗

大慈恩寺曾是玄奘译经处，寺内有著名的大雁塔。唐代学子，考中进士后到慈恩塔下题名，谓之“雁塔题名”，后沿袭成习。大雁塔系唐永徽三年（公元 652 年）由唐三藏玄奘，为安置从印度带回的经像、舍利，奏请高宗允许而修建。现塔高 64.5 米，共七层。

玄奘所传佛教教派为法相唯识宗，又称为慈恩宗、法相宗，以六经、十一论为依据的主要经论，名相繁琐，义理深邃。慈恩寺为法相唯识宗的

图 63 大慈恩寺

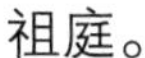

祖庭。

1. 唐僧玄奘　最伟大的文化使者

玄奘是中国的脊梁。

——鲁迅

玄奘取经的故事

《西游记》这个神话故事在中国家喻户晓，唐僧师徒四人历尽万般辛苦终于到达西天修得正果，在几次三番拍成电视连续剧后，更是让大人孩子所熟悉。而历史上真实的唐僧——玄奘在交通不发达的古代，冒着生命的危险，凭着一颗赤诚的心和惊人的毅力，历经死地，孤身行程二万五千余里才到达印度取得佛经，一直感动着后人。

唐僧，世称唐三藏，俗姓陈名玮，河南偃师县人，出家后法名为玄奘，故又称为玄奘法师。唐僧十三岁破格出家为度僧。玄奘经过一段时间的学习，觉得多年来就其各地所闻，各家各派对某些问题说法不一，内容有很大的出入，不知道哪些是正确的，故决意西行取经。玄奘 27 岁那年，打定主意，要西行取经。可是当时唐朝初立，边境不宁，出国之禁很严。他两次正式表请赴印，都未获得许可。欲向西行除了偷渡，别无良策。当时正是荒年，朝廷允许百姓四出自行谋生，玄奘便乘机出长安西行，由西安经秦州、兰州、后到凉州，找到一个习武的胡人石盘陀作向导，昼睡夜行，偷渡出玉门关。不料石盘陀出关后，不堪沿途跋涉之苦，坚辞而去，并指出了关外尚有几处防守的堡垒，要玄奘谨慎行事。其行不久，终被哨兵发现，扣留问话。恰巧哨兵也是佛教徒，听了玄奘道出取经来意，意志坚定，哨兵便放他走了。从此孑身冒险，孤影赶路，披星戴月，走了三天三夜，尚未走出八百里的

戈壁沙漠地带。此时已是人疲马倒，最后也因干渴难忍昏倒过去。忽被寒风吹醒，又继续前进，幸而奇迹出现，在荒凉的沙漠地带上出现了一块绿洲。在沙漠里艰苦的历程，是难以用文字、语言来表达。这里引用西域记里的一段话;“上无飞鸟、下无走兽，草木不生，人烟绝迹。时而飞沙卷石，时而暴雨湿蒸，无饮无食，昏去醒来。时而枯骨折剑，战场遗迹。时而凶恶恐怖，鬼魅形象。”从中可以知道在沙漠中的旅行实在是九死一生。经过这片沙漠，才到高昌国。国王曲文泰是虔诚的佛教徒，他得知玄奘之事，遣使迎往。见玄奘到，如获至宝，敬礼备至，认作异姓兄弟。并要强留高昌，以“如果不愿意留下就要把他送回中国去”来威胁玄奘。玄奘乃绝食抗议，坚决不肯留下，终于使国王感动，准许放人。同时还派二三十人护送，盛治行装，赏赐了很多马匹财宝，并亲自修书照会各国当道，通融优待。于是，玄奘就沿着天山南麓西行，通过神秘的西域高原，经阿富汗，到达西北印度的迦湿弥罗国（今克什米尔）。此后，翻过终年白雪皑皑的高山峻岭，走过一片没有人烟的大沙漠，牵着白马在严寒的冰山上穿过羊肠小径，稍有不慎，就有滑下千丈深渊，粉身碎骨的危险。同行的商客，不时有人被冻死在冰山上，或是滑下深渊中，葬身冰窖。玄奘游记上说:“连我自己亦不敢向渊底注视，因下面有数不清的千年不化的僵冻尸首。”在这艰难的历程中，所遇之险境确实数不胜数。经过七日七夜的行程，终于越过冰山雪岭，到达印度境内。

玄奘经过两年的出生入死，西行途中历经一百一十国终于在贞观三年到达印度西北，进入加湿弥罗、犍陀罗等处。他学习小乘经典，研究吠驮哲学，梵文。在此地住了二、三年后，便从北印度沿河东下中印度。在恒河渡口，遇到一批强盗打劫，看到他生得眉清目秀，仪表非凡，要杀他祭天神，以为敬天徼福。危急之际，狂飙突起，雷电交加，飞沙走石，天昏地暗，吓得强盗面无人色，以为触犯天怒，不敢下手。继而询问缘故，知是大唐三藏来西天取经，于是跪地哀求忏悔，改邪归正。这一消息不胫而走，使玄

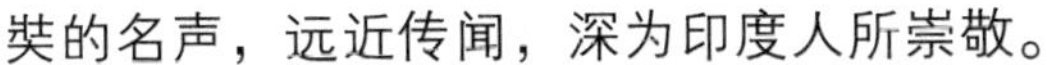

奘的名声，远近传闻，深为印度人所崇敬。

那烂陀寺是中印度一座著名佛刹，也是全印度最高佛教学府，住众一万三千人，其中知名高僧学者甚多。玄奘入寺时，那烂陀寺四大高僧出面欢迎，二百余僧众和千余施主手捧幢盖华香，赞叹围绕迎引，玄奘拜戒贤为师。住持戒贤论师，年高百岁，是全印度佛教领袖，尤其是唯识学的泰斗，深受国王尊重。虽然他智慧高深，但因身患奇疾，时时会痛得求生不得，欲死不能！有一夕，忽梦见三位圣者，一是金黄色的文殊菩萨，一是银白色的观音菩萨，一是水晶色的普贤菩萨。普贤菩萨告诉他："你前生曾在此土做国王，因伤杀太多生灵，今生招致此痛疾之报，虽是痛苦不堪，但不必寻死。三年后中国将有一僧来印求法，您可尽量将唯识学传授给他，使大法流传中土。其业愆便可消除，痛疾也即消灭"。梦后，戒贤论师常盼唐僧早来，后来果然玄奘求法来到那烂陀寺，证明梦中事是真实。他非常高兴，就将生平所学都传授给他，又让他出外参访明师数年。玄奘法师在印度各地游学，前后参访十七年之久，特别是于当时学者云集的那烂陀寺学习五年，因而很想回国弘扬佛法。于贞观十九年（公元645年）正月，经过长途的奔波，终于回到长安。长安城内文武百官夹道迎接，万人欢呼，欢庆之喜，盛况空前。

玄奘西行的非凡经历，引起唐太宗的重视。太宗在洛阳会见了玄奘，要求他写出在西域的游历见闻，修西域传，以方便后人考学，此书便是现存的《大唐三藏西域记》。全书共十二卷，记叙了他在西行途中亲身一百一十国和传闻得知的二十八个国家，地区的风土人情、山川地理、物产气候、政治文化等情况，成为珍贵的历史资料。

玄奘西行求法不是最早的一个，却是成就最大的一个，他一人孤征，冒险犯难，百折不回，征途中，五日四夜无一滴水入口，昏迷中还要顽强爬行，再现了中华民族的顽强奋斗、自强不息的精神，成为后世向外开拓探险者的先锋。

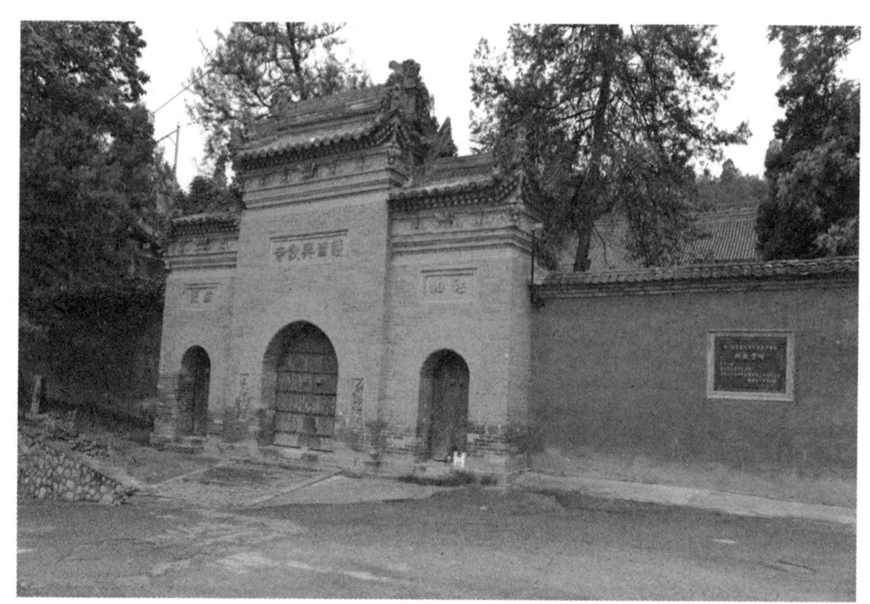

图 64 玄奘葬于长安少陵原上的兴教寺

自贞观十九年（公元 645 年）开始，玄奘主持译经，至公元 663 年的十九年中，共计译出各种经卷一千多卷，同时他又把中国古代著名的哲学著作《老子道德经》译成梵文，传播于印度。唐高宗显庆五年（660 年），玄奘开始翻译大乘教的根本大典《大般若经》。这部典籍卷帙浩繁，梵文共有 20 万颂。徒弟们觉得字数太多，工作量太大，希望能选篇节译。玄奘认为此经在国内虽已有译本，但容量不全，误漏甚多，如果选译，难免阉割原文，有失本旨。他没有顺从弟子们的意愿，不删一字，全文翻译。此时，玄奘已是 60 多岁的老人，但仍然不畏艰难，毫不松懈，一如既往地努力工作。用了将近 4 年的时间，终于在公元 663 年年底完成了这部 600 卷的鸿篇巨著。

季羡林先生这样评价玄奘的翻译；“他的译风，既非直译，也非意译，而是融会直译自创新风。在中国翻译史上达到了一个新的高峰，开辟了一个新的时代。”

也就是这洋洋巨著，耗尽了一代伟人的心血。唐高宗麟德元年（664 年）二月五日夜半，玄奘法师安然告辞人间，圆寂于玉华寺肃成院，终年 65 岁。

高宗闻讯，为之罢朝三日，迭声恸叹："朕失国宝矣！"并追谥玄奘为"大遍觉"，下诏以国之葬礼葬之，四月十五日葬于长安少陵原的兴教寺。当时举国哀痛，京城和各府州县的居民前来送葬的有百余万人，在墓前守灵的有 3 万多人。

2. 大唐西域记　唐僧玄奘的骄傲

《大唐西域记》是价值巨大的古代史地文献，使中国人直接了解到印度，中、南亚各国的政情、宗教、文化、语言、历史和风土人情。更是印度重建历史的权威资料。1978 年，印度著名历史学家阿里教授在给中国研究《大唐西域记》的信中说："如果没有法显、玄奘和马欢的著作，重建印度史是完全不可能的。"

由唐太宗钦定，玄奘亲自编撰，由弟子辩机整理而成的《大唐西域记》共十二卷。该书记述玄奘到过的一百十个国家和听到过的二十八个国家的地理情况、风俗习惯和地区的都城、疆域、地理、历史、语言、文化、生产生活、物产风俗、宗教信仰。本书是继晋代法显之后又一取经游记巨著。书中除生动描述了阿富汗巴米扬大佛、印度雁塔传说、那烂陀学府以及诸如佛祖成道、佛陀涅槃等无数佛陀圣迹，还有很多佛教传说故事。内容全面系统，翔实生动，先后被译为英、法、德、日等国文字广为传播，是研究中外文化交流、佛教历史及交通史、民族史的珍贵资料。《大唐西域记》实际是一部玄奘西行的实录。在西行求法的征程中，经历了数年时光，所到国家上百，山河城关成千上万，观礼佛寺宝塔成千上万，亲历事故和接触的人物不计其数，而《大唐西域记》里连同他每走一地所处方位、距离多少里、国体民情、风俗习惯、气候物产、文化历史都写得清清楚楚，就连哪个寺院所奉某乘某宗，僧众多少，是何人讲什么经，多少卷等，都写得十分详尽，准确无误。这些记载又被后来的历史文献和文物考古所佐证。依据玄奘所撰《大唐西域记》记载提供的线索，对著名的印度那烂陀寺、圣地王舍城、鹿野苑古刹等遗址进行考古发掘，出土了大量的文物古迹，成为考古史上一大奇迹。这些都充分证明，玄奘当年在险恶艰难的求法途中，将所经历的大量信息和各类资料准确无误地记录在案。

《大唐西域记》对印度历史的影响极其重要，印度民族虽然创造了辉煌的古代文化，但从来不注重记录历史，玄奘的记载对研究印度历史是不可多得的宝藏。印度目前的国徽狮头柱和国旗上的法轮图案，都是来源于鹿野苑的考古发掘，而包括鹿野苑、那烂陀寺、菩提伽耶阿育王大塔、桑奇大塔等几乎所有印度著名佛教遗址的现代发掘，都是英国考古学家亚历山大·卡宁厄姆等人自19世纪始，看着《大唐西域记》，沿着玄奘的足迹进行考古挖掘的，他发现，书中所载的信息，如佛教圣地的位置、方向、距离、主要标记等，几乎准确无误，完全被发掘工作所印证。今天，印度的历史书里引以为傲的古代统一全印度的阿育王的事迹，主要是来源于玄奘的记载。很多印度人认为；玄奘是印度人最伟大的朋友。如果没有他，印度的历史可能还是漆黑一片。就连印度这个国名称谓，也是玄奘大师给取的。玄奘的《大唐西域记》一经翻译成英文，印度人就了解了所有的一切。佛教的全盛、历史的真相、文明的辉煌都因玄奘忠实的记载而在故国重见天日。《大唐西域记》就是他们的圣经。所以印度举国上下对玄奘是一种尊敬、一种热爱。

玄奘不仅是终生弘扬佛法的一代高僧，他还是沟通中国和印度、过去和现在的桥梁。是一个成功的文化交流的使者。这种交流对丝绸之路上所有国家的那种帮助，是我们难以想象的。

3. 唯识宗　唐僧玄奘的遗憾

玄奘带回的六百多部佛经，其中主要是唯识宗的宝典，如《唯识三十论颂》、《唯识二十论》、《摄大乘论》、《瑜伽师地论》等。他在回国前夕，早已扬名全印度，当时有数十个国家共同请他开讲唯识教义，召开无遮大会，

高举法幢，盛况空前。玄奘回国后，广译经论1335卷，又揉合护法等十大论师所造的《唯识三十颂》的释论，综合各家见解，编译为《成唯识论》十卷。在译经过程中，他采取随译随讲的方式，不但将法相唯识学的义理传播开来，并培育了一批优秀门人，最著名的是窥基、神昉、嘉尚、普光四人，有“玄门四神足”之称，其中才华横溢窥基法师，为玄奘大师的继承者。

唯识宗是大乘佛教里的一个教派，唯识宗在玄奘、窥基师徒的推展下，盛极一时，但唯识之学，义理繁琐，思辨哲理深奥，不易被人接受。大约过了五十年，只传了三代，就逐渐趋于衰微，几近无人参学研究，这实在是遗憾。直到近代，学术界因唯识法相学富于逻辑推理与认知科学探讨的意义，研究者开始增多，但还是只限于学术研究之中。

三十三、唐代的寺庙

1. 终南山里的寺庙

终南山，是离西安最近的山。它东起蓝田，西至秦岭主峰太白山，横跨蓝田、长安、户县、周至等县，绵延 200 公里。叠峰邃谷，林深树茂，山清水秀，幽静爽馨。其间公路网布，交通极为方便，如今一条环山公路、三条国道、三条高速公路从东到西，从南到北把整个终南山的条条山口联系在一起。

终南山里外的庙宇曾多达 2000 多座。位于关中平原的历代帝王陵墓，几乎都选择了与秦岭隔水相望的形制。玄奘曾经嘱托弟子，去世后把他葬在能看到“万山之祖”的秦岭脚下。

清晨入古寺，初日照高林。竹径通幽处，禅房花木深。
山光悦鸟性，谭影空人心。万籁此俱寂，但余钟磬音。

——题破山寺后禅院 . 唐 . 常建

位于西安四周的名刹古寺都有这种清净的环境，让心智恬静，悟解。“长安三千金世界，终南百万玉楼台”，“一片白云遮不住，满山红叶尽为僧”，透过古人的诗句可以想见，在一千多年前，莽莽苍苍的秦岭山中是怎样一派蔚为壮观的佛学盛景。现在，青灯古佛、晨钟暮鼓、清茶素菜、超脱红尘，是一般人对寺庙的印象，那么你是想进？还是想出？

佛教祖庭

唐朝初年，中国佛教的各主要宗派大多在这个时期形成或成熟，佛教寺庙遍布长安城和秦岭山脚下。众多的寺庙成了高僧开宗立派之处。一时佛声四起，香火缭绕。和玄奘在大慈恩寺里开启唯识宗的同个时代，别的高僧也纷纷创立宗派，这些开创各大宗派祖师的初祖所就成了祖庭，中国佛教因分为八大宗派，故有相应的八大佛教祖庭，其中七个在终南山下，长安城四周，另一祖庭为禅宗祖庭河南少林寺。

佛教八大宗派，相应的八大祖庭：

唯识宗祖庭——大慈恩寺，位于西安城南。

华严宗祖庭——华严寺，位于西安南少陵原的半坡上。

律宗祖庭——净业寺，位于终南山北麓，丰裕口之凤凰山。

三论宗祖庭——草堂寺，位于西安西南 50 公里，户县圭峰山北麓。

密宗祖庭——大兴善寺，位于西安城南小寨兴善寺西街

日本密宗祖庭——青龙寺，位于西安城南铁炉庙村的乐游原上。

净土宗祖庭——香积寺，位于长安区郭杜乡香积寺村。

禅宗祖庭——河南少林寺

2. 法门寺

法门寺始建于东汉末年恒灵年间，距今约有 1700 多年历史，有“关中塔庙始祖”之称。2009 年 5 月 9 日，在法门寺西侧，修建了 148 米高的合十舍利塔。

法门寺因舍利而置塔，因塔而建寺，原名阿育王寺。释迦牟尼佛灭度后，遗体火化结成舍利。公元前三世纪，阿育王统一印度后，为弘扬佛法，将佛的舍利分成八万四千份，使诸鬼神于南阎浮提，分送世界各国建塔供奉。中国有十九处，法门寺为第五处。

1981 年 8 月 24 日，宝塔半边倒塌。1986 年政府决定重建，1987 年 2

月底重修宝塔。适逢四月初八佛诞日那天开挖地宫，在沉寂了 1113 年之后，2499 多件大唐国宝重器，簇拥着佛祖真身指骨舍利重回人间！地宫出土的佛指舍利（一个金骨和三个影骨），是世界上目前发现的有文献记载和碑文证实的释迦牟尼佛真身舍利，是佛教世界的最高圣物。地宫出土的玳瑁开元通宝、一整套宫廷茶、双轮十二环大锡杖、宫廷秘色瓷、700 多件丝织品、鎏金银宝函等等都是稀世珍宝。

图 65 法门寺

3. 韩愈的《谏迎佛骨表》

唐朝把法门寺作为皇家寺院，先后六次举行规模盛大的迎奉佛骨的仪式。皇家的仪仗浩浩荡荡，驱车三百里，将佛骨舍利从法门寺迎接到长安皇宫，然后进行繁缛复杂的迎奉活动，极尽豪华铺张之能事。

在唐朝多次举行奉迎佛骨的活动中，上至皇帝、宰相，下至王公贵族和四方百姓，都到了痴迷癫狂的地步。元和十四年（公元 819 年）正月，唐宪宗命令中使杜英奇前往法门寺奉佛骨，为表达自己的向佛之心，“王公士庶，奔走舍施，唯恐在后”，平民百姓则“废业破产，烧顶灼臂而求供养者”，有的甚至于砍断自己的手臂，脔割身上的肌肉，不惜自残以礼佛。唐宪宗的佞佛举动，已经超越了宗教的正常活动，败坏了社会风气，引起士人们的强烈不满，时任吏部侍郎（相当于现在的人事部副部长）的韩愈对于“群臣不言其非，御史不举其失”的现状极为不满，给宪宗皇帝上了一封《谏迎佛骨表》的奏章，其中说到；"唯梁武帝在位四十八年，前后三度舍身施佛，宗庙之祭，不牲牢，昼日一食，止于菜果，其后竟为侯景所逼，饿死台城，国亦寻灭。事佛求福，乃更得祸。由此观之，佛不足信，亦可知矣". 放言无忌，辞情激烈，特别是他列举了东汉皇帝奉佛之后，个个都是短命鬼的历史事实，反驳宪宗，使宪宗极为震怒，立即下令，把这个狂狷之士处以极刑。亏得宰相裴度、崔群等人的全力相救，才幸免一死，遂被逐出长安，贬为潮州刺史。

在以韩愈等人为代表的中国传统文化的强大压力下，佛教在政治上采取妥协的态度，佛门弟子公开宣布，僧尼必须跪拜帝王，寺庙必须为皇家效力。同时，佛教学说也做了相应的修正，一方面吸收儒家和道家的一些思想，创立各种迎合中国人口味的门派，一方面发挥其“佐教化”的长处，为统治阶级的政治服务。这些变化，使佛教既迎合了封建帝王的统治思想，也顺应了广大民众的世俗观念。这样，经由五六百年坎坷历程而实现本土化的佛教，便在东方大地上更广泛、更深入地传播开来。

4. 在中国的宗教

对死亡的恐惧和对世界各种未知的迷茫，而寄托于上天，渴望有好的命运，于是产生了宗教信仰。

宗教源于对未知世界的恐惧和对美好世界的憧憬，在其创立的初期，是作为精神的安慰出现的。当统治阶级发现宗教可以用来使民众臣服，便将宗教纳入到统治体系当中来，甚至宗教领袖本身就成了统治阶级。于是宗教当中伦理道德的成分被大大加强了，它以一种隐讳而巧妙的方式将时代伦理的烙印打在了人民心目当中。

（1）佛教　从印度传来的宗教

佛教由古印度的释迦牟尼（公元前589年—公元前509年，被称为佛陀）所建立，与基督教和伊斯兰教并列为世界三大宗教。

“佛教”并没有承认造物主的存在，应该属于无神论范畴，所以有人认为“佛教”并不是宗教，称为佛学更为恰当。

现代佛教可分为南传佛教与北传佛教两大传承，北传佛教又可分为汉传佛教与藏传佛教。南传佛教被称为小乘佛教，北传佛教包括大乘佛教（主要是汉传佛教），以及秘密大乘佛教或金刚乘佛教（主要是藏传佛教）。各传承在佛教的根本教义没有大的差别，在修行特色上与一些理论上则有分别，以菩萨行理论的分别为最显著。

公元前三世纪，在佛陀死后大约200年，佛教最大的拥护者孔雀王朝的阿育王出现了，当时印度的大部分地方均受他统治。征战所造成的屠杀和动乱使他深感忧伤，于是皈依佛教，并予以国家的支持。他设立佛教碑碣，举行集会，劝谕人民按照佛教的训诲去生活。阿育王也派遣佛教传教师到印度各地和斯里兰卡、叙利亚、埃及和希腊等地宣教。主要由于阿育王的大力支持，佛教得以从印度的一个教派一跃而成为世界宗教。有些人把阿育王视为佛教的第二位创立者。随后，佛教修正并发展了释迦牟尼的学说，分化为十八个部。

公元67年（永平十年），东汉汉明帝梦见金人，于是派人去西域，迎来迦叶摩腾与竺法兰两位高僧，并且带来了许多佛像和佛经，用白马驼回首都洛阳，皇帝命人修建房屋供其居住，翻译《四十二章经》。也就是现在的白马寺。因此，在中国佛教史上，多以汉明帝永平十年作为佛教传入之年。白马寺成为中国第一座佛寺。《四十二章经》，也成为中国第一部

汉译佛经。

佛教的影响力虽然广传至其他地方，但在印度本土却逐渐衰微。由于热衷于研究哲学和玄学，僧侣开始与俗家信徒日渐疏远。此外，失去皇室的支持以及采纳印度教的主张和习俗均加速了佛教在印度的衰落。甚至佛教圣地，例如乔答摩出生地的兰毗尼以及他“觉悟”之处的菩提伽耶，也沦为废墟。到第 13 世纪，佛教在它的发源地印度已差不多消失踪影了。

佛教认为一切未解脱的有情众生都在天道、人道、阿修罗、畜生、饿鬼和地狱这六道里生死流转，没有止境。同时，在六道之外，已经解脱的众生在四圣界，这里的众生已经不再有生死流转、处于不生不灭的状态。而处于六道的众生、通过修行，可以进入到四圣界（如西方极乐世界）、摆脱生死轮回之苦。

佛教认为，世间万法都是依因缘而生，依因缘而存在。世上没有不依靠其他事物而独立存在的东西，任何事物都是因缘合和而成；没有什么东西能够不受其他事物的影响，也没有什么东西能够不影响任何其他事物；任何事物都有前因，也有后果，而这种因果关系构成了一个无始无终的链条。

在佛教建立大约五百年后，大乘佛教在印度兴起，也就是汉传佛教，对佛教理论有了较大的发展。如果说原始佛教的核心是一个「苦」字，那么大乘佛教的核心就是一个「空」字。真正彻底的解脱「苦」，只有成佛才能达到。众生都应该成佛，众生也都能够成佛。这种以成佛为终极目标进行修行的佛弟子称为菩萨。

在佛教宗派里，禅宗与天台宗、华严宗，是由中国自行发展出的三个本土佛教宗派。其中又以禅宗最具独特的性格，教徒最多，地方最大。早期禅宗强调不立文字，语言文字只是作为所显义理的媒介，真正的义理是不可以用语言文字来表达的。五祖寺中曾经发生过著名的禅宗作偈之事。因五祖弘忍年事已高，急于传付衣法，遂命弟子作偈以呈，以检验他们的禅修水平。于是就有了这样的话语：

身是菩提树，心如明镜台。时时勤拂拭，勿使惹尘埃。

——神秀

菩提本无树，明镜亦非台。本来无一物，何处惹尘埃。

——惠能

遂后，弘忍招惠能登堂入室为其宣讲《金刚经》，并传衣钵，定为传人。此时六祖，受命南归。惠能归岭南后，于唐高宗仪凤元年（公元676年）正月初八到广州法性寺。印宗法师在该寺内讲《涅槃经》之际，时有风吹幡动，一僧说：风动；一僧说：幡动；争论不休，惠能进来说：不是风动，亦非幡动，仁者心动"。印宗闻之肃然若惊。知惠能得黄梅弘忍真传，遂拜为师，并为之剃度。次年，惠能到曹溪宝林寺（今广东韶关南华寺），弘扬禅宗，主张"顿悟"，影响了华南的各个宗派，人称"南宗"。当时，六祖惠能的同门师兄神秀，主张"渐悟"，在华北势力颇盛，号称"北宗"。此后禅宗分为南顿北渐。到明朝中期，净土宗兴起，此时佛教的特色为禅净合一，与儒、释、道三教合一，禅净合一的影响，使得当时的僧人唯以念佛坐禅为务，禅宗逐渐失去创新的生命力。

佛教目前主要流行于东亚、东南亚及南亚等地区，在欧洲、美洲、大洋洲和非洲也有少量信徒。佛教思想已经融入信仰佛教国家的人民的生活中，包括文化、艺术等许多领域。

（2）基督教　西方人的宗教

基督教，是指所有相信耶稣基督为救主的教会。它在中国古代被称为景教。基督教在历史进程中分化为许多派别，主要有公教（天主教）、正教（东正教）、新教（基督教）三大派别，以及其他一些影响较小的派别。现时估计共有15亿至21亿的人是信仰基督教，占世界总人口33%。

基督教基本经典是以《旧约全书》和《新约全书》两大部分构成的《圣

经》。基督教认为上帝创造了宇宙（时间和空间）万物，包括人类的始祖。亚当与夏娃在伊甸园中违逆上帝出于爱的命令，偷吃禁果，而获得自己的智慧，从此与上帝的生命源头隔绝，致使罪恶与魔鬼缠身，而病痛与死亡则为必然的结局。后世人皆为这两人后裔，生而难免犯同样的罪，走上灭亡之路。人生的希望在于信奉耶稣基督为主，因他在十字架上的赎罪，他在三日后从死里复活，使相信他，接受他的人一切的罪皆得赦免，并得到能胜过魔鬼与死亡的永远生命。基督徒因为接受了耶稣基督的救恩，满身的罪孽已被基督耶稣的义洗净，故此在上帝的面前不再被定罪。人本来就有罪，想得救，就必须相信耶稣基督，接受基督耶稣的救恩。天堂、地狱、审判等的观念与琐罗亚斯德教有很大的相似。

在基督教早期阶段，从公元 60 年代中期罗马政府的迫害就开始了。随着基督教的传播，社会各阶层愈来愈多人加入教会。教会虽在第二、三世纪遭遇多次可怕的大迫害，许多主教和信徒被烧死，在竞技场中被野兽吃掉，但教会依然继续茁壮，直到公元 313 年颁布的米兰敕令，罗马帝国终于承认了基督教的合法地位。随着基督教的发展，教会开始将耶稣复活的一天成为后世的复活节，又定 12 月 25 日为耶稣的生日，即圣诞节。

1054 年，基督教分裂为公教和正教。天主教以罗马教廷为中心，东正教以君士坦丁堡为中心。1096 年—1291 年，天主教以维护基督教为口号，展开了 8 次宗教战争（十字军东征）。16 世纪以后，欧洲各国发生了宗教革命，分化出许多支派。随后的地理大发现以及殖民扩张，将基督教传到了世界各地。

（3）伊斯兰教　阿拉伯民族的宗教

伊斯兰教，中国也称天方教、清真教或回教，与犹太教、基督教同属亚伯拉罕系。

7 世纪初兴起于阿拉伯半岛，其使者为先知穆罕默德。<伊斯兰>一

词原意为顺从、和平，即顺从真主意志的宗教。信奉伊斯兰教的人称为穆斯林，意为顺从者。伊斯兰教主要传播于西亚、北非、西非、中亚、南亚、东南亚等，第二次世界大战后，在西欧、北美、非洲以至澳洲等地区迅速传播，是上述地区发展最快的宗教。西欧有些国家，穆斯林的人口非常可观，比如法国，穆斯林人口已经达到了总人口的 10%。英国和德国也有比例可观的穆斯林人口。美国大约有穆斯林 800 万左右。现全球约有信徒 13 亿，占世界总人口 19.2%。

伊斯兰认为，真主安拉是唯一的神，这位神和基督宗教的「上帝」，犹太教的「耶和华」所指称为同一者。穆斯林并未「禁止」其他的宗教，而且在古兰经中承认耶稣、亚当、亚伯拉罕、摩西等人与穆罕默德同为先知，虽然穆斯林认定穆罕默德是最伟大也是最后一位先知，但是绝对不崇拜使者，因为他跟其他先知一样都是凡人。

伊斯兰传到中国后，首先为西部边疆一带民族所信奉，因其见面时以阿拉伯语「兄弟」互称，故音得名「回族」，后来又称其信仰为「回教」。

伊斯兰教兴起于阿拉伯民族社会由部落到民族和国家的历史时期。因氏族制解体而形成的贫富分化和对立，各部落间长期的仇杀，波斯和拜占庭帝国为争夺东西方商路的激烈冲突，激发了阿拉伯人的民族意识，使建立统一的民族国家的历史前提渐趋成熟。同时，因部落宗教的崩溃，犹太教、基督教传入的影响，使一些具有模糊一神观念的人转而探求真正的民族信仰。伊斯兰教的兴起，正是这些社会经济变动和政治统一要求在意识形态上的反映。

公元 632 年，经过 10 年斗争，伊斯兰教在阿拉伯半岛取得统治地位，在穆罕默德去世后开始向外扩张和征服。100 年后，阿拉伯人建立的世界帝国横跨亚、非、欧三洲，用武力征服了近一半的基督教世界。穆罕默德去世后不久，《古兰经》被整理并规范。这部伊斯兰教的根本经典，被视为真主的言语。伊斯兰教对信徒顺从真主而规定的宗教信仰和义务，朴实

而易行。

伊斯兰教分逊尼派和什叶派两大宗派，中国的伊斯兰教主要是逊尼派。在回、维吾尔、塔塔尔、柯尔克孜、哈萨克、乌兹别克、东乡、撒拉、保安等少数民族一千七百多万人口中，绝大多数信仰伊斯兰教。

（4）道教　中国本土的宗教

道教是中国本土的宗教，距今已有1800余年的历史。它的教义与中华本土文化紧密相连，并对中华文化的各个方面产生了深远影响。

道教虽奉老子为道祖，但其主张与老子、庄子的思想并不完全一致，道教中所采用的只是老子思想的一部分。道教的另一个源头是始于战国、盛于秦汉的方仙道。方仙道分行气、服饵、房中三派。道教的真正创立是在东汉时期，离老子去世已经六百多年了。它从道家学说和流行于民间的神仙方术混合中产生。太平道、五斗米道，二者成为道教最初发展的源头。

由于老子本人身世和行迹的模糊性，再加上《老子》一书中词句的深刻性、玄妙性，他和他的著作就被道教徒们发挥利用、附会引申，从而成为创立道教的绝好材料。老子提出的“道”，虽然是创生万物的总的根源，但“道”不是神，老子也无意将“道”神话，然而道教的信徒们却把老子捧上了神坛，并把他尊为“太上老君”，使他与“道”合为一体，成为主宰万物的创世主。

道教以太上老君（即道德天尊）为教主，也就是老子。道经中还有其他说法，一是以玉清元始天尊为最高天神，二是以上清灵宝天尊为最高天神，三是以太清道德天尊为最高天神，最后，演变成三位一体的“一炁化三清”的神学理论。

道教产生的土壤似乎注定了它的宗旨和信念与其他宗教有着根本的不同。世界几大宗教都认为人生是短暂而痛苦的，只有彼岸世界或天国才是永恒和快乐的，它们都毫无例外地关注“人死后如何”，主张用今生的积

善和修行换取来世的幸福。而道教则完全相反，它以生为乐、为重，希望无限地延长生命，它关注的核心问题是“人如何不死”，以追求长生不老和成仙得道为最终目标。这样，老子的“养生长寿”理论被道教发挥到极致，成为成仙得道的根据，因此也就产生了许多修炼方法：炼丹、服食（服药物以求长生）、吐纳、胎息、按摩、导引、房中、辟谷、存想、服符和诵经。

东晋建武元年，葛洪对战国以来的神仙家理论进行了系统地论述，著作了《抱朴子》，是道教理论的第一次系统化，丰富了道教的思想内容。到了唐宋，唐高祖李渊认老子李耳为祖先，宋真宗、宋徽宗也极其崇信道教，宋徽宗更自号「教主道君皇帝」，道教因而备受尊崇，成为国教。此时出现了茅山、阁皂等派别，天师道也重新兴起。宋末元初，在北方出现了王重阳倡导的全真道。后来，王重阳的弟子丘处机为蒙古成吉思汗讲道，颇受信赖，被元朝统治者授予主管天下道教的权力。而同时，为应对全真道的迅速崛起，原龙虎山天师道、茅山上清派、阁皂山灵宝派合并为正一道，尊张天师为正一教主，从而正式形成了道教北有全真、南有正一两大派别的格局。明代时，永乐帝朱棣自诩为真武大帝的化身，而对祭祀真武的张三丰及其武当派大力扶持。此时，道教依然在中国的各种宗教中占据着主导的地位。

清代开始，统治者信奉藏传佛教，并压制主要为汉族人信仰的道教。道教从此走向了衰落。明清以后，道教基本停止了发展。进入现代社会以后，道教更是衰微。

三十四、西安城墙　最古老完整的城墙

每一个来西安旅游、寻亲访友的人都要去城墙上走走，登上古老的城墙，总想找找过去那些文官武将的踪迹，倾听文人骚客的大呼小叫，长吁短叹；仿佛还可以听得李白在长安城里把着酒杯吟诗，在朱雀门还可以见到唐僧玄奘从印度回来受到的盛大欢迎，那千年的荣耀依然历历在目。在西安，你可以置身于历史的长廊之中，回望几千年的历史足迹。

西安城墙是明代初年在唐长安城的皇城基础上建筑起来的，至今已有600多年历史，是中国现存最完整的一座古代城垣建筑。城墙为长方形，

图66 西安城墙

墙高 12 米，总周长 11.9 公里。古城墙包括护城河、吊桥、闸楼、箭楼、正楼、角楼、敌楼、女儿墙、垛口等一系列军事设施，构成严密完整的军事防御体系。

唐末天佑元年（公元 904 年），驻防长安的佑国军节度使韩建，因原来城大不易防守，于是对长安城进行了一次改筑。改筑时放弃了长安的外郭城和宫城，只把皇城加以改修。明洪武二年（公元 1369 年）三月，明将徐达率军从山西渡河入陕，元守将遁逃，徐达占领长安城。不久，明朝廷改为西安府，由此西安得名。

城墙是人们为防御外来侵袭而修造的自卫设施。西安城墙的防御性很强，城外的护城河为第一道防线。城门外有间楼（也叫谯楼），用以打更和报警，为第二道防线。闸楼后边是箭楼，便于瞭望和射击，是第三道防线。箭楼和正楼之间是瓮城（也叫月楼），可形成“瓮中捉鳖”之势，是第四道防线。各个城门是第五道防线。敌兵要攻破这五道防线，极其不易。

现在西安城墙共有城门 18 个，古城墙已经完整连接起来，恢复到 600 年前的原样。在漫长的历史岁月里，城门也发生着种种变化。一些城门的名称和重大的历史事件相连，可以看到古城的沧桑沉浮。

朱雀门 隋唐时，皇帝常在朱雀门举行庆典活动。公元 589 年，隋王朝统一中国，隋文帝曾在朱雀门城楼检阅凯旋大军。公元 645 年，取经归来的玄奘受到皇城百万臣民的盛大欢迎，唐太宗派宰相房玄龄迎接玄奘。迎接仪式在朱雀门举行。

勿幕门 俗称小南门，开通于 1939 年，以此纪念辛亥革命中陕西的革命先烈井勿幕先生。井勿幕先生是孙中山创建的同盟会最早一批会员之一，陕西民主革命时期有重大影响的革命家，在 1917 年的护法运动中壮烈牺牲。

玉祥门 1926 年，军阀刘镇华包围西安城达 8 个月之久，使西安人民冻饿战死 4 万多人，直到冯玉祥将军率国民联军击败刘镇华后，西安才得

以解围。1928 年开通的这座城门，为纪念冯将军由此率部入城的历史功绩，故取名玉祥门。

中山门 1927 年初，在冯玉祥将军倡议下开辟的中山门，以纪念国民革命领袖孙中山先生得名。

三十五、碑林

世界最古老的石刻书库，东方文化的宝库。

碑林博物馆

几乎每一个热爱书法的朋友都会来看看，来临摹。几乎每一个热爱艺术的朋友都会来参观，来思考。碑林的魅力几百年来没有变化。

碑林博物馆坐落于三学街，始建于北宋哲宗元祐二年（公元1087年）。最初是漕运使吕大忠等人为保藏因唐末五代战乱而委弃市井的唐《石台孝经》、《开成石经》及颜真卿、柳公权等所书的著名石碑而兴建的，经金、元、明、清、民国历代的维修及增建，规模不断扩大，藏石日益增多。九百多年来，经历代征集，入藏碑石近三千方。现有六个碑廊、七座碑室、八个碑亭，陈列展出了共一千零八十七方碑石。在名碑荟萃的展室里，展示了圣儒、哲人的浩瀚石经；秦汉文人的古朴遗风；魏晋北朝墓志的英华；大唐名家的绝代书法以及宋元名士的潇洒笔墨。书圣王羲之、画圣吴道子书画同辉的笔墨遗迹以及诗画双绝的王维的竹影清风。

陈列于小殿两侧的唐景云钟、大夏石马都是国宝级的艺术精品。景云钟铸于唐睿宗景云二年，已有1200多年历史。钟上铸有唐睿宗李旦亲自撰文并书写的铭文一段，是李旦鲜有的传世字迹中的佳作。大夏石马，是十六国时代匈奴族铁弗部建立的大夏国的作品，他继承了汉代石刻艺术雄浑深沉、生动传神的特点。秦《峄山刻石》的宋摹本，让今人一睹李斯“画

图 67 碑林博物馆

入铁石，字若飞动”的小篆风采。东汉《曹全碑》字体流宕俊美，是我国现存汉碑中最完好的，独具风貌的稀世精品。魏晋南北朝时期的《司马芳残碑》、《广武将军口产碑》、北魏《晖福寺碑》以及于右任先生悉心收藏并于30年代捐赠给碑林的《鸳鸯七志斋藏石》中的北魏墓志，都在书法艺术上享有很高的声誉。隋唐时期的碑刻在碑林中最为壮观，有隋《孟显达碑》、《智永千字文碑》、唐虞世南《孔子庙堂碑》、欧阳询《黄甫诞碑》、褚遂良《同州圣教序碑》、欧阳通《道因法师碑》、张旭《断千字文》、李阳冰《三坟记碑》、怀素《千字文》、柳公权《玄秘塔碑》以及僧怀仁集王羲之的《集王圣教序碑》等，尤其是碑林收藏的颜真卿的七块丰碑，即他44岁时写的《多宝塔碑》、54岁前后的《臧怀恪碑》、55岁时写的《郭家庙碑》和《争座位帖》、70岁写的《颜勤礼碑》、71岁的《马磷残碑》、72岁时写的《颜家庙碑》，使我们看到颜体由锋芒锐利、字体端秀向笔力劲健、气韵醇厚的发展过程。僧怀仁花费24年心血，从内府藏王羲之墨迹中集字刻成的《圣教序碑》，再现了书圣王羲之秀劲超逸、美若簪花仕女的书风，加之碑文由唐太宗作序，其子高宗李治作记，歌颂了卓越的佛学家、旅行家和翻译家玄奘，被后世誉为“三绝碑”。唐以后的书法名家黄庭坚、米芾、赵佶、赵孟頫、董其昌、何绍基以至近代的于右任等，也在碑林留下了他们珍贵的诗文墨迹。清费甲铸翻刻的《宋淳化阁帖》是汇集我国历代书法作品之大成的一部丛帖，为研究我国书法艺术的类别及演变提供了极大的方便。从另一角度而言，碑林中的许多碑石还具有重要的史料价值。唐《开成石经》刊刻儒家十二经 114 石，228 面，共 65 万多字，是研究唐代儒学经籍珍贵的实物资料。驰名中外的唐《大秦景教流传中国碑》，记载了基督教聂斯脱里派的教规、教义、在中国的传播及其僧侣在唐朝一百五十多年中的活动情况，碑侧及下部刻有古叙利亚文字的职名，对研究宗教史及古代中西文化交流等方面提供了宝贵的历史资料。唐代书法家徐浩书写的《不空和尚碑》对于研究佛教秘宗的传播和中日、中印文化交流史具有重要价值。此外，碑林还保留有诸如《王维画竹》、《达摩面壁》、《道因法师》碑座人物像、《兴福寺残碑》碑侧等大量古代石刻图案，其形象生动传神，艺术手法纯熟，文化内涵丰富，因而受到历代艺术家的推崇。

汉代石刻的雄劲、简练，唐代石刻的精美、圆润，都表现了中华民族进取、向上的气派和精神，在我国雕刻史上占有突出的地位。石刻艺术室陈列着汉唐艺术精品七十余件，分陵墓石刻和宗教石刻两部分。陵墓石刻中的精品有东汉双兽，其造型综合了狮、虎的特点，形象威武、活跃，动作矫健敏捷，以其造型完美、手法熟练、雕刻精致而成为同类作品中的佼佼者。唐昭陵六骏浮雕以唐太宗李世民征战疆场所乘过的六匹有功战马为蓝本雕刻而成，作品比例合度，线条明快，高度写实，是唐代石刻艺术中的杰作。可惜其中飒露紫、拳毛蜗两骏早年流失海外，现存美国宾夕法尼亚大学博物馆。唐高祖李渊献陵的石犀重达十吨，全身用几条粗壮的线条勾勒出犀的特点，整体比例准确，形象生动逼真。石刻室陈列的北朝、隋唐佛教造像，形式多样，有浮雕，也有圆雕，主要反映了古长安佛教造像艺术发展的水平。

北魏皇兴造像的弥勒，着通肩式袈裟，丰满圆润，肌肉匀称，衣褶以条棱表现，具有较多的域外艺术风格，艺术水平极高。佛像艺术已经达到中国本土化。陈列的观音菩萨像，金刚造像都是这一时期优秀的作品。汉白玉老君像，通高 1.93 米，原属临潼骊山唐代华清宫朝元阁老君殿之物，人像与台座浑然一体，有安谧华贵之感。雕刻手法极为精工洗炼，是盛唐时期大型人体石刻的艺术珍品。

三十六、陕西历史博物馆　文明的见证

陕西历史博物馆是一座综合性历史类博物馆，馆藏文物 37 万余件，上起远古人类初始阶段使用的简单石器，下至公元 1840 年前社会生活中的各类器物，时间跨度长达一百多万年。

这是一个历史的长廊，这是一个缩微的凝固时空。在几天的时间里，你可以穿越这个时空，那些无与伦比的青铜器、陶器、瓷器、铁器、金银器、雕刻、石刻、壁画、书画等等。每件都是精品，每件都有故事，每件都是中华几千年文明的见证。

图 68 陕西历史博物馆

主要的藏品有以下八大类：

青铜器

已登录注册的有3900多件。时间上起商周，下止秦汉。种类有礼器、乐器、兵器、车马器、生活用品和生产工具。其中最为典型的商周青铜器，许多器物（如多友鼎、师献鼎等）上铸有史料价值很高的铭文。

唐代墓葬壁画

400多幅，画面面积1000多平方米。是1952年至1989年先后从陕西关中地区25座唐墓里揭取的。墓主均系唐代三品以上的皇亲国戚和朝廷重臣。画面内容有四神、仪卫、建筑、狩猎、生活及唐与四邻的友好来往等。是反映唐代社会的重要形象资料。

陶俑

有2000多件。藏品时代包括秦、汉、北朝、隋、唐和宋、元、明、清。质地有陶、彩绘陶、釉陶和三彩。艺术形象有文武官员、甲士侍卫、男仆女侍、西域胡人，以及天王、镇墓兽和马、骆驼等各种动物。

陶瓷器

有5000多件。有史前仰韶文化彩陶、西周原始青瓷、汉代釉陶、唐三彩、古玻璃、琉璃、唐秘色瓷和宋耀窑青瓷等。器物种类包括生活用品、文具和殉葬明器等。

建材

有1000多件。时间上起两周秦汉，下至唐宋明清。器物种类有陶制的瓦、瓦当、砖、昭尾、水道和石刻建材，以及金属建筑构件。

汉唐铜镜

有800多件。造型多样，图案精美。有些还铸刻着吉祥语句。

金银玉器

有2000多件。其中如西周玉制礼器、春秋秦公大墓出土的金啄木鸟、西汉皇后玉婆、攀金银竹节铜熏炉和1970年西安何家村唐代窖藏出土的塞金兽首玛瑙杯、八棱乐位金杯、鎏金舞马衔杯纹银壶、赤金走龙等，均属举世罕见的精品。

货币

有1万多件。未清理造册的尚有5万多枚。种类有西周贝币、战国刀币、秦半两、西汉金、王五株、王莽时的各种货币、唐金银币以及稀有的古代外币。

除上述八大类外，还有字画、版本、经卷、织物、骨器、木器、漆器、铁器、石器、印章、封泥，以及近现代文物和民俗民族文物。

三十七、这一个千年

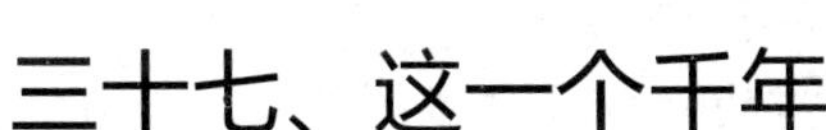

长风破浪会有时，直挂云帆济沧海。

——李白

公元907年，唐王朝灭亡，西安作为中国政治经济文化中心也退出了历史舞台，自那时起，西安，及关中平原沉寂了一千多年。黄帝走了，周文王、秦始皇、汉武帝、汉宣帝、唐太宗、唐玄宗走了。周公、老子、霍去病、司马迁、诸葛亮、唐玄奘、李白也走了，而由他们闪耀出的民族的光辉留了下来，这些最灿烂的光芒在照耀着我们的未来，仿佛在说：我们民族的文明才只是个开头，更加灿烂的文明要你们去创造了。

中华民族是世界上最优秀的民族。美国历史学家威尔·杜兰在1935年说过："世界上没有一个民族能像中国人那样的精力充沛，那样的聪慧，那样的能适应环境，那样的能抵抗疾病，那样的能忍受灾难和病苦，那样的能在历史的熏陶下沉静忍耐和等待复兴。这个拥有如此物质、劳力和精神资源的国家，加上现代工业的设备，我们很难想象出可能产生的那种文明是什么样的文明。很可能将会比美国更富有，很可能将会与古代的中国一样，在繁荣和艺术的生活方面，居于领导世界的地位"。

看看中华文明发展的规律，从龙山文化黑陶器产出（公元前2350—1950年），到中华文明第一盛世出现，也就是周王朝建立（公元前1056年建国）时间间隔约为1100年。从周王朝到汉武帝时（公元前140年登基）的第二盛世相隔是 916 年；从汉武帝到第三盛世的唐末（公元 907 年）是 1047 年。差不多是一千年间隔中华文明就会闪出最耀眼的光芒。今天，相距唐末，时间间隔是 1100 年。历史昭示我们，我们一样可以用不到 100 年的时间，来建立起当代世界最强盛的国家。东方的文明会又一次闪耀在世界面前。现在，没有什么能够阻挡中华文明的加速发展。

青山遮不住，毕竟东流去。

参考文献

1. 白寿彝 . 中国通史 [M]. 上海：上海人民出版社，1995.

2. 威尔 · 杜兰（美）. 世界文明史 [M]. 台湾幼狮文化公司译 . 北京：东方出版社，1998.

3. 斯塔夫里阿诺斯（美）. 全球通史 [M]. 上海：上海社会科学出版社，2001.

4. 丹尼斯，等 .（美）. 李义天，等，译 . 世界文明史 . 北京：中国人民大学出版社，2011.

5. 叶渭渠 . 日本文化史 [M]. 桂林：广西师范大学出版社，2005.

6. 马歌东译 . 日本白居易研究论文选 [M]. 西安：三秦出版社，1995.

7. 王利器 . 史记注释 [M]. 西安：三秦出版社，1988.

8. 钱穆 . 古史地理论丛 [M]. 北京：生活 · 读书 · 新知三联书店，1982.

9. 韩建业 . 中国北方地区新石器时代考古学文化研究 [M]. 北京：文物出版社，2003.

后记

POSTSCRIPT

本书从开始写作到成稿花费了很多年的时间，这不是我拖拉或手脚慢的缘故，是在写作过程中，太多的疑问涌现在脑子里，需要反复的思考和分析，去寻找中华文明发展历程中的主线，需要得到准确无误的结果再下笔，所以花了很多时间。开始写作的时候，我只是想写本在西安的遗址遗迹中旅行的书，讲讲历史故事而已。可是，在写作中，当阅读了大量的历史资料，天天在脑子里问无数个为什么时，就身不由己地写成这个样子。

每个国家，每个民族都希望把自己历史中最好的部分写出来给别人看，让历史的光芒去照亮自己的国家和民族的未来。我们也一样，需要把我们国家和民族最耀眼的历史拿出来。

考古的新发现使得对古文明了解有了更多的证据，对于大量的历史资料的科学、系统地分析和综合，使我对高温炉窑燃烧技术和钢铁冶炼技术做了初步的分析和综合，提出了历史新观点。因此，让我看到正是中国的钢铁冶炼技术促进了中国社会生产力的发展，也促进了西方生产力的发展。从这个意义上来说，钢铁冶炼技术的发明和发展比历史上的四大发明对社会生产力的促进作用要大得多。在两千多年时间里，中国的社会生产力远远地走在世界前面，这是我们中华文明的骄傲。

还有其他方面需要我们重新去认识，我们需要更真实、更客观的中华文明发展历程。

本书得到交通大学出版社策划编辑王晓芬的全力支持，提出了不少有用建议，在此表示感谢！

作者

西安交通大学能源与动力工程学院

工程热物理专业教授、博士生指导教师

2016 年 5 月